首都经济贸易大学·法学前沿文库

北洋时期民事司法制度研究

李长城 著

A Study of the Civil Judicial
System during the Beiyang Period

中国政法大学出版社
2024·北京

声　明　1. 版权所有，侵权必究。

　　　　2. 如有缺页、倒装问题，由出版社负责退换。

图书在版编目（CIP）数据

北洋时期民事司法制度研究 / 李长城著. -- 北京：中国政法大学出版社，2024.9. -- ISBN 978-7-5764-1725-8

Ⅰ. D925.104

中国国家版本馆 CIP 数据核字第 2024LG8428 号

出　版　者	中国政法大学出版社
地　　　址	北京市海淀区西土城路 25 号
邮寄地址	北京 100088 信箱 8034 分箱　邮编 100088
网　　　址	http://www.cuplpress.com（网络实名：中国政法大学出版社）
电　　　话	010-58908437(编辑部) 58908334(邮购部)
承　　　印	保定市中画美凯印刷有限公司
开　　　本	880mm×1230mm　1/32
印　　　张	11.25
字　　　数	260 千字
版　　　次	2024 年 9 月第 1 版
印　　　次	2024 年 9 月第 1 次印刷
定　　　价	52.00 元

首都经济贸易大学·法学前沿文库
Capitaol University of Economics and Business Library, Frontier

主　编　张世君

文库编委　高桂林　金晓晨　焦志勇　李晓安
　　　　　　米新丽　沈敏荣　王雨本　谢海霞
　　　　　　喻　中　张世君

总　序

首都经济贸易大学法学学科始建于 1983 年。1993 年开始招收经济法专业硕士研究生。2006 年开始招收民商法专业硕士研究生。2011 年获得法学一级学科硕士学位授予权，目前在经济法、民商法、法学理论、国际法、宪法与行政法等二级学科招收硕士研究生。2013 年设立交叉学科法律经济学博士点，开始招收法律经济学专业的博士研究生，同时招聘法律经济学、法律社会学等方向的博士后研究人员。经过 30 年的建设，首都经济贸易大学几代法律人的薪火相传，现已经形成了相对完整的人才培养体系。

为了进一步推进首都经济贸易大学法学学科的建设，首都经济贸易大学法学院在中国政法大学出版社的支持下，组织了这套"法学前沿文库"，我们希望以文库的方式，每年推出几本书，持续地、集中地展示首都经济贸易大学法学团队的研究成果。

既然这套文库取名为"法学前沿",那么,何为"法学前沿"?在一些法学刊物上,常常可以看到"理论前沿"之类的栏目;在一些法学院校的研究生培养方案中,一般都会包含一门叫作"前沿讲座"的课程。这样的学术现象,表达了法学界的一个共同旨趣,那就是对"法学前沿"的期待。正是在这样的期待中,我们可以发现值得探讨的问题:所以法学界一直都在苦苦期盼的"法学前沿",到底长着一张什么样的脸孔?

首先,"法学前沿"的实质要件,是对人类文明秩序做出了新的揭示,使人看到文明秩序中尚不为人所知的奥秘。法学不同于文史哲等人文学科的地方就在于:宽泛意义上的法律乃是规矩,有规矩才有方圆,有法律才有井然有序的人类文明社会。如果不能对千差万别、纷繁复杂的人类活动进行分门别类的归类整理,人类创制的法律就难以妥帖地满足有序生活的需要。从这个意义上说,法学研究的实质就在于探寻人类文明秩序。虽然,在任何国家、任何时代,都有一些法律承担着规范人类秩序的功能,但是,已有的法律不可能时时处处回应人类对于秩序的需要。"你不能两次踏进同一条河流",这句话告诉我们,由于人类生活的流动性、变化性,人类生活秩序总是处于不断变换的过程中,这就需要通过法学家的观察与研究,不断地揭示新的秩序形态,并提炼出这些秩序形态背后的规则——这既是人类生活和谐有序的根本保障,也是法律发展的重要支撑。因此,所谓"法学前沿",乃是对人类生活中不断涌现的新秩序加以揭示、反映、提炼的产物。

其次,为了揭示新的人类文明秩序,就需要引入新的观察视角、新的研究方法、新的分析技术。这几个方面的"新",可以概括为"新范式"。一种新的法学研究范式,可以视为"法学前沿"的形式要件。它的意义在于,由于找到了新的研究范式，人们可以洞察到以前被忽略了的侧面、维度，它为人们认识秩序、认识法律提供了新的通道或路径。依靠新的研究范式，甚至还可能转换人们关于法律的思维方式，并由此看到一个全新的秩序世界与法律世界。可见，法学新范式虽然不能对人类秩序给予直接的反映，但它是发现新秩序的催生剂、助产士。

再其次，一种法学理论，如果在既有的理论边界上拓展了新的研究空间，也可以称之为法学前沿。在英文中，前沿（frontier）也有边界的意义。从这个意义上说，"法学前沿"意味着在已有的法学疆域之外，向着未知的世界又走出了一步。在法学史上，这种突破边界的理论活动，常常可以扩张法学研究的范围。譬如，以人的性别为基础展开的法学研究，凸显了男女两性之间的冲突与合作关系，就拓展了法学研究的空间，造就了西方的女性主义法学；以人的种族属性、种族差异为基础而展开的种族批判法学，也为法学研究开拓了新的领地。在当代中国，要拓展法学研究的空间，也存在着多种可能性。

最后，西方法学文献的汉译、本国新近法律现象的评论、新材料及新论证的运用……诸如此类的学术劳作，倘若确实有助于揭示人类生活的新秩序、有助于创造新的研究范式、有助于拓展新的法学空间，也可宽泛地归属于法学理论的前沿。

以上几个方面，既是对"法学前沿"的讨论，也表明了本套文库的选稿标准。希望选入文库的每一部作品，都在法学知识的前沿地带做出新的开拓，哪怕是一小步。

喻　中

2013年6月于首都经济贸易大学法学院

目　录

绪论 ... 1
- 一、选题背景 ... 1
- 二、作为研究对象的时间界定与范围选择 ... 6
- 三、国内外研究现状及分析 ... 8
- 四、研究方法 ... 21
- 五、创新之处 ... 24
- 六、本书的结构安排 ... 25

第一章　晚清司法改革及其影响 ... 27
- 一、晚清司法改革 ... 27
- 二、晚清司法改革的影响 ... 37

第二章　北洋时期民事司法审判制度的基本结构及司法官制度 ... 44
- 一、晚清至北洋时期的新式法院建设概述 ... 44
- 二、北洋时期的法院体系及其职权 ... 50
- 三、北洋时期的司法官制度建设 ... 68

第三章　北洋时期民事司法制度中的司法权限 ... 81
- 一、转型时期民事诉讼程序法的立法概况 ... 81

二、北洋时期民事诉讼制度的外部边界 ... 99

三、北洋时期民事诉讼制度的纵向边界 ... 136

四、北洋时期民事诉讼制度的横向边界 ... 148

第四章 北洋时期的民事司法审判程序研究 ... 159

一、诉讼程序 ... 159

二、证据制度 ... 239

三、裁判根据 ... 276

四、诉讼和解 ... 295

第五章 结语 ... 298

一、外国在华领事裁判权的废除 ... 298

二、转型时期民事司法的发展特征 ... 302

三、北洋时期的司法文本与实践冲突研究
——以行政兼理司法制度为例 ... 323

四、民国前期民事诉讼法制现代化的启示 ... 344

绪 论

一、选题背景

（一）选题动因

笔者选择北洋时期民事司法制度为研究对象，系出于以下考虑。

第一，基于兴趣。19世纪中期以降，在帝国主义的侵略下，中国帝制统治逐步瓦解，民主共和制度最终确立。在这一过程中，司法领域也发生了曲折复杂的变化，正如黄源盛先生所言："以法制历史言，从晚清到民初北京政府时代，中国社会历经急切的变迁，在法制方面的反应十分深刻。"[1]在这一"三千年未有之大变局"中，新旧冲突、中西撞击、政潮起伏、社会动荡，在这样的历史条件下，中国司法制度的近代化仍然取得了一定的突破与发展，"十年来，国家之举措，无一不令人气尽，稍足以系中外之望者，司法界而已"。[2]由于司法近代化的实现需要相对稳定的政权、较为成熟的政治环境、

---

[1] 黄源盛：《民初大理院司法档案的典藏整理与研究》，载《政大法学评论》1998年第59期。
[2] 梁启超：《法律评论创刊号题辞》，载《法律评论》1923年第1期。

理性化的决策系统和民众对司法的坚定信仰,[1]笔者便对北洋时期的民事司法制度产生了浓厚的兴趣,意欲探究这一"转型"时期法制在社会运行与治理中发挥的作用如何,法律与习惯的关系如何,法律移植与法律本土化过程中出现了哪些问题,这一时期民事审判制度及其实践对当下的司法改革有怎样的启发和借鉴。

第二,学界以往的研究相对薄弱。关于北洋时期审判制度的相关研究,学者们从不同的角度出发,已经有了一定深度的研究。但总体而言,关于北洋时期民事司法制度相关问题的研究仍然缺乏全面的梳理。对于北洋时期的法律制度,学界更倾向于对"中华法系"的通史研究,对这一时期民事司法审判制度的断代史的专题性研究较少;在传统法和近代法之间,学界也更倾向于传统法的探讨,再加之中华民国南京政府建立后,国民党处于正统性的需要,对北洋政府"妖魔化",即使有学者进行相关研究,也往往会带有很深的偏见。上述研究进路不可避免地影响了对北洋时期民事司法审判制度的研究。纵然这一时期的中国是"一艘行驶方向错误的轮船",但"也可能在轮船内部管理、在水手分工等方面创立合理的机制。在昏君、暴君统治下,不排除具有理性色彩的法律制度的产生。"[2]政潮起伏、社会动荡、材料散乱、规律难寻不应成为对其研究薄弱的当然借口。因此,笔者希望透过散乱之现象,观察该时期民事司法审判制度的全貌,挖掘出"转型"时期社会运行与治理的规律。

---

[1] 桂万先:《北洋政府时期审判制度研究》,中国政法大学出版社2010年版,第2页。

[2] 朱勇:《中华民国立法史》"序言"部分,参见谢振民编著,张知本校订:《中华民国立法史》(上册),中国政法大学出版社2000年版,第2页。

绪　论

第三，北洋时期法律史研究新资料、新成果的出现。历史研究的首要前提就是必需有可靠的史料，没有新的史料很难有新的研究。比如"睡虎地秦墓竹简"的出土，为研究秦朝时期的历史发展提供了极为翔实的资料，涌现出一大批有关秦朝的学术研究成果，如果没有新的史料"睡虎地秦墓竹简"，这些有价值的学术成果是不可能出现的。黄源盛先生作为著名的法律史专家，对民初大理院判例进行了系统的整理和深入的研究，形成了有关民初民事司法问题的一系列高质量的研究成果[1]，为本书的研究提供了极为扎实的史料支撑和广阔的研究视角。

第四，本书的研究有一定的理论及现实意义。关于本书的研究意义，笔者将在下文详细阐述。

(二) 研究意义

笔者认为，对北洋时期民事司法审判制度的理论与实践进行研究和梳理，有着重要的意义。

第一，客观地展现这一转型时期的民事司法审判制度全貌。北洋政府统治时期是中国历史上具有特定意义的一个时期，其特殊性表现在这一时期是帝制社会刚结束，社会正处于转型的阶段，而其间军阀混乱，社会动荡不安，北洋政府为适应社会的转型采取了相应的措施。就民事司法制度来看，北洋

---

[1] 黄源盛先生与本选题有关的主要研究成果有《大理院民事判例全文汇编》共27册，未刊稿，典藏于台湾政治大学基础法学研究中心)、《大理院民事判决汇览》(共30册，未刊稿，典藏于台湾政治大学基础法学研究中心)、《民初大理院司法档案的典藏整理与研究》(载《政大法学评论》1998年第59期)、《民初法律变迁与裁判（1912—1928）》(台湾政治大学法学丛书（47），2000年版)、《民初大理院关于民事习惯判例之研究》(载《政大法学评论》2000年第63期)、《民国初期的民事审判与民间习惯——以大理院裁判史料为中心的考察》(载刘增贵主编：《法制与礼俗》，"中研院"历史语言研究所2002年版) 等。

政府在这一时期取得了较为瞩目的成果，包括将清末法制改革的成果付诸实践，实行民、刑分立的诉讼制度，初步改变了"行政兼理司法"的司法传统，确立了民事诉讼制度的基本原则，为中国诉讼制度的现代化奠定了基础等等。由此可以看出，在北洋时期特定的社会历史背景下民事司法审判制度所具有的时代特色，它不再是封建社会时期与刑事司法审判制度合为一体的法律制度，而是具有了自己独立的地位，并且得到发展，内容也不断丰富，并逐渐形成一个独立的部门法体系。然而，这一时期的民事司法审判制度长期没有得到学界的足够重视，过往研究中虽然有所涉及，但是大多为零散的描述性介绍，全面、系统的专题性研究远未展开。本书拟通过对北洋时期民事司法审判制度的发展演变状况进行研究，具体包括北洋时期民事司法审判制度的基本结构、司法权限，以及司法程序这三个方面的理论与实践，以便将这一时期的民事司法审判制度理论及实践运行的真实面貌客观地呈现出来。本书从静态的制度与动态的司法实践两个角度对这一时期民事司法制度进行深入的专题性研究，有助于填补该领域学术研究的空白。

第二，深刻揭示我国近代法制发展与社会变革的关系。北洋时期是一个鲜明的历史转型时期，这一时期民事司法审判制度的发展深受其历史背景的影响，也是社会发展变化在制度层面上的一种表现。自辛亥革命之后，帝制被推翻，封建世袭、宗法关系被逐渐打破，民主共和思想深入人心，社会政治体制也向民主共和政治转变，并出现了政党政治；社会经济也从自给自足的自然经济开始向近代商品经济转变；民事司法制度作为上层建筑的一部分，也必然随着经济基础的变化而变化，然而只要集权制度依然，上层建筑尤其是政治，更具决定意义。

因此，北洋政府为维护其执政地位所进行的社会变革不仅推动了社会转型，而且促进了近代司法制度的发展。由此可见，我国近代司法制度的发展与这一时期的社会变革密切相关。整体来看，北洋时期的社会变革对我国近代法制发展是有历史促进作用的，这也正是本书所要揭示的现象之一。

第三，以北洋时期的真实案例为基本素材对该时期的民事司法制度的实践状况进行分析论证，为本领域的后续研究提供一定的史料参考。本书相当一部分篇幅是叙述北洋时期民事司法制度的实践运行状况。目前学界关于这一时期的民事司法审判制度的专题性研究并不多，大多数学术成果是将其作为相关研究的一个组成部分进行粗略论述，对其进行细致研究或全面研究的较少，且现有的研究多集中于该时期民事司法制度的理论部分，缺乏对实际运行状况的深入研究和实证分析。基于此，笔者查阅了大量的历史资料及诸多学者的研究文献，从中筛选出《诉讼要览》（上海法学编译社，会文堂新记书局，1931年）、《诉讼常识》（胡暇，商务印书馆，1924年）等笔者认为对本研究有参考价值的原始资料。此外，为客观阐述这一时期民事司法制度的实践情况，笔者收集并阅读了黄源盛先生编纂的《大理院民事判例全文汇编》《大理院民事判决汇览》《大理院民事判例辑存》，以及郭卫先生主编的《大理院判决例全书》《大理院解释例全文》等书籍，期冀透过具体判例对这一时期民事司法制度的实际运行情况进行详细研究。

第四，为我国当前民事司法审判制度的发展提供一定的历史参考。自清末以来，我国的法治改革主要是通过移植外国的法律制度来完成，然而在法律移植过程中，盲目照搬，不可避免地导致"水土不服"的现象，所以在参考借鉴他国先进制度时应该根据本国的国情进行筛选，必要时还要进行一定程度的改造才能避免"水土不服"的反应。十八届四中全会于2014年10月23日通过《中共中央关于全面推进依法治国若干重大问题的决定》，标志着中国特色社会主义法律体系已经基本形成，并且已经逐渐适应当前我国经济社会发展的需要。然而，由于立法条件尚不成熟以及法律本身所固有的缺陷，部分法律尚未制定或已经制定，但需要在实践中继续探索、积累经验并进一步接受司法实践的检验。本书将会在客观、全面地阐述北洋时期民事司法审判制度理论与实践的基础上，对当前我国积极推进法治国家建设过程中，就民事诉讼制度的进一步完善进行一定的探索，以期为探讨我国当前民事司法审判制度的发展提供一定的历史参考及建议，正所谓"知古而鉴今"，为完善法治，从本国历史发展的经验教训中汲取营养是不可或缺的。一方面，北洋政府在近代法律制度的创建方面做了诸多工作，使自清末开始的法律改革以缓慢的步伐保持了前进的势头；另一方面，清末民初中国社会处于"转型"时期，面临的诸多问题同目前我国社会主义建设时期面临的问题具有一定的相似性，对北洋时期民事司法制度的深入研究，有助于我们理解中国社会的整体运行与治理结构，为我国建立与社会发展相适应的民事纠纷解决机制提供有益的借鉴。

二、作为研究对象的时间界定与范围选择

本书以北洋时期民事司法制度为研究对象。所谓北洋时期，学界习惯上称为"民初"，系指1912年2月袁世凯继任临时大总统起至1928年底张学良"东北易帜"时止，南京国民党政府名义上统一中国之前的这一历史阶段。这一时期，在辛

亥革命的洗礼下，我国长期延续的帝制被推翻，新的民主共和国建立。无论在国家政治体制还是法律生活方面，中国均按照西方模式建立了一套新制度，在思想文化领域也开展了轰轰烈烈的新文化运动，这是一个社会急剧变迁和转型的历史时期。但同时，这一时期的中国社会，传统因素依然占据主导地位，表面上是民主共和，实际上是军阀割据与称雄，法律改革与司法发展受到诸多客观因素的制约，只能在夹缝中艰难前行。

所谓民事司法审判制度，是关于法院的性质、结构、职能、法官制度、活动原则、管辖权、诉讼程序、裁判根据等方面法律规范的总称，是国家司法制度的重要组成部分。本书的研究对象为北洋时期民事司法审判制度，除了上述内容外，对包括调解、和解等其他民事纠纷的解决途径等问题也会有所论及。需要说明的是，中国民事诉讼的近代化是一个连续的过程。这一过程由清末修律肇其端，以南京国民党政府制订"六法体系"总其成，民初则在中间起着承上启下的作用。[1]因此，本书在研究北洋时期民事司法审判制度的过程中，对清末等时期的民事司法审判制度时有提及。

从政权的角度看，自1912年3月至1928年底出现的政权除北洋政府外，还有护国军政府、护法军政府、陆海军大元帅大本营、广州和武汉国民政府等，但这些政权在推动民事诉讼法制现代化探索和发展方面建树无多，[2]因此本书不再论及。而这一时期存在的红色政权的民事司法制度，也不包括在本书

---

[1] 谢文哲主编：《中国民事诉讼法制百年进程》（清末时期·第三卷），中国法制出版社2009年版，第6页。

[2] 谢文哲主编：《中国民事诉讼法制百年进程》（清末时期·第三卷），中国法制出版社2009年版，第6页。

的研究对象内，主要原因在于同时期的两种审判制度存在意识形态等领域的本质区别，不存在必然的联系，故略而不论。

本书的研究对象为北洋时期民事司法审判制度，因此在论述过程中将从该时期的民事立法和司法两方面进行阐述。一方面，笔者将阐述这一时期民事司法制度的立法设计，包括民事司法审判制度的基本结构、司法官考试制度、司法权限、司法程序等理论问题；另一方面，通过掌握大量的第一手原始资料与学者研究成果，对北洋时期大理院的具体民事判例进行实证研究分析，从而进一步揭示该时期民事司法审判制度的实际运行状况，并在此基础上进一步分析导致该运行状况与该时期现行法律制度、社会生活脱节的各种因素。

三、国内外研究现状及分析

（一）中国研究现状述评

民国初年是中国法律近代化转型中一个有重要意义的阶段，具有很高的研究价值。然而相较于中国古代法制史和现代法制，国内学者对这段历史的研究则相对平淡。首先，在意识形态上，新中国成立后很长一段时间，学术研究上对近代以来的法制以批判为主，[1]研究重点集中在伪宪政和法统的批判方面；其次，北洋时期政治动荡、国情复杂，导致资料零散，难以全面分析；最后，由于很长一段时间对北洋时期的政权采

---

[1] 早在1949年2月，尚在解放战争中的中共中央发布了《关于废除国民党〈六法全书〉与确定解放区的司法原则的指示》，同年4月，华北人民政府颁布了《为废除国民党的六法全书及一切反动法律》的训令，宣布废除旧法统，确立新的法律原则。参见北京政法学院法制史教研室编：《中国法制史参考资料选编》（近现代部分·第三分册），北京政法学院法制史教研室1980年版，第125—128页。

取否定态度,北洋政府便成为"军阀混战""政治反动"等一切黑暗的代名词,导致许多学者对该历史时期的相关研究不够重视。即使有学者进行研究,囿于"北洋军阀反动政府"的政治定性,亦难以客观全面地看待该时期在中华民族发展史上的历史意义,更不用说有关民事司法审判制度的专题性研究。

北洋政府执政时期大致可以分为两个阶段:第一阶段为袁世凯执政时期(1912—1916年),第二阶段为军阀割据时期(1916—1928年)。通识认为,1916—1928年是中国近代历史上最为混乱的时期,频繁更迭的中央政权和动荡不安的政局,导致了中国社会的严重政治危机。费正清等学者在《剑桥中华民国史》中写道:"在军阀时期的12年中,北京的全国性政府令人手足无措地变动无常,7个人当总统和国家首脑,其中一人是两次,实际上等于8个国家首脑。除此之外有4个摄政内阁在短暂的过渡期间管理政府,还有一次满族皇帝的复辟。学者们列举出24个内阁、5届议会或国会、至少4部宪法或基本法。人物机关以及法律上和政治上的变更过多,因而要以清晰易读的方式记述北京的政治斗争非常困难。"[1]同样,这期间的法制建设表面上也相当混乱,不具有系统性和稳定性,导致资料零散难寻,如果不深入仔细地查找史料、分析总结,恐怕很难对这一时期的民事司法审判制度作出清晰而全面的研究。基于以上原因,国内有关北洋时期民事司法审判制度的研究分化为两个极端:一是通史性研究,其中部分内容涉

---

[1] [美]费正清、费维恺编:《剑桥中华民国史》(1912—1949年)(上卷),中国社会科学出版社1994年版。参见第六章"军阀时代:北京政府之下的政治斗争和黩武主义"中的"从北京看黩武主义与不稳定"。

及北洋时期的民事司法制度；二是专题性研究，但多集中于宪政和刑事司法制度方面，鲜有专门针对北洋时期民事司法审判制度的专题性研究。

1. 通史性研究

在中国法制通史研究领域，有展恒举的《中国近代法制史》（台湾商务印书馆1973年版）、黄源盛的《中国法史导论》（广西师范大学出版社2014年版）、陈新宇等著的《中国近代法律史讲义》（九州出版社2016年版）。对民国初年法制发展研究有较大影响的有谢振民编著、张知本校订的《中华民国立法史》，详细记载了民国元年（1912年）至民国二十五年（1936年）的各项立法活动，其史料之详尽，阐述之客观，在同类著作中堪称表率。杨鸿烈先生的代表作《中国法律发达史》，亦有关于北洋时期法律发展史的研究。该书共27章，作者以近现代法学观点和法律部门分类方式为纲目，以原始典籍资料为依托，依次论述了上古时期至民国时期的法律制度。在论述各代法律制度时，该书先概述该朝代的政治背景，而后按法典（立法）、法院组织、诉讼法、刑法总则分则、民法总则分则、法律思想、法学家等分类分别阐述。著名法律史学家武树臣教授在其所著的《中国法律文化大写意》一书中，依其中国传统法律文化的发展划分标准将中华民国时期的法律文化概括为"国家、社会本位·混合法"时代，指出在中华民国时期（1912—1949年），中国法律文化进入了一个新的发展时期。在"法统"方面，经过军阀混战、北伐战争，特别是南京国民党政府成立之后，才逐渐形成了居统治地位的法律观，即既否定传统的封建专制主义"国家、家族本位"，又排除西方"个人本位"的"国家、社会本位"法律观；在"法

绪 论

体"方面,制定了空前规模的成文法典和判例汇编,在重视成文法的同时,兼而重视判例的作用。在新的历史条件下,逐渐修正了朝"大陆法系"一边倒的偏向,重新构筑了中国固有的"混合法"样式。此外,法律设施日益完备,立法司法活动日臻成熟,法学教育与研究得到了空前的发展。朱勇教授在其所主编的《中国法制通史》第九卷第二十章和第二十一章分别全面详细地阐述了北洋政府的民法和司法制度。曹全来先生所著的《中国近代法制史教程(1901—1949)》,是第一部以六法全书为线索、系统梳理近代中国法律制度的专著型教科书,该书按照现代法学部门法知识体系和比较法律史学方法,对发生于中国清末、中华民国南京政府、北京政府、国民政府近半个世纪的法制变革过程,进行了比较深入系统的研究和阐释。该书着重围绕形成于近代中国的《六法全书》法律体系所包含各部门法的立法沿革、传统特点及其发展成就等,比较深入地探讨了我国法律近代化的基本问题,全面回顾了近代中国在"国际化"与"本土化"双重目标指引下法律制度产生、发展和演变的复杂历程,其对清末、北京政府法制变革部分的研究有重要的参考价值。侯强博士所著的《社会转型与近代中国法制现代化:1840—1928》将法制现代化置于社会转型的大背景下进行全面考察,将近代中国法制现代化分为启蒙、发生和徘徊三个历史时期,从不同侧面解释了近代中国法制现代化的艰难转型,书中第四章"北洋军阀统治与近代中国法制现代化的徘徊",第五章"社会思潮与近代中国法制现代化",第七章"法学教育转型与近代中国法制现代化"等章节内容对本书的研究有一定的参考价值。汪楫宝先生所著的《民国司法志》(商务印书馆 2013 年版)则以司法机构、法典、法权、法官、律师、民刑事务、监狱事务、行政诉讼、公务员惩戒,其他如司法经费、司法会议、司法复员为主要内容,系统地考察了民国司法制度的沿革经过,其中对北洋时期的司法制度多有阐述。此外,熊先觉先生所著的《中国司法制度简史》(山西人民出版社1986年版),张培田、张华合著的《近现代中国审判检察制度的演变》(中国政法大学出版社2004年版)等诸多通史性研究均对北洋时期的民事司法制度有所涉及。对法制史的通史性研究能全面反映法治发展的历史,便于寻找历史规律,然而,其缺点便是对某一时期的法制史不能进行详细阐述,甚至只是一笔带过,对具体时期专题性法制史研究的参考价值有限。

2. 专题性研究

关于北洋时期民事司法制度的专题性研究。随着研究领域的逐步开放以及与台湾、香港地区学术交流的增强,近几年来在民初民事司法制度具体问题的专题性研究方面已经涌现出一批优秀的研究成果。

关于大理院及其判例制度的专题性研究。鉴于大理院及其判例制度在北洋时期司法建设中的重要地位,几乎所有关于该时期民事司法制度方面的相关研究都会涉及大理院。张生教授作为侧重近代法制史研究的学者在其《民初大理院审判独立的制度与实践》(载《政法论坛》2002年第4期)一文中阐述了大理院审判权的独立、推事的独立等内容,突出了大理院的独立审判地位;其在《民国初期的大理院:最高司法机关兼行民事立法职能》(载《政法论坛》1998年第6期)中,论述了最高司法机关兼行立法职能的历史渊源,并论证了民国初期大理院作为司法机关行使立法职能的现实需要以及运行情况,并对大理院兼行立法职能的总体特点做了介绍。曲玉梁博士在其博士论文《民初大理院及其民事判解制度研究》(华东政法大学 2011 年博士学位论文)中,从大理院的设立、机构组成、法官人选、适用的法律渊源等方面对大理院的民事判解制度进行了详细的研究,并将大理院的民事判解制度与中国传统的判例制度、英美法系的判例法、大陆法系的判例制度进行了比较,指出了该制度对"民国民法"制定的影响,最后总结出对我国当前民事法律制度发展完善的启示。乔丛启先生的《北洋政府大理院及其判例》(载《中外法学》1990 年第 6 期)是较早对大理院进行研究的成果之一,该文系统地阐述了大理院判例产生的原因、形式、内容和历史地位,高度评价了大理院判例从形式到内容上对中国法制变革的积极作用。

基层司法机关是司法活动最重要的组成部分,关于清末及民初基层司法机关的设置,许多学者以全国或者地方为范围进行了卓有成效的研究。唐仕春研究员在《北洋时期的基层司法》(社会科学文献出版社 2013 年版)等专著中,通过大量的原始资料以及详细的表格数字,对北洋时期的基层司法机关的分布情况进行了考察,按照不同的审级机构分别对其建制进行了阐述,是研究该时期地方法治运行情况最重要的史料参考;吴永明博士在《民国前期新式法院建设述略》(载《民国档案》2004 年第 2 期)中考察了民国前期新式法院建设的历史进程,在第二部分以图表的形式将 1926 年民国各省新式法院数量进行了梳理;李启成博士的《晚清各级审判厅研究》《民初覆判问题考察》《法律继受中的"制度器物化"批判——以近代中国司法制度设计思路为中心》《民事权利在近代中国的生成——以大理院审理祭田案件为中心的实证考察》《从衙门到法庭：清末民初法庭建筑的一般观念和现状》《法律近代化过程中的外来规则与固有习惯——以祭田案件为例》《治外法权与中国司法近代化之关系——调查法权委员会个案研究》系列文章对民国各省审判厅设置的时间、数量等进行了考察，对于本书的写作有很高的参考价值。

北洋时期的"四级三审制"民事诉讼制度也有较为丰富的研究成果。如谢冬慧在《近代中国民事审级制度的嬗变》（载《学习与探索》2009年第2期）中，叙述了清末民事审级制度的创建、民国初期民事审级制度的演化及国民政府时期民事审级制度的复杂化，体现了近代中国民事审级制度的演变；聂鑫在《近代中国审级制度的变迁：理念与现实》（载《中外法学》2010年第2期）中则更为全面详细地阐述了清末、北洋政府时期、国民政府时期的审级制度，指出近代审级制度因现实原因进行改革，提出对当今是否应改既有的"二审终审"为"三审终审"的争论，除了要坚持"统一司法""保障当事人上诉权""实现司法正义"的理念，也必须考虑到结案速度，更要认真对待"有限司法资源"的配置问题，[1]对北洋时期的民事审级制度的研究有很重要的参考价值。

在民事审判裁判依据上，北洋时期民事立法较多援用清末的旧法，并且在裁判中大量适用民事习惯。李卫东博士在其《民初民法中的民事习惯与习惯法——观念、文本和实践》（华中师范大学2003年博士学位论文）一文中，研究了民初法律观念的转变以及法律多元化的倾向，并对司法实践中法律与习惯的双向互动关系进行了表述，其中第二章中"民初民

---

[1] 聂鑫：《近代中国审级制度的变迁：理念与现实》，载《中外法学》2010年第2期。

法的多元化"和"民法对民事习惯的广泛采用",以及第三章"社会法律观念中的习惯问题"都对本专题的研究有重要的参考价值;张生在《略论民事习惯在民初司法中的作用》(载《人文杂志》2001年第4期)中,阐述了民事习惯在民初成为重要法律渊源的必然性、民事习惯发生作用的机制、民事习惯在司法中的实效,考察了北洋时期民事习惯在裁判中的重要作用;尹萍在《民初大理院援用习惯之考量因素探析——以〈大理院判例要旨汇览〉(1912—1918)为主要考察文本》[载《山东大学学报(哲学社会科学版)》2012年第5期]中,通过考量与引用大量的大理院判例,对大理院审判中援用民事习惯的规律进行了探寻;郑定、春杨在《民事习惯及其法律意义——以中国近代民商事习惯调查为中心》(载《南京大学法律评论》2005年第1期)一文中,深入研究了"习惯"与"法律"之间的关系,并对中国近代民商事习惯调查运动的成就及其影响进行了研究,提出当代中国在民法典的起草过程中,应当取其精华、去其糟粕,确认民事习惯的渊源地位,并建议重新开展全国范围的民事习惯调查,体现民事习惯的重要地位。

司法官作为纠纷的裁判者,其承担的特殊职能决定了选拔任用司法官应当持相当谨慎的态度。通过考试选拔法官,是清政府进行官制改革和推行宪政的重要内容,北洋政府继承了司法官考试这一制度,并进行了相应的完善。毕连芳教授在《北京民国政府司法官制度研究》(中国社会科学出版社2009年版)、《试析清末司法改革中法官的选任办法》(载《西部法学评论》2009年第1期)和《北洋政府对司法官考试的制度设计》(载《史学月刊》2006年第10期)等著作和文章中,对清末司法官考试改革的历史和北洋政府时期司法官考试的制度设计进行了考察,进而认为司法官考试制度的实施需要稳定的政治环境和较为成熟的经济环境,但北洋政府时期不具备这样的条件,因此司法官考试制度收效甚微,并不能彻底改变当时的司法状况;郭志祥教授的《民初法官素养论略》(载《法学研究》2004年第3期)、张熙照的《民国初年法官制度改革刍议》[载《辽宁大学学报(哲学社会科学版)》2009年第3期]等文章都对这一时期法官选任的制度设计及其弊端进行了研究,内容大体相同,此处不再赘述;就笔者的阅读范围所及,胡峻博士在《近代中国司法官考试研究》(西南政法大学2011年博士学位论文)一文中对北洋时期司法官考试制度研究最为详细。文章对清末到南京国民党政府时期的司法官考试制度进行了详细的考察,对北洋政府时期的司法官考试的制度构成、组织实施、司法官培训等内容进行了详细研究,提出北洋政府时期的司法官考试本质上是对清末考试制度的承继与改造,突出了这一时期司法官考试制度的"转型"特征。除了对司法官考试制度设计的理论研究外,部分学者对这一时期司法官制度的实际运行也进行了细致的分析。唐仕春在《清末民初司法人员与法政毕业生数目之比较》一文中,从"普设法院所需司法人员数""法政毕业生数目"和"司法人员与法政毕业生的供需关系"三个方面进行了研究,并引用了大量翔实的数据,质疑这一时期的司法官考试制度在法政毕业生数量众多却"不能够选拔法政毕业生成为司法人员"的矛盾;李在全在《民国初年的司法官制度变革和人员改组》[载《福建师范大学学报(哲学社会科学版)》2008年第5期]中,对大理院及京师各级审检厅的司法官任命情况进行了详细介绍,对该时期司法官制度设计强调司法官的选任必须是新式法政人员的做法提出了异议,认为"将旧式司法人员全部排除在外,则未必稳妥"。[1]

民事调解制度是缓解诉讼压力、减少诉累的有效方法,而且有利于基层社会的稳定。南京国民党政府颁布《民事调解法》,并在其后不断得到完善,目前中国所实施的民事调解制度是我国民事审判中最富有特色的一种制度。赵建蕊在《民国时期的民事调解制度——以〈民事调解法〉为中心》(中国政法大学 2007 年硕士学位论文)中,细致地考察了《民事调解法》的制定背景、制定过程、立法原则,提出"民国时期的民事调解制度是中国法律现代化的一部分,是将中国传统的非制度化的调处制度化、成文化的尝试,也是借鉴西方民事调解制度,形成自己制度设计的结果",充分肯定了其制度价值。

3. 全面研究

除了对北洋时期民事司法制度的通史性研究和局部问题的专题性研究之外,也有部分学者对这一时期的民事司法制度的制度设计以及实际运行情况进行了较为全面的研究。如陈刚教授为总主编、邓继好为主编的《中国民事诉讼法制百年进程》(民国初期·第一卷)(中国法制出版社 2009 年版),收录了《民初民事诉讼法制现代化研究(1912—1928)》《诉讼程序浅释》《山西省息讼会办法》《民事诉讼条例详解》和《民事诉讼施行条例》等研究成果,是研究北京政府时期民事立法的法律条文的重要参考。唐仕春研究员的《北洋时期的基层司法》(社会科学文献出版社 2013 年版)从司法制度变迁、

---

[1] 李在全:《民国初年的司法官制度变革和人员改组》,载《福建师范大学学报(哲学社会科学版)》2008 年第 5 期。

司法制度运行和诉讼之量化分析三个方面对北洋时期基层司法的实际运行情况进行了详尽的史料分析，是研究本课题不可多得的重要参考。此外，桂万先博士的《北洋政府时期审判制度研究》（中国政法大学出版社2010年版）对北洋政府时期的审判体制、法官选任、民事、刑事、行政审判制度进行了详细的阐述，尤其是在民事审判制度中，对民事审判的基本原则、基本制度，以及大理院的司法制度、兼理司法制度进行了细致的考察分析，对本课题的研究有很高的参考价值。

台湾地区对民初法制史的研究经历了由盛转衰的过程。如周伯峰先生在《民国初年"契约自由"概念的诞生——以大理院的言说实践为中心》所言："相关研究的时间点不是集中在1912年之前，就是在1928年之后，而1912—1928年之间可以说是一片荒漠，似乎这段时间在法律继受过程中不曾存在一般。"[1]但是，近年来仍然有相当部分的研究成果问世。关于这一时期的法制史研究，以台湾政治大学黄源盛教授为主要代表人物。其最有意义的研究成果是对民初大理院判例全文的整理，使深藏于档案馆的史料能为世人所识见。[2]黄源盛教授在《民国时期司法档案之保存、整理及研究》中，详细统计了中国第二历史档案馆现存的北洋时期大理院司法档案原档（1913年至1928年），共计15650卷及1474宗。[3]此外，就目前关于大理院民事判例的史料来看，黄源盛教授整理出的大

---

[1] 周伯峰：《民国初年"契约自由"概念的诞生——以大理院的言说实践为中心》，北京大学出版社2006年版，第9页。

[2] 曲玉梁：《民初大理院及其民事判解制度研究》，华东政法大学2011年博士学位论文。

[3] 曲玉梁：《民初大理院及其民事判解制度研究》，华东政法大学2011年博士学位论文。

理院判决原始档案、民事判决共计有《大理院民事判例全文汇编》27 册以及点校本 11 册,《大理院民事判决汇览》30 册。除了对该时期大理院判例的整理与汇编之外,黄源盛教授在《民初法律变迁与裁判(1912—1928)》中,收录了其对于这一时期法律制度研究的重要成果,该书共载其关于民初法律制度的 9 篇研究成果,讨论范围包括北洋政府时期司法裁判制度的综合介绍、刑事法制的开展与实践、大理院民事裁判中对相关法理的运用等方面的内容。这些成果为后来研究者提供了研究进路和框架,对于展开有关民初大理院问题的研究起到了开拓性的作用。另外,周伯峰先生所著《民国初年"契约自由"概念的诞生——以大理院的言说实践为中心》也是以北洋时期的法制为研究对象,从大理院实践契约自由原则的角度,对这一时期有关契约制度中的观念、原则进行考察,提出了有价值的学术见解。卢静仪博士的《民初立嗣问题的法律与裁判——以大理院民事判决为中心(1912—1927)》(北京大学出版社 2004 年)通过运用大理院的判例,对在民初中国传统"立嗣"问题及相关的规定是如何被大理院按照现代民法精神予以剪裁适用进行了独特的分析。

(二)国外研究现状述评

近代中国的司法变革引起了西方国家一些学者的关注,由于这些学者对中国社会环境以及相应的文化背景缺乏了解,使得他们研究的范围和视野非常有限,关注点主要集中在中国的司法制度、司法体制方面,大部分研究成果也都集中在领事裁判权和治外法权方面,也有个别学者对近代中国的司法官考试制度进行了研究。其中 Daliyuan, Cheng F. T. and Commission on Extraterritoriality in China 在 *The Chinese Supreme Court Deci-*

sions: Relating to General Principles of Civil Law Obligations and Commercial Law 一书中收录了自民国元年（1912年）至民国17年（1928年）大理院闭院的判决例；美国学者基顿教授（Pro. Gerge Keeton）在其著作 The Development of Extra-territoriality in China 中引述了大量1926年法权委员会实地访问中国后提出的《调查法权委员会报告书》的内容，对国民政府成立之前的近代中国司法情况进行了研究；另一位荷兰学者范登佛（Van Der Valk）在其著作 Interpretations of the Supreme Court at Peiking 中对大理院的组织机构及运行情况进行了系统的介绍，对大理院在中国法律适用过程中的作用进行了系统的分析与研究，并将大理院的解释例翻译成英文介绍到国外许多国家；美籍华裔学者黄宗智先生先后著有《民事审判与民间调解：清代的表达与实践》（中国社会科学出版社1998年版）和《法典、习俗与司法实践：清代与民国的比较》（上海书店出版社2003年版），对清代和民国的民事案件的裁判进行了比较研究；美国学者何天爵在其著作《真正的中国佬》（鞠方安译，光明日报出版社1998年版）和英国学者麦高温在其著作《中国人生活的明与暗》（朱涛、倪静译，时事出版社1998年版）中对中国司法制度和法官考试制度进行了介绍，指出："一名外国人在观看了中国法庭审理案件的方式后，他首先会说，这种方式与外国的做法迥然不同。这种不同固然包括很多方面，但最根本的则是审判人员的不专业"；"中国的法官仅仅是凭着自己的自由意志来断案的，这使他们经常对一些案件草率地作出判决"，并针对当时中国的实际情况评价了中国法官的素质。此外还有部分学者对我国近代的法官职业进行了评价，如爱理森·韦恩·科纳（Conner Alison Wayne）在 Lawyers *and the Legal Profession During the Republican Period* 一文中对民国的法律职业进行了介绍，同时也分析了推行司法官考试的意义所在。

四、研究方法

(一) 法律文化研究法

将法律文化作为一种研究方法是由我国著名学者武树臣先生首创。从研究方法角度而言，法律文化首先是指支配人类法律实践活动的价值基础，以及这个价值基础被社会化的运行状态。支配实践活动的价值基础，是人类一般性价值观念在法律活动领域中的具体表现。在法律生活中，某一特定的价值观念的社会化是通过立法、司法和与之相关的思维活动来实现的。在价值观念的指导下，社会权威机构首先把确立或维持某种社会状态的意愿和要求加工成为法律，然后通过专门性的工作机构将上述法律实施于社会之中。其次，法律文化作为客观存在物，表现为法律实践活动所取得的成果。主要划分为四个方面：①法律思想；②法律规范；③法律设施；④法律技术。最后，法律文化作为一种主观的观念形态，是与宏观、综合、系统的研究方法紧密联系的。其主要特点就是把人类的法律实践活动——立法、司法、思维——视为统一的整体或过程来把握和分析。其目的在于探讨人类法律实践活动的状态、本质特征和发展规律性。因此就研究方法而言，法律文化主要关心人类法律实践活动的总体性、宏观性的特征，这种特征分为两个方面：一是"法统"，即法律实践活动的总体精神，它决定着法律实践活动的内容、实质和发展方向；二是"法体"，即法律实践活动的宏观样式，即创制和实现法律规范的基本工作程序和方式。[1]

因此，本书将主要采用法律文化研究方法，从"法统""法体"两个方面把握北洋时期民事司法制度的总体性、宏观性特征，从法律思想、法律规范、法律实施、法律技术四个方面把握北洋时期民事司法制度的具体成果，并在此基础上探寻现实法治建设的宏观整体性的策略和方针，期冀当代中国法治建设能自觉地沿着人类法律实践活动的共同规律顺利发展。

(二) 法解释学研究法

法解释学研究法主要是以制定法为研究材料对相关课题进行研究的方法。其中制定法是指国家根据一定程序制定和颁布，并以条文形式表现出来的规范性法律文件，所以制定法又称成文法。从制定法的含义可以看出，制定法是由国家制定的，故其代表的是国家意志，即代表的是社会的主流意识形态。正因为制定法只代表法律制定者们的意志以及他们所代表的阶层的意志，而不代表整个社会中各个阶级的意志，所以其并不能全面地反映特定时期法律现象的全貌，以及不能全面揭示所研究法律问题的真实面貌。[2]法解释学研究方法本身固然存在一定的不足，但是本书将其作为研究方法之一是必要的。制定法是一个时期的成文法，它往往能在主要方面反映特定时期的立法技术水平、社会主流的法律观念以及整体的法律状况。本书的研究内容主要包括法院体系、审级制度、地域管辖、审判程序等，而这些内容所依据的制定法包括《民事诉

---

[1] 武树臣等：《中国传统法律文化》，北京大学出版社1994年版。
[2] 张勤：《中国近代民事司法变革研究——以奉天省为例》，商务印书馆出版社2012年版，第11页。

讼条例》《法院编制法》《大理院审判编制法》《地方审判厅办事暂行规则》《各级审判厅试办章程》等。研究本书，制定法研究方法是必不可少的，它是研究北洋政府时期法律状况的基本依据，至于它所存在的缺陷，本书将运用其他几种研究方法予以弥补。

（三）案例研究法

案例研究法是以案例为研究材料，对相关问题进行研究的方法，它可以弥补制定法研究方法的不足，将"制度层面上的法"与"生活中的法"联系起来，从而更真实地、更全面地反映特定时期的法律现状。案例研究方法强调研究特定时期的案例，以期了解这一时期的制定法在实践中是如何操作的，其是否得到贯彻落实，或者实际执行中是否存在与法律规定不一致的地方。所以通过研究案例，可以更清楚地认识这一时期的法律运行状况。

（四）法社会学分析法

法作为社会控制的重要方法之一，虽然有其独特的发展规律和逻辑体系，但究其本质而言，法律是社会的产物，两者之间有着密切的关系。研究法律的实效不可能回避法律的社会效果，本书的主要研究内容之一就是对北洋时期大理院判例中涉及的民事司法方面的相关内容进行分析，考察相关法律在具体司法实践中的实际功效，以及影响该法律司法功效的社会原因。而法社会学分析法强调的是从人们的社会行为中去探寻法的真谛，将一个个沉睡的判例还原成具体而鲜活的社会生活，从而避免在具体案例分析中出现"只见树木不见森林"的研究缺陷，把每一个判例都放到该判例所产生的特定社会环境中进行考察，以此来分析北洋时期民事司法制度是如何形成的，又是如何实施的,"静态的法"与"动态的法"是否一致,为什么不一致以及其背后的社会原因。

五、创新之处

本书的创新之处在于充分运用作为制定法的法律文本与作为判例的司法实践相结合的考察方法。当我们考察和研究某一时期的法律时,一般首先要研究这一时期的法律文本(制定法)。法律文本能够最直接和明确地反映一个时期的法律概貌,因此无疑是研究法律最重要的资料之一。它能够完整地反映这一时期立法者(法律的制定和颁布者)的法津观念和价值取向,但在另一方面我们也要认识到,法律并不完全是立法者意志的表达。官方法律的内容根植于客观生活世界,具有一定客观实在性,但它毕竟带有立法者的主观情感和理想目标,从根本上讲,法律更是人们社会生活的规范、民众心态的反映以及社会组织的依据。法律的存在和发展离不开变迁的社会生活和广大民众这一庞大的法律主(客)体。因此,主要代表立法者的利益且相对静止的法律文本与我们所看到的实际的法律生活并不一致,在某些特殊情形下这种不一致几乎是一种常态。

为了避免落入片面研究制度设计的窠臼,全面了解法律的实效,本书将采取法律文本和司法实践同步研究的思路。利用北洋时期的诉讼档案和司法判例等资料来研究法律文本在现实中体现为动态法律时的实际运作情况,以解析法律制度上国家表达和实际运作的背离或整合问题。然而,社会生活的多样性、复杂性在客观上是难以完全把握的,看起来符合现代法理精神、结构十分完美的法律在实践中往往会遇到来自各方面的挑战，这些挑战既可能来自传统的道德伦理和社会舆论，也可能来自特殊的社会环境和民间习俗，有时甚至来自法律自身。法律与其他社会因素的矛盾和交锋，往往最终体现在一个个活生生的诉讼案件和民间纠纷的具体处理方式上。通过对诉讼案件档案和判例的研究，将能看到静态的法律是如何通过转化为动态法律去解决矛盾冲突的。一部好的法律不仅要符合社会的基本道德规范和伦理标准，还要具有可操作性，能够及时有效地适应并回应社会现实和民间习俗的要求，从而体现法律的灵活性和宽容性。"有活力的法律常常是以表达和实践的背离表象出现，最终以实现表达和实践的融合而长期延续"。[1]

六、本书的结构安排

中国法制的现代化以清末修律为开端，本书即从清末修律开始梳理，探究其对中国法治进程的影响，进而对北洋时期司法制度的理论与实践进行分析。北洋时期民事司法制度部分主要包括北洋时期民事司法制度的基本结构、司法官考试制度、司法权限、司法程序等基本问题；实践部分主要是从对大理院判例的分析入手，探究这一时期司法实践与制度上的不同之处；进而通过探究实际运行与制度设计脱节的原因，分析总结北洋时期民事司法制度的基本特征；最后得出北洋时期民事司法制度的现代启示。

从逻辑结构上看，本书共分为六个章节：

绪论，交代本书的选题背景、研究对象的时间界定与范围选择、国内外研究现状及分析、研究方法及创新点。在选题背

---

[1] 黄宗智：《中国法律制度的经济史、社会史、文化史研究》，载《中国经济史研究》1999年第2期。

景中，笔者论述了选题动因及研究本课题的意义。

第一章，论述晚清司法改革及其影响，主要分析以清末修律为代表的司法改革的背景、内容及其对近代司法审判制度的影响。包括新式法院体系的逐步建立、司法独立公开审判等原则的确立、法律教育的兴起，以及法律观念及法律知识的广泛传播等，主要立足于阐述北洋时期民事司法审判制度变革的历史背景。

第二章至第四章，论述北洋时期民事司法审判制度的理论及实践，即这一时期民事司法审判制度设计与实践情况。这一部分作为本书研究的重点之一，引用大量的文献资料，从静态的角度探究这一时期法院体系的基本结构、民事司法权限、民事司法程序及司法官选任制度等内容。此外，该部分还将通过对大理院民事判例的解读，将研究视野从"静态的法"转移到"动态的法"，从"纸上的法"转移到"实践中的法"，梳理并归纳这一时期民事司法审判制度的实际运行状况。

第五章是本书的结语。该部分主要从三个方面进行总结：一是在前述研究的基础上，对北洋时期民事司法审判状况进行总结、归纳并分析北洋时期民事司法审判制度的特征；二是探究在这一时期的民事司法领域，法律文本与实践冲突的表现及成因；三是通过综合探究转型时期中国社会的民事司法运行状况，以求对当下中国民事司法审判制度的改革有所启示和借鉴。

第一章
晚清司法改革及其影响

伴随着商品经济的发展与近代西方法律文化在中国的传播,以及晚清政府收回领事裁判权的迫切需要,晚清政府采取了一系列重要的司法改革措施,这些措施进一步促进了近代西方法学知识的引进与传播,启蒙了人民思想,初步树立了宪政理念,构建了法治社会的基本框架并重构了中国的司法制度。

一、晚清司法改革

(一)晚清司法改革的背景

1. 商品经济的发展与近代西方法律文化在中国的传播

鸦片战争后中国被迫打开了国门,并逐渐沦为半殖民地半封建社会。中国传统自给自足的自然经济遭受严重打击,商品市场和劳动力市场不断扩大,在客观上刺激了中国资本主义的发展。在1895—1898年,新创办的规模较大的商办厂矿企业投资额几乎相当于官办、官商合办企业投资额的3倍,沿江海一带的通商口岸发展更为迅速。[1]相较于中国庞大的人口基数以及根深蒂固的农业经济而言,资本的绝对值实在微不足道,但其增长速度足以说明资本主义经济的巨大发展潜力。晚

---

[1]《中国近代史》编写组编:《中国近代史》,中华书局1979年版,第406页。

清司法改革的根本原因是为了适应新的生产关系以及由此引发的社会关系。

法律思想（法律思潮）作为上层建筑的一部分，必然要根植于社会的生产力水平，并在此基础上通过国家立法机关上升为国家意志。中国近代以来的法律制度和法律文化自身固有的缺陷决定了法律改革不可避免。洋务运动失败后，一批早期的资产阶级改良主义者，如郑观应、马建忠等，逐渐认识到学习西方先进的制度文明才是富强的根本之道。随着大量西方政治、法律书籍的翻译传播，先进的改良主义者开始研究西方法律制度与中国富强的关系，宣传变法思想。首先，通过建立新式学堂，打破了官府垄断律学的状况[1]；其次，伴随着领事裁判权在通商口岸和租界设立，外国法庭及其相对先进审判制度对中国旧有司法制度的现实示范作用；再其次，伴随着晚清政府的对外开放和交流，西方的法律思想在潜移默化中传播；最后，晚清政府组织的公派留学生和出洋考察者对外国法律制度在中国的传播，以及司法改革起到了至关重要的作用[2]。

2. 外国领事裁判权的确立与中国的司法危机

1842年，在中英签订的《南京条约》中清政府为了满足英国侵略者的要求，规定了中国人和英国人在司法上的区别对待原则，标志着领事裁判制度在中国正式确立。1843年，中英签订的《五口通商章程》第13条对"英人华民交涉词讼"亦作了具体规定："凡英商察告华民者，必先赴管事官处投票，

---

[1] 1906年，沈家本主持设立了中国第一个新式法律学堂——京师法律学堂。此后多所法律学堂陆续设立，如京师法政学堂、直隶法政学堂等，培养了大量优秀的法学人才，大大宣传了新式法律思想，提升了法律的社会地位。

[2] [日] 实藤惠秀：《中国人留学日本史》，谭汝谦、林启彦译，生活·读书·新知三联书店1983年版，第451页。

候管事官先行查察谁是谁非，勉力劝息，使不成讼。间有华民赴英官处控告英人者，管事官均应听诉，一例劝息，免致小事酿成大案。其英商欲行投票大宪，均应由管事官投递，察内倘有不合之语，管事官即驳斥另换，不为代递。倘遇有交涉词讼，管事官不能劝息，又不能将就，即移请华官共同查明其事，既得实情，即为秉公定断，免滋讼端。其英人如何科罪，由英国议定章程、法律发给管事官照办。"[1]由此，继1842年中英《南京条约》后，中国与美国、法国、瑞典、挪威、俄国等国家签订了一系列不平等条约，最终导致多个国家在中国取得领事裁判权。[2]

所谓领事裁判权，通说是指一国通过其驻外领事对在驻在国的本国国民行使司法管辖权，并依据本国的法律加以审判的制度。具体内容就是在中国享有领事裁判权的国家的公民，在中国境内成为诉讼案件的被告人时，由其本国领事依据本国法律进行审理，不受中国司法机关的管辖。列强在华领事裁判权的确立，一方面使清政府丧失了对涉外案件的司法管辖权，随着国际法观念的传入和民族独立意识的增强，此种破坏最高司法权的做法为主权国家所不能容忍。另一方面，由于清政府的政治和司法权力管辖不到位，租界为对清政府不满的人们提供了一个相对宽松的政治及文化环境，资产阶级改良派和革命派在租界内创办了自己的刊物，宣传自己的主张。在租界内进行反对清政府的活动，使清政府恼火却又无可奈何，这也促使清

---

[1] 王铁崖编：《中外旧约章汇编》（第三册），生活·读书·新知三联书店1962年版，第42页。

[2] 曲玉梁：《民初大理院及其民事判解制度研究》，华东政法大学2011年博士学位论文，第14页。最近比较火热的《法律东方主义：中国、美国与现代法》一书为领事裁判权的研究提供了另一种视角。

政府加快了收回领事裁判权的步伐。

1902年，中英签订的《马凯条约》第12条规定："中国深欲整顿本国律例，以期与各西国律例改同一律，英国允愿尽力协助以成此举。一俟查悉中国律例情形及其审断办法及一切相关事宜臻妥善，英国即允弃治外法权。"[1]此后，美国、日本、葡萄牙等国也作出类似表示。为收回领事裁判权，清政府当然致力于法律的完善。可以说，晚清司法改革最直接的原因在于建立符合西方列强认可的完善的法律制度，收回领事裁判权。[2]正如沈家本所说："中国修订法律，首先收回治外法权，实变法自强之枢纽。"[3]

(二) 晚清司法改革的主要内容

1. 删改旧律、编订新法

认识到"惟是为治之道，尤贵因地制宜，今惜情势不同，非参酌适中，不能推行尽善"后，1902年清政府发布上谕："现在通商交涉，事益繁多，著派沈家本、伍廷芳，将一切现行律例，按照交涉情形，参酌各国法律，悉心考订，妥为拟议，务期中外通行，有裨治理。俟修定呈览，候旨颁行。"[4]沈家本、伍廷芳被任命为修订法律大臣后，向清政府提出"拨专款以资办公，刊刻公章，以成立专门独立机构"，1904

---

[1] 王铁崖编：《中外旧约章汇编》（第二册），生活·读书·新知三联书店出版社1959年版，第109页。

[2] 曲玉梁：《民初大理院及其民事判解制度研究》，华东政法大学2011年博士学位论文，第15页。

[3] 沈家本：《删除律例内重法折》，载沈家本：《寄簃文存》，商务印书馆2015年版。

[4] （清）朱寿朋编：《光绪朝东华录》（第五册），中华书局1958年版，第4864页。

年修订法律馆正式成立。沈家本"遴选谙习中西律例司员,分任纂辑;延聘东西各国精通法律之博士、律师,以备顾问;复调取留学外国卒业生,从事翻译",集中了大量熟悉西方法律的人才,为法律的修订提供了重要的人才基础。在翻译西方法律和建立法律学堂的基础上,清末法律的修订分为删改旧律和编订新法两个阶段。

第一阶段,这一阶段着重删除旧的体例,调整旧法体系,同时制定一些单行法规以满足当时社会的需要。这一阶段最突出的成果是对《大清律例》进行全面删改。沈家本等人根据清政府内部共同议定的办法,删除了律例内重法,削减律例内死罪条目,禁革买卖人,删除奴婢律例,同时禁止刑讯,统一满汉刑律,实行民刑分离,将旧律例中的继承、分产、婚姻、田宅、钱债等纯民事行为不再科以刑罚。

第二阶段,编订新法。编订新法是清末修律的关键步骤,以至于修订法律馆后期被重新组建成为专门拟定法律草案的机关。在宪法方面,清政府除颁布《钦定宪法大纲》外,还制定了《宪法重大信条十九条》;刑事法律方面则沿用上一阶段的修法和改革成果,先后编成《大清现行刑律》和《大清新刑律》;民商事法律方面,拟定了《大清民律草案》《公司律》《商人通则》《商标注册试办章程》《公司注册试办章程》等;在诉讼法领域,《大清刑事民事诉讼法草案》《大清刑事诉讼律草案》《大清民事诉讼律草案》《大理院审判编制法》《各级审判厅试办章程》等也相继出台。[1]

---

[1] 李贵连:《沈家本传》,法律出版社2000年版,第61页。

2. 建立新式审判机构

晚清预备仿行宪政〔1〕从官制入手，强调把进行官制改革作为仿行宪政的首要措施之一。立宪考察大臣总结日本实施宪政的经验之后，认为日本立宪的成功，"实由官制之预备得宜。诚以未改官制以前，任人而不任法；即改官制之后，任法而不任人。"〔2〕因此，在司法官制方面，光绪三十二年（1906年）九月，清政府下谕，改刑部为法部，专任司法；改大理寺为大理院，专掌审判。〔3〕

1906年《大理院奏审判权限厘定办法折》阐明，"官制节略既变通日本成法，改区裁判所为乡谳局，改地方裁判所为地方审判厅，改控诉院为高等审判厅，以大理院总其成，此固依仿四级裁判所主义，毋庸拟议者也。"〔4〕其后的《大理院审判编制法》即依此制设置审判机构，但因其仅限于京师，全国法院体系未能确立。为加快京外各省城及商埠审判机关的筹设，光绪三十三年（1907年）十一月，清政府颁布《各级审判厅试办章程》，该法第5条规定："凡民事、刑事案件，除属大理院及初级审判厅管辖者外，皆由地方审判厅起诉。经该厅判决后，如有不服，准赴高等审判厅控诉。判决后，如再有不服，准赴大理院上告。"宣统元年十二月（1910年2月），清

---

〔1〕 亦称"预备立宪"，是指晚清慈禧太后根据清宗室载泽、戴鸿慈、徐世昌、端方和绍英五大臣的意见，于光绪三十二年（1906年）下诏预备立宪，"仿行宪政"。

〔2〕 故宫博物院明清档案部编：《清末筹备立宪档案史料》（上册），中华书局1979年版，第367页。

〔3〕 故宫博物院明清档案部编：《清末筹备立宪档案史料》（上册），中华书局1979年版，第471页。

〔4〕 参见《大清法规大全》之卷七"法律部"之"审判"。

政府颁布《法院编制法》。该法将审判机关分为初级、地方、高等审判厅和大理院四级。[1]

3. 改革法官选任办法

新式审判机构的设立需要大量能够胜任其职务的新式司法官。清政府也认识到选任法官的重要性："审判得失为人民生命财产所关,亦为将来改正条约之所系,任用苟不得其人,则上足以损法令之威严,下适以召闾阎之藐视,众心散失,遗患无穷。"[2]按照晚清官制,法部主管司法行政,负责筹建新式司法官制度。

按照光绪三十四年(1908年)宪政编查馆奏请的《议院未开以前逐年筹备事宜清单》的总规划,法部于宣统元年(1909年)二月二十七日奏进《统筹司法行政事宜分期办法折并单》。在法部九年"预备立宪"筹备事项中,有关法官的考试选任、晋级轮补、官俸、惩戒等各项制度建设是其重点内容之一。由于清廷灭亡,九年"预备立宪"计划未及完全实施即告破产。

为统一全国的司法官选任制度,宣统元年十二月二十八日(1910年2月7日),宪政编查馆在其奏进的《宪政编查馆奏核订法院编制法并另拟各项暂行章程折并单》提出："嗣后于考试任用各项法官时,务须钦遵颁定暂行章程,严切奉行,不得稍存宽假。"同日,《法院编制法》及《法官考试任用暂行章程》颁行,正式确立了"法官非经考试不得任用"的原则。宣统二年三月(1910年4月),《法官考试任用暂行章程施行

---

[1] 李启成:《宣统二年的法官考试》,载《法制史研究》2002年第3期。
[2] 宪政编查馆:《宪政编查馆奏核订法院编制法并另拟各项暂行章程折并单》,宣统元年十二月二十八日(1910年2月7日)。

细则》及《考试法官主要各科应用法律章程》也相继出台，为宣统二年八月（1910年9月）举行的第一次全国性的法官考试提供了直接依据。

4. 审判制度改革摘要

（1）民事诉讼与刑事诉讼分理

1906年，沈家本、伍廷芳提出："然民事刑事行之各异，虽同一法庭，而办法要宜有区别""仅就中国现时之程度，共同商定简明诉讼法，分别刑事民事，探讨日久，始克告成。"[1]

1906年6月16日，修订法律馆编成《大清刑事民事诉讼法草案》，对民事刑事作出如下界定："凡关于钱债、房屋、地亩、契约及索取赔偿者，隶诸民事裁判；关于判逆、伪造货币官银、谋杀、强劫、窃盗、诈欺、恐吓取财及他项应遵刑律定拟者，隶诸刑事裁判。"此后，《各级审判厅试办章程》对民事刑事案件作出进一步的区分："凡因诉讼而审理之曲直者"为民事案件；"凡因诉讼而定罪之有无者"为刑事案件。1910年，《大清刑事诉讼律草案》与《大清民事诉讼律草案》编成，这也是中国第一次将民事诉讼与刑事诉讼分别起草。

（2）推行审判独立

推行审判独立是晚清司法改革的核心内容之一。传统中国行政与司法合一，行政长官兼理司法的传统渊源已久。正如修律大臣伍廷芳所言："向昧夫独立之一理，循二千余年之专制，举立法、司法、行政之鼎力三权于一手，中央如是，各省亦如是。"[2]这种司法与行政不分的集权体制一定程度上使

---

[1]（清）朱寿朋编：《光绪朝东华录》（第五册），中华书局1958年版，第5504—5505页。

[2] 伍廷芳：《民国图治刍议》，商务印书馆1915年版，第593页。

司法机关沦为附庸，助长了行政官员专横，妨碍了司法的权威与效力。因而，这种制度遭到了近代中国启蒙思想家的猛烈批评[1]，清廷官员也纷纷上书请求改革。[2]

1906年，"谕准施行"的《大理院审判编制法》被称为中国历史上第一部专门的法院组织法，该法第6条规定："自大理院以下及本院直辖各审判厅、局，关于司法裁判全不受行政衙门干涉，以重国家司法独立大权而保人民身体财产。"自此，审判权与行政权相分离的制度第一次得到了立法确认，传统行政兼理司法的体制逐步走向衰弱。1910年2月，《法院编制法》正式颁布，该法正式确立了审判独立制度：司法机关依法审判，不得有任何超越法律的行为；司法机关独立司法；司法机关内部各自独立；法院独立审判；法官独立审判。这五个层面的规定构成了完整而完善的审判独立制度。[3]

(3) 推行审判公开

中国传统的审判是不公开进行的。法庭除了审判官、行刑者之外，就是案件当事人，没有旁听者，更不设旁听席。庭审时，不准任何人进入法庭旁听，是一种十足的秘密审判。这种审判方式，为官员和当事人进行权钱交易、行贿受贿开了方便之门，容易导致司法腐败。实行审判公开可以将案件的审判活动置于民众的监督之下，既有助于审判人员严格依法办案，提高案件的审判质量，同时又可以约束当事人及其他诉讼参与人

---

[1] 桂万先：《北洋政府时期审判制度研究》，中国政法大学出版社2010年版，第38—39页。

[2] 除启蒙思想家严复、康有为等人外，载泽、端方、戴鸿慈、达寿、庆亲王奕劻等官员均曾上书，陈述司法独立之益处。

[3] 李琳：《清末审判独立制度的历史考察——以大理院为研究视角》，载《社会科学辑刊》2008年第5期。

依法办事。因此，推行审判公开制度对于法治的进步有十分重要的意义。

在晚清司法改革推行的各项制度中，公开审判是其中重要的一项。公开审判原则在晚清司法改革的各项相关法律中均有规定。1906年，沈家本主持起草的中国历史上第一部诉讼法典——《大清刑事民事诉讼法草案》第9条专门规定："公堂应设立案外人观审所立之所"，第13条规定："凡开堂审讯应准案外人观审，不得秘密举行。但有关风化及有特例者不在此限。"此后的《各级审判厅试办章程》专门设置了"公判"一节，规定："凡诉讼案件，经检察官或预审官送由本厅长官分配后，审判官得公判之"；"判词之宣示，于决议后三日内行之"。《法院编制法》则专门设立了"法庭之开闭及秩序"一章，其第55条规定："诉讼之辩论及判断之宣告，均公开法庭行之。"审判公开作为审判方式改革的一项重要内容，是对传统不公开审判的彻底否定，也是中国司法从传统走向文明的重要步骤之一。[1]

（4）推行四级三审制

沈家本出任大理院正卿后，于1906年12月12日上书清廷，指出，"各国审判之级，大都区分之为三：第一审、第二审、第三审是也。第二审以待不服第一审之判断者，第三审以不服第二审之判断者。其裁判所之等级，大都分之为四。英、美、德、法诸国均取四级裁判所主义，日本裁判制度仿效德、法而亦分为四等，即区裁判所、地方裁判所、控诉院、大审院是也"。在对西方各国的审级制度进行介绍的基础上，沈家本

---

[1] 郭正怀：《民国时期审判制度研究》，湘潭大学2010年博士学位论文。

主张仿效日本，在中国实行四级三审制。

1907年颁布的《各级审判厅试办章程》，尝试在大理院以下，在地方设立与各级行政机关分立的各级审判厅。至1910年，清政府正式颁布《法院编制法》，仿行日本、德国体制，建立了四级三审的司法体系。[1]该法规定于中央设立大理院、各省设高等审判厅、各府（或直隶州）设地方审判厅、各州县设立初级审判厅以审理民刑事案件。在四级三审制下，轻微的民刑事案件由初级审判厅作为一审法院，并可经上诉程序，地方和高等审判厅则分别为二审和终审法院；其他相对较重大的案件则由地方审判厅为一审法院，可依次上诉至高等法院和大理院。

除上述几个方面的制度改革外，晚清司法改革还有诸如禁止刑讯、采用律师制度、改革狱政制度、建立陪审制度、回避制度、检察制度等方面。

二、晚清司法改革的影响

晚清司法改革，开启了中国封建司法制度的根本转型。"20世纪初封建末世大规模的法律改革，终于使中国法律挣出传统的藩篱。修订法律大臣沈家本以西方资本主义法律为蓝本，引入资产阶级法律的原则原理，使中国传统法律在细化的过程中迈出现代化的第一步。"[2]

---

[1] 李启成：《晚清各级审判厅研究》，北京大学出版社2004年版，第66—81页。

[2] 冯琳：《清末修律——中国法律现代化的第一步》，载中国社会科学院近代史研究所编：《中国社会科学院近代史研究所青年学术论坛》（2003年卷），社会科学文献出版社2005年版，第155页。

(一) 促进了近代西方法学知识的引进与传播

自鸦片战争后,中国就已经开始翻译和引进外国的法律。1840年,林则徐组织翻译了《各国律例》,成为近代西方法学传入中国的起点。[1]此后,为了方便与外国沟通交流,以及洋务运动的需要,爱国知识分子、洋务派、资产阶级改良派等纷纷翻译西方法学著作。到1905年,修订法律馆翻译的外国法律和法学著作有:《德意志刑法》《德意志裁判法》《俄罗斯刑法》《日本改正刑法》《日本陆军刑法》《日本海军刑法》《日本刑事诉讼法》《日本监狱法》《日本裁判所构成法》《日本刑法义解》。预备立宪后,伴随着清政府对司法改革的重视,沈家本扩大了翻译引进外国法律和法学著作的规模。从1906年到1907年,修订法律馆翻译的法学著作有13部,从1908年到1909年,翻译了34部,1910年又翻译了14部。到清朝灭亡前夕,中国各派势力翻译的外国法律和法学著作就有400多部。[2]其中,官方和民间组织的翻译使国人接触到了大量西方近代的法学知识。

在大力翻译西方法律和法学著作的同时,清政府也派遣官员到国外考察司法制度。官员出访考察过后,大多肯定西方先进的司法制度,甚至还得出了"今之立国,不能不讲西法"[3]的结论,对于推动清政府引进学习西方先进的司法制度有重要的作用。

---

[1] 俞江:《近代中国的法律与学术》,北京大学出版社2008年版,第3页。

[2] 卞修全:《立宪思潮与清末法制改革》,中国社会科学出版社2003年版,第131—136页。

[3] 薛福成:《出使英法义比四国日记》,载钟叔河主编:《走向世界丛书》,岳麓书社1985年版,第231页。

同时，晚清司法改革过程中，也大力发展法律教育，培养了大量法律专门人才。1867年，以培养通译人才为目的的京师同文馆开始讲授美国学者惠顿的《万国公法》。[1] 1895年，清政府批准设立了中国第一所新式大学——天津中西学堂，其中，法律作为头等学堂五门课程之一，这标志着正式开始了中国近代西方式的法律教育。1902年，列有法律学分支的京师大学堂正式开办；1910年初，京师大学堂正式开办分科大学，法律本科教育正式开始；1905年，伍廷芳、沈家本等奏请设立京师法律学堂，开创了清末全国开办法政学堂的先河；1906年，担任直隶总督的袁世凯奏请设立直隶法政学堂，为各地办学参考起到了示范作用。此后，各省的法政学堂相继成立，1911年，全国法政学堂就达47所。[2] 法律教育的大力发展，培养出了当时中国社会迫切需要的大量法律人才，为司法改革奠定了基础。

（二）启蒙了人民思想，初步树立了宪政理念

晚清司法改革虽然从总体上对中国人的法律意识触动不多，也不够深刻，但是在客观上起到了一定的作用。包括新式审判制度的确立、新式审判机构的建设，以及新式审判程序的运作、新式法律的制定等措施都对社会民众的法治观念产生了一定的启蒙作用。

晚清司法改革的实施者在制定法律时，很多方面都体现了西方法治精神，例如，在1908年清政府颁布的《钦定宪法大纲》中就明确了"臣民"的权利和义务，体现出了现代国家中国家与公民之间合理的权利义务关系。此外，去除特权、男

---

[1] 李贵连：《沈家本传》，法律出版社2000年版，第97页。
[2] 李贵连：《沈家本传》，法律出版社2000年版，第98页。

女平等一系列规定也深刻地改变了封建等级、伦理制度，为中国社会迈入以自由、平等为基石的现代社会奠定了坚实的法律基础。与此同时，中国民间的诉讼观念也发生了转变。在封建时代，中国传统的息诉观念要求人民不要轻易涉诉，否则会被冠以"刁民"的称号，因此，在晚清司法改革以前，一般民事案件大多在乡里、邻里自行解决，解决不了的，至多到县级衙门由县官解决，很少有上诉到省级的情况。司法改革后，这一情况发生了变化：许多以前由乡间调解的纠纷也都付之诉讼手段；民事案件不仅有上告到初级或地方审判厅的案例，还有上告到高级审判厅的情况。如在处罚贵州检察官李某一案中，村妇龚氏就因该检察官不守法律，私自审讯而将该检察官告上法庭，导致该检察官被撤职查办。[1]

经过晚清司法改革，中国传统的诉讼制度到清末终于出现了转机，人们的视线由个人转向制度，由官转向民，诉讼主体的偏位由治诉狱者转向了原被两告，如何保护当事人的权益成了诉讼的核心。[2]

(三) 构建了现代法治社会的基本框架

晚清司法改革不仅在宪政体制方面作出了根本性的变革，而且对社会其他方面也作了规定。以沈家本等为具体操作者的改革，完全按照西方的法治理念、法治结构对我国的法律体系进行了重构。整个法律制度涉及政治、经济、贸易等各个方面，包括宪法、刑法、民法、商法、诉讼法、行政法等体系的基本建立。虽然内容上仍然存在封建残余，但这些法律部门的确立为传统中国由封建社会向近代社会的转型奠定了坚实的法

---

[1] 载于《内阁官报》第42号，1910年9月17日。
[2] 孙谦：《晚清时期诉讼观的演变》，载《江汉论坛》1991年第2期。

律基础。

(四) 重构了中国的司法制度

1. 新式法院体系基本建立

晚清司法改革在确立司法权与行政权相分离的同时,着手构建与当时司法体制相适应的新式法院体系。及至清朝灭亡前,业已成立高等审判厅25个(含2个高等分庭),地方审判厅62个(含5个地方分庭),初级审判厅93个。截至1911年,各级新式审判机构的设立情况如下(见表1-1)。[1]

表1-1　各级新式审判机构的设立

	大理院	高等审判厅	高等分庭	地方厅	地方分庭	初级厅	合计
中央	1						1
京师		1		1		5	7
奉天		1		6	1	9	17
吉林		1		8		15	24
黑龙江		1		1		1	3
直隶		1	2	3	1	7	14
江苏		1		4		7	12
安徽		1				2	5
山东		1		2		3	6
山西		1		1		1	3

---

[1] 资料来源:《省直高等审判检察分厅经费表第二》《直省省城商埠地方审判检察厅员额表》《直省省城商埠初级审判检察厅员额表》。汪庆祺编,李启成点校:《各省审判厅判牍》,北京大学出版社2007年版,第442—446页,第六编"附则"。

续表

	大理院	高等审判厅	高等分庭	地方厅	地方分庭	初级厅	合计
河南		1		1		1	3
陕西		1		1		2	4
甘肃		1		1		2	4
新疆		1		4		4	9
福建		1		2	1	4	8
浙江		1		3		5	9
江西		1		2		3	6
湖北		1		4		4	9
湖南		1		1		2	4
四川		1		2		3	6
广东		1		4	2	7	14
广西		1		2		3	6
云南		1		1		1	3
贵州		1		1		2	4
合计	1	23	2	57	5	93	181

2. 确立了现代诉讼制度

在学习西方法律制度的原则指导下，清政府对自己原来的诉讼制度进行了彻底的改革。主要体现在以下几个方面：其一，确立了四级三审制的审级制度；其二，在审判原则上，确立了审判独立原则，审判权与行政权相分离的制度得到了立法确认，传统行政兼理司法的体制逐步走向衰弱，同时也彻底否定传统的不公开审判制度，力推审判公开；其三，在诉讼程序上，晚清司法改革在刑事民事诉讼程序的分离、新式证据制度的建立、律师辩护制度的引进,以及当事人合法权利的保护方面均有所建树。

(五)建立了全新的法官考试、任用制度,促进了司法职业专业化

为了实现审判人员的专业化以及解决法律人才短缺的问题,清政府确立了法官选任的办法,"法官非经考试不得任用"的原则得到立法确认。通过数次法官考试,选拔出一批新式司法人才,充实到刚刚成立的新式司法机构,不但为晚清的司法改革作出了一定贡献,甚至到民国时期,他们中的很多人仍然活跃在司法领域。

第二章
北洋时期民事司法审判制度的基本结构及司法官制度

北洋政府在晚清民事司法改革的基础上，对包含新式法院建设、法院体系及职权确立、司法官制度建设等在内的一系列民事司法制度做了承继，并根据当时的政治、经济、社会情况对一些制度进行了一定程度的创制和改良，尤其在司法官制度建设上颇有建树，为北洋时期司法人才提供了质量和数量上的保障。

一、晚清至北洋时期的新式法院建设概述

（一）晚清新式法院的初步建设

关于晚清新式审判机构的初步建设，本书第一章已经部分提及。从1906年清政府下诏厘定官制，设立大理院开始，到1906年《大理院审判编制法》、1907年《各级审判厅试办章程》的颁行，再到1910年清政府颁布《法院编制法》，设立各级新式审判机构的法律框架逐步确立。然而，在当时完全按照上述法律在全国设立相应的审判机构，对民穷国弱的清政府而言，是相当大的挑战。

1. 各级审判厅在天津的试办

1901年，直隶总督李鸿章病逝后，袁世凯接任，与庆亲

第二章 北洋时期民事司法审判制度的基本结构及司法官制度

王奕劻成为晚清朝廷内外两大柱石。[1]袁世凯对司法改革也极为热心，其在《奏报天津地方试办审判厅的情形折》中提出："司法独立，万国通例。吾国地方官兼听断，救过不遑。近今新政繁兴，诸需整顿，亟宜将司法一事，分员而治，各专责成，以渐合立宪各国制度。但势成积重，若一旦同时并举，使划然分离，则法官既少专家，布置亦难藉手。惟有逐渐分析，择一二处先行试点，视情形实无窒碍，然后依次推行。"1906年，袁世凯令天津知府凌福彭"督办自治局，总理高等审判分厅，以为立宪基础"。由是，袁世凯确定了在天津试办司法改革。

按照《大理院奏审判权限厘定办法折》的规定：天津府的审判厅，命名为直隶高等审判分厅；天津县的审判厅，命名为天津地方审判厅；天津县辖城乡，按照地方广狭，匀设乡谳局四处，而"向设之府县发审局及南段巡警发审处概行裁撤"[2]。

各级审判机构的审判人员主要由两部分组成：一部分是留洋法政学生回国者，即"平日研究谳法暨由日本法政学校毕业回国之成绩最优者"；另一部分是原有的"府县发审局及南段巡警发审处"人员。并且，袁世凯提出，"先令学习研究，试验及格，按照分数高下，分别派充"，考试合格后，才能充当审判人员。

各级审判厅在天津的试办取得了良好的成效，袁世凯在奏

---

〔1〕 参考《中国近百年政治史》之第六章"维新运动的再起"。李剑农：《中国近百年政治史》，复旦大学出版社2002年版。

〔2〕 沈家本：《大理院奏审判权限厘定法折》，载《东方杂志》1907年第3期。

折中指出,"(各级审判厅在天津的试办是)将来收回领事裁判权之嚆矢",为以后正式筹设各级审判厅起到了良好的示范作用。清政府在总结天津试办各级审判厅经验和参照《大理院审判编制法》的基础上,于光绪三十三年(1907年)颁行《各级审判厅试办章程》,该章程成为各级审判厅筹设的指导性法律。

2. 京师各级审判厅的设立

由于京师作为"根本种地,观听攸关"[1],自然京师各级审判厅的设立得到了法部的重点关照。

光绪三十三年(1907年)十一月,京师地区设立高等审判厅及内城地方审判厅及若干所城谳局,并负责案件的审理。[2]由于财力所限,在京师外城设立一所地方审判厅的计划始终没有付诸实践。整个晚清,京师的地方审判厅只有内城一所,该所共有民刑各三庭,推事十八人,审理京师内外城地方审判厅管辖之下的民刑案件。[3]

3. 各级审判厅在全国范围的设立

1906年《大理院审判编制法》的颁行,不仅为大理院的筹设提供了纲领性的规定,而且确立了由大理院、高等审判厅、地方审判厅和乡谳局组成的四级三审制度。大理院的成立是筹设地方各级审判厅的前提和基础。

为加快京外各省城及商埠审判机关的筹设,光绪三十三年(1907年),清政府颁布《各级审判厅试办章程》,该章程第5

---

[1] (清)朱寿朋编:《光绪朝东华录》(第五册),中华书局1958年版,第5694页。

[2] 《法部奏统筹司法行政事宜分期办法折》,见上海商务印书馆编译所编之《大清宣统新法令》之第三卷。

[3] 李启成:《晚清各级审判厅研究》,北京大学出版社2004年版,第70页。

条规定:"凡民事、刑事案件,除属大理院及初级审判厅管辖者外,皆由地方审判厅起诉。经该厅判决后,如有不服,准赴高等审判厅控诉。判决后,如再有不服,准赴大理院上告。"

按照光绪三十四年(1908年)宪政编查馆奏请的《议院未开以前逐年筹备事宜清单》的总规划,1909年应颁布法院编制法,筹备各省省城及商埠等处各级审判厅;1910年各省省城及商埠等处各级审判厅限年内一律成立。[1]但是在实际施行过程中,仍然有比较大的困难,"其悉心研究,竭力从事者,尚多疑难待剖之端,而意图速成,以趋简便者,且不知有行政司法之别",[2]筹备事宜进展缓慢。

按照《议院未开以前逐年筹备事宜清单》的规划,宣统元年十二月(1910年2月),清政府颁布《法院编制法》。该法将审判机关分为初级、地方、高等审判厅和大理院四级。

由于可以借鉴东三省和京师设立各级审判厅的部分经验,[3]加之《法院编制法》及若干附属章程的颁行,有相应的法规可以遵循,全国各级新式审判机构的设立速度也大大加快。及至清朝灭亡前,业已成立高等审判厅25个(含2个高等分庭)、地方审判厅62个(含5个地方分庭)、初级审判厅

---

[1] 参考《清朝续文献通考》之"宪政考二"。

[2] 参见《法部奏筹办外省省城商埠各级审判厅补订章程办法摺》,见《大清法规大全》之卷七"法律部"之"审判"。

[3] 光绪三十三年六月二十七日(1907年8月5日),清政府宣布:"各省按察使改为提法使……分设审判厅,增易佐治员各节,应即次第施行,著由东三省现行开办,如实有与各省情形不同者,准由该督抚酌量变通,奏明请旨。此外直隶、江苏两省,风气渐开,应为择地先行试办,俟著有成效,逐渐推广。其余各省,均由该督抚体察情形,分年分地请旨办理,统限十五年一律通行。"(转引自《中华民国史事纪要》之"民国纪元前五年"卷,第325页)因此,东三省作为预备立宪的"试验区",为司法改革在全国的推行提供了一定的经验借鉴。——编者注

93个。光绪、宣统年间,全国共有1369个县,218个府,[1]若"初级审判厅计平均每县二所,地方审判厅计平均每府应有二所"[2],则全国应设初级审判厅2738个,地方审判厅436个。由此可见,清朝灭亡前,基层法院系统的设置尚不能满足司法需要。但清廷在民穷国弱之际,做到这一点已实属不易。此外,在业已成立的众多审判厅中,有许多是为了完成《议院未开以前逐年筹备事宜清单》的规划,于1910年底匆匆成立,因而难免存在一些问题。

(二)北洋时期的新式法院建设

北洋政府的司法体制是在援用前清旧制的基础上作了部分革新,新式法院的建设渐次展开。1912年3月,袁世凯就任中华民国临时大总统,即颁布命令:"现在民国法律未经议定颁布,所有从前施行之法律及新刑律除与民国国体抵触各条应失效力外,余均暂行援用,以资遵守。"[3]根据该命令,清末颁行的《法院编制法》稍加修改后以《暂行法院编制法》得以继续援用[4],法院体系仍然按照大理院、高等审判厅、地

---

[1] 据《清史稿》载,全国有215个府,1358个县(赵尔巽:《清史稿》(十二),中华书局1976年版,第3356—3358页)。加上甲午战争后日本强占的台湾3府11县,故全国应有218个府,1369个县。——转引自刘焕峰、郭丽娟:《清末审判厅设置考略》,载《历史档案》2009年第2期,第120页。

[2] 梁启超:《饮冰室法制论集》,江苏广陵古籍刻印社1990年版,第49—50页。

[3] 《临时大总统宣告暂行援用前清法律及〈暂行新刑律〉令文》,载《临时公报》1912年3月11日。

[4] 民国元年(1912年)3月15日,临时大总统命令援用清末《法院编制法》,将其更名为《暂行法院编制法》(谢振民编著:《中华民国立法史》,正中书局1937年版,第903页)。民国四年(1915年)6月20日,又公布《修正暂行法院编制法》(罗志渊:《近代中国法制演变研究》,正中书局1976年版,第405—406页)。

第二章　北洋时期民事司法审判制度的基本结构及司法官制度

方审判厅和初级审判厅设置。1912年5月，司法部呈请临时大总统"惟大理寺正卿、少卿等官名不适于民国制度，现在法院编制法修正颁布尚需时日，新法未施行前，应更定其名称，而宜仍其组织。"根据司法部的建议，袁世凯颁布临时大总统令，将大理院正卿改为大理院院长，同时裁撤少卿一职。[1]同年8月19日，司法部再次呈请大总统，将京师及直省高等审判厅厅丞、京师地方审判厅厅丞改为审判厅厅长；同时，司法部通令各省，改地方各级审判厅厅丞为厅长。其后，又将前清审判厅都典簿、典簿、主簿等改为书记官长和书记官。这些称谓一直沿用到北洋政府统治结束。北洋政府在《法院编制法》的基础上，于1913年9月颁布了《修正各级审判厅试行章程》，规定普通法院实行四级三审制。

1914年，出于中央集权的考虑，袁世凯下令改订地方官制，将中央到地方的行政区域改为中央—省—道—县四级。[2]改革之后，《暂行法院编制法》规定的各级审判厅与省、府、县/州/厅的对应关系也被打乱，加之对司法人才缺乏与财政拮据等现实因素的考量，1914年4月30日，袁世凯颁布裁撤命令，决定裁并原有的地方审判厅，裁撤初级审判厅，仅保留高等审判厅和省城及繁荣商埠的地方审判厅。随后，《暂行法院编制法》也进行了相应修订，将关于初级审判厅的规定全部删除，以《修正暂行法院编制法》的名义重新刊行。为弥补初级审判厅的空缺，1914年4月，北洋政府公布施行了《县

---

[1] 司法部曾拟定《法院编制法草案》，但一直未能提交参议院决议，因此，直到1915年北洋政府将前清《法院编制法》修正颁布前，一直依据1912年3月的大总统令适用《法院编制法》。

[2] 欧阳正：《民国初期的法律与司法制度》，载那思陆：《中国审判制度史》，上海三联书店2009年版，第339页。

知事兼理司法事务暂行条例》和《县知事审理诉讼暂行章程》,开始实施县知事兼理司法的制度。按照这两部法令,凡是未设审判厅(初级审判厅和地方审判厅)的县,均由县知事审理一审民刑事案件。

由于兼理司法制度"不过如前清州县衙门"[1],存在诸多弊端,段祺瑞政府于1917年4月公布了《暂行各县地方分庭组织法》,规定在审判厅辖区各县内设立地方审判分庭,受理一审案件。1917年5月又公布了《县司法公署组织章程》,规定未设地方审判分庭的各县应设立县司法公署。至此,在审判机关的设置上,除保留大理院、高等审判厅、地方审判厅外,在县设立地方审判分庭,或成立县司法公署,管理当地民刑事案件。1922年北洋政府公布《民事诉讼条例》,规定除对于极轻微的案件不得上诉至第三审法院外,其他案件皆可上诉,从根本上恢复了四级三审制,并且通行于全国。

二、北洋时期的法院体系及其职权

(一)最高审判机关——大理院

1. 大理院的法律地位

1906年,清政府颁布《大理院审判编制法》,正式确立了大理院作为全国最高审判机关的地位。1910年,清政府正式颁布《法院编制法》,规定于中央设立大理院、各省设立高等审判厅、各府(或直隶州)设地方审判厅、各州县设立初级审判厅以审理民刑案件。据此可知,大理院作为全国最高司法机关的地位在清朝覆灭之前已经确立。1912年3月,袁世凯

---

[1] 朱勇主编:《中国法制通史》(第九卷 清末·中华民国),法律出版社1999年版,第526—527页。

就任临时大总统,命令"现在民国法律未经议定颁布,所有从前施行之法律及新刑律除与民国国体抵触各条应失效力外,余均暂行援用,以资遵守";1912年5月,临时大总统又令"惟大理寺正卿、少卿等官名不适于民国制度,现在法院编制法修正颁布尚需时日,新法未施行前,应更定其名称,而宜仍其组织。"据此可知,《法院编制法》作为民国关于法院建设的基本法律得以援用,大理院的最高审判机关的地位亦得以延续。而1915年《修正暂行法院编制法》第五章专章规定了大理院的组织及其职掌,明确规定"大理院为全国最高审判机关",明确规定大理院享有独立审判权,即"最高审判权"和"统一法令解释权"两项重要职权以及大理院的事务自主权。此后,地方法院在审判时缺乏统一标准的情况下,"恒视中央最高法院之见解以为标准"。[1]

2. 大理院的内部组织

1915年6月,北洋政府公布《修正暂行法院编制法》,该法第五章专章规定了大理院的组织及其职掌。根据该法,大理院的组织体系包括院长、民事审判庭、刑事审判庭、特殊法庭、书记厅、编辑处和大理分院等组织。

(1)院长

《修正暂行法院编制法》规定:"大理院为最高审判机关。设院长一人,特任;总理全院事务。院长有权对于统一解释法令做出必应的处置,但不得指挥审判官所掌理各案件审判。"由此可以看出,院长作为大理院的首脑,负责总理全院事务,同时负责统一解释法令工作,但不得直接干预审判官的审判业务。

---

[1] 黄荣昌编:《最近大理院法令判解分类汇要》,中华图书馆1926年版。

自 1911 年北洋政府成立始，至 1927 年大理院闭院时止，大理院共有 12 任院长，历任院长见表 2-1[1]

表 2-1 1911—1927 年大理院历任院长

任次	姓名	字	籍贯	就任时间	卸任时间	备注
1	许世英	静仁	安徽秋浦（今安徽东至县）	1912年5月18日	1912年7月26日	
2	章宗祥	仲和	浙江吴兴	1912年7月26日	1914年2月20日	
署	董康	授经	江苏武进（今江苏常州市）	1914年2月20日	1914年8月1日	
3	董康	授经	江苏武进（今江苏常州市）	1914年8月1日	1918年6月	
4	姚震	次之	安徽贵池	1918年6月	1920年6月	
5	董康	授经	江苏武进（今江苏常州市）	1920年6月	1920年8月	
6	王宠惠	亮畴	广东东莞	1920年8月	1921年12月27日	
7	董康	授经	江苏武进（今江苏常州市）	1921年12月27日	1922年5月26日	
代	潘昌煦	春晖	江苏吴县	1922年5月26日	1922年6月15日	

---

〔1〕 郭卫编，吴宏耀、郭恒、李娜点校：《大理院判决例全书》，中国政法大学出版社 2013 年版，第 958 页。

续表

任次	姓名	字	籍贯	就任时间	卸任时间	备注
8	罗文干	钧任	广东番禺	1922年6月15日	1922年9月19日	
9	董康	授经	江苏武进（今江苏常州市）	1922年9月19日	1923年2月3日	未到任前由余棨昌代
10	余棨昌	戟门	浙江绍兴	1923年2月3日	1928年2月25日	1924年1月19日准假，由潘昌煦代
11	潘昌煦	春晖	江苏吴县	1924年1月19日	1928年2月25日	
12	姚震	次之	安徽贵池	1928年2月25日	1928年6月	

（2）民事庭、刑事庭

《修正暂行法院编制法》规定："大理院得因事务繁简，酌设民事和刑事各若干庭，分别执行审判案件。各庭设庭长一人，由推事或推丞兼任；设推事各若干人。庭长监督本庭事务，并决定案件的分配。"

民事庭、刑事庭是大理院最主要的业务部门，需要承担由大理院管辖的绝大多数案件，根据上述规定：其一，大理院可根据审判业务的繁简程度，自由决定设立民事庭、刑事庭的数量；其二，各审判庭设置一名庭长，负责该庭的业务办理情况，但不能就具体案件向承办法官发出指示；其三，庭长由推事（即法官）或推丞兼任，即由审判业务人员兼任，非专职人员；其四，关于推事总数，由大理院根据实际情况提出具体的编制人数。事实上，随着受理诉讼案件的数量变化，大理院的民事庭、刑事庭和审判官的人数也在变化。

（3）书记厅

根据《修正暂行法院编制法》和1919年5月公布的《大理院办事章程》的规定，大理院设置书记厅，管辖大理院的行政事务。

《修正暂行法院编制法》规定："大理院民刑事处设民事科和刑事科，各设推丞一人，监督本科事务，并决定案件分配。推丞仍兼充某一庭庭长。"《大理院办事章程》规定："大理院内置书记厅，设书记官长一人；辖总务处、民刑事处。总务处分设文书、卷牍、统计、会计四科，民刑事处分设民事科和刑事科。"而1920年12月公布的《大理院办事章程》规定略有不同："总务处设文书、记录、会计三科，民刑事处分设民事一至四科、刑事一至二科，均由书记官兼充科长。"

据上述规定可以看出，大理院内部的机构设置也在不断发生变化。其一，原先设置的民刑事处不但规模小，而且其负责人员也由审判官兼任（庭长、推事、推丞等统称为审判官），而到办事章程制定的时候，民刑事处则置于书记官长的管辖之下；及至1920年《大理院办事章程》的规定，民刑事处所设立的民事科、刑事科的负责人已经由审判官改为书记官兼任；其二，机构设置也发生了变化，总的来说，对负责大理院行政事务的机构进行了精简，如总务处由原来的四个科缩减为三个科，而直接为审判工作提供支撑的民刑事处所属科则有所增加；其三，管理体制也日益合理，如设置书记厅总揽大理院的行政事务，提高了管理效率。

（4）编辑处

1925年为统一规范全国司法实践，建立稳定统一的法律秩序，大理院颁行《大理院编辑处规则》，设立大理院编辑处，包括编辑长 1 人，编辑主任 5 人，编辑 14 人。[1]编辑处的主要任务是编印公报、判例要旨汇览、解释例要旨汇览等。

(5) 大理分院

根据《修正暂行法院编制法》第 40—42、44 条的规定，距离北京较远或交通不便的各省均可以在其高等审判厅内设置大理分院，大理分院得设置民刑各一庭。大理分院推事除由大理院选任外，可以由分院所在的高等审判厅推事兼任，但每庭兼任推事以 2 人为限。大理分院各庭审理上告案件如解释法令之意见与本庭或他庭"成案"有异，应函请大理院开总会审判之。[2]《修正暂行法院编制法》第 42 条与第 44 条都是对变通设置的大理分院进行一定的规范。首先，兼任推事不得过半数；其次，大理分院的裁判受到"成案"的约束，如果其裁判与"成案"不符，则应交由北京的大理院最终裁决。

3. 大理院的审判组织形式

大理院作为国家最高审判机关，在国家体系中占据十分重要的地位。因此，其审判组织形式也有明文规定。根据《修正暂行法院编制法》第 7、8 条的规定，"大理院采合议制，审判权以推事五人组织合议庭执行，合议审判，以庭长为审判长；庭长有事故时，由资深庭员代理"。该法第 38、39 条规定，民事诉讼案件属于大理院第一审的，如关系重要，得就当地高等或地方审判厅开大理院法庭审判。审判除由大理院派遣

---

〔1〕 钱实甫：《北洋政府时期的政治制度》（上册），中华书局 1984 年版，第 129 页。

〔2〕 参见（北京政府）司法部编印：《改订司法例规》（上），司法部 1922 年版，第 61—62 页。

推事外，院长得临时令高等审判厅的推事协同审判，但以二人为限。[1]该法第75、76、78条规定则对合议制的具体规则进行规范，"判断之评议概不公开""评议判断时，该（合议庭）庭员须各陈述意见""判断之决议，以过半数之意见定之"。大理院推事的审判独立是"建立在'一人一票'的原则基础上的多数决定规则"，而每个推事都可以独立表达自己对法律的理解、对案件的裁判意见。[2]由此可见，大理院的审判方式充分尊重合议庭成员的意见，能够较好地维持审判质量。

4. 大理院的职权

（1）最高审判权

大理院作为最高审判机关，其最重要的职权在于最高审判权。大理院享有的最高审判权包括两个方面。

第一，终审权。根据《中华民国临时约法》和《修正暂行法院编制法》的规定，大理院负责全国民事、刑事诉讼案件的终审，其所作出的判决、裁定、决定都是终局裁判。《法院编制法》规定："大理院有审判左列案件之权：第一，终审：一、不服高等审判厅第二审判决而上告之案件，二、不服高等审判厅之决定或其命令，按照法令而抗告之案件；第二，第一审并终审：依法令属于大理院特别权限之案件。"《大理院判例要旨汇览》载：大理院六年上字第1458号判例指出，"地方管辖案件，以大理院为终审"；大理院六年抗字第98号判例载："诉讼案件一经本院裁判，即属确定，不得再依抗告程序声明不服。"其所

---

[1] 桂万先：《北洋政府时期审判制度研究》，中国政法大学出版社2010年版，第112页。

[2] 张生：《民初大理院审判独立的制度与实践》，载《政法论坛》2002年第4期。

辖案件具体包括：不服高等审判厅第二审的判决而上告的案件，以及不服高等审判厅的决定或命令按照法令而抗告的案件。

第二，第一审并终审权。依法令属于大理院特别权限之案件，其第一审判决结果即为终审。所谓"特别权限之案件"为概括性规定，旨在适应社会发展需要，对新产生的法律问题皆有诉讼救济手段，例如，北洋时期大理院曾在民事、刑事诉讼案件之外，管辖审理大总统叛逆行为、国会选举诉讼等特别权限的案件。[1]

（2）统一法令解释权

立法的滞后性要求最高审判机关有权对现行法加以解释。《修正暂行法院编制法》第35条规定："大理院长有统一解释法令必应处置之权，但不得指挥审判官所掌理各案件之审判。"第37条规定："大理院各庭审理上告案件，如解释法令之意见，与本庭或他庭成案异，由大理院院长依法令之义类，开民事科或刑事科或民、刑两科之总会审判之。"《大理院办事章程》第203条规定："大理院关于法令之解释，除法院编制法第三十五条但书情形外，就同事类均有拘束之效力。"上述三条规定即是大理院统一法令解释权的法律依据。这一时期，大理院普遍采取解释例和判例两种形式来行使统一法令解释权。

关于解释例，《修正暂行法院编制法》第35条规定，"大理院长有统一解释法令必应处置之权……"从而赋予了大理院法律解释权，确立了大理院解释例的法律地位。根据《大理院办事章程》第202条之规定，大理院解释包括两个方面，一是解答质疑，二是维护国家公益，径行纠正第204条国家机

---

[1] 张生：《民初大理院审判独立的制度与实践》，载《政法论坛》2002年第4期。

关及公职人员关于法令的误解。关于提出解释请求的主体,大理院四年声字第141号判决例指出:"对于本院请求解释法令者,以国家及地方之公机关为限,本院始予解答。其以私人或团体名义迳向本院为此项请求者,未便照答。"大理院三年声字第29号判例要旨指出:"本院行使统一解释法令之权,系对于审检衙门或其他国家机关之质问而为解答。至于私人或其他非国家之公机关,自不得擅行请求;即有请求,亦未便予以答复。"由此可见,只有审判检察机关及其他国家机关有权请求大理院解释法令,而私人或私人团体无此权利。

对于判例,《修正暂行法院编制法》第37条规定:"大理院各庭审理上告案件,如解释法令之意见,与本庭或他庭成案异,由大理院长依法令之义类,开民事科或刑事科或民、刑两科之总会审判之。"据此,大理院判例一经作出,非经民庭、刑庭或民、刑两庭之总会审判不得变更,大理院及地方各级审判机关有必须遵守的义务,因此其稳定性和统一性得以较好地维系。此外,大理院五年上字第960号判例要旨指出:"《法院编制法》第四十五条,'大理院及分院劄付下级审判厅之案件,下级审判厅对于该案,不得违背该院法令上之意见'等语,是凡本院就发还更审案件所表示关于诉讼法或实体法上之简介,该高等审判厅自应受其拘束,否则即为违法。"大理院五年刑上字第1020号判例要旨也指出:"凡上告审判衙门当废弃控诉审判决时,若系将该事件发还原审判衙门使再为审判者,则其被发还审判之衙门,自当为上告审判衙门法律上之意见所羁束,故必以该意见为基础而裁判之,为至当不易之理。"《修正暂行法院编制法》第45条,以及判决例的强制性规定也对大理院判例给予了一定的法律支持。

民初既缺乏统一法律准据的现实,又促使大理院在行使最高审判权的同时,一定程度上负担立法的职能。因此,大理院通过发布判例与解释例,兼行了法律创制的职能,为民初的中国社会提供了重要的法律准据。在整个北洋政府统治时期,大理院的判例和解释例总计达到了6000多个[1],既弥补了现有成文法不足导致地方法院法律适用困难的窘况,又有力地维护了国家司法统一和司法权威。

(二) 省级审判机关——高等审判厅及高等分庭

高等审判厅为一省的最高审判机关。前文提到,清政府覆灭前,中国业已成立高等审判厅25个。及至北洋政府统治时期,高等审判厅或高等分庭普遍得以设立。

1. 高等审判厅

高等审判厅设于省会城市,主管全省审判事务。设厅长1人,总管厅内事务并监督厅内行政事务。依事务繁简,下设若干庭,庭长由推事兼任,监督庭内事务并决定案件分配。同时设置书记厅,下设总务处和民刑事处。[2]

高等审判厅案件审理采取合议制,由推事3人组成合议庭进行审理。审理上诉案件时,庭长可以根据案件的具体情况将合议庭人数增加至5人,庭长为合议庭审判长。[3]

根据《修正暂行法院编制法》规定,高等审判厅管辖如下案件:其一,作为第二审法院,受理不服地方审判厅第一审

---

[1] 朱勇主编:《中国法制通史》(第九卷 清末·中华民国),法律出版社1999年版,第529页。

[2] 桂万先:《北洋政府时期审判制度研究》,中国政法大学出版社2010年版,第113页。

[3] 桂万先:《北洋政府时期审判制度研究》,中国政法大学出版社2010年版,第113页。

判决而控诉之案件;其二,作为第三审法院,受理不服地方审判厅第二审判决而上告之案件;其三,受理不服地方审判厅之决定或其命令按照法令而抗告之案件;其四,不属大理院之宗室觉罗第一审案件。同时,在各省司法筹备处裁撤后,[1]由高等审判厅兼管全省司法行政事务。高等审判厅厅长对于全省各级审判厅,以及兼理司法的县知事行使司法行政监督权。但高等审判厅本身不受大理院院长的司法行政监督,而是直接受司法总长的监督,遇有重要事件,也可径呈大总统。[2]

2. 高等审判分厅

《修正暂行法院编制法》第28条规定:"各省因地方辽阔或其他不便情形得于高等审判厅所管之地方审判厅内设高等审判分厅。"高等审判分厅的司法管辖权同高等审判厅本厅相同。根据该法第29条之规定,高等审判分厅可设置民事、刑事各一庭。第30条规定,高等审判分厅的推事除由高等审判厅选任之外,可以由分厅所在的地方审判厅或临近地方审判厅的推事兼任,但此种兼任推事三人合议庭每庭以一人为限,推事五人合议庭以两人为限。从上述规定中可以看出当时司法人员缺乏的事实,以至于高等审判分厅推事必须部分由分厅所在地方审判厅推事兼任,其所在地方审判厅推事不敷使用,甚至还可以从邻近的地方审判厅借调。[3]

---

[1] 许世英任司法总长时,为推行其司法建设计划,于1913年1月呈请于各省设立司法筹备处。后由于财政困难,司法建设计划受阻,司法筹备处于同年9月23日被裁撤。参见《政府公报》,1913年1月20日、9月26日。

[2] 参见钱实甫:《北洋政府时期的政治制度》(上册),中华书局1984年版,第134页。

[3] 聂鑫:《近代中国审级制度的变迁:理念与现实》,载《中外法学》2010年第2期。

第二章　北洋时期民事司法审判制度的基本结构及司法官制度

高等审判厅可以根据地域情况，设置多个审判分厅。如直隶省在天津、热河两地各设高等审判分厅一所。[1]江苏也于民国元年（1912年）在江宁前财政公所设第一高等审判分厅，管辖吴江、上海、常熟等20县；在清江前都使公所设第二高等审判分厅，管辖六合、仪征、海门等21县。[2]

3. 设于道署的高等分庭

"道"为清朝旧有的一级行政区域。民国成立后，道存而未废，总计全国有90余道。1913年1月民国政府颁布《划一现行各道地方行政官厅组织令》，1914年5月又颁行道官制，在各道设行政公署，亦称道署。[3]道署是北洋时期省与县之间的行政组织，在各县与省城距离较远，上诉不便的情形下，1914年9月，北京政府颁布《高等分庭暂行条例》，在《暂行法院编制法》规定的高等审判分厅之外，又规定在距离省城较远的地方，可暂设高等分庭于道署所在地。高等分庭设置推事3人，以合议庭方式审理案件。高等分庭的管辖权小于高等审判厅及其分厅，其管辖权包括：其一，对于县知事所作出的初级管辖判决不服而控告的案件；其二，对于县知事所作出的刑事三等以下有期徒刑、500元以下罚金、民事诉讼价额1000元以下，以及非财产请求的判决不服而控告的案件；其三，对于不服县知事所作的批谕而抗告的案件。但对于上述范围之外的案件，如有移送不便的情形时，可以由高等审判厅委托高等分庭代为受理，但其判决仍由高等审判厅核定后方可宣告；当

---

[1] 参见国家清史纂修工程中华文史网。
[2] 曹余濂编著：《民国江苏权力机关史略》，《江苏文史资料》编辑部1994年版，第122—123页。
[3] 聂鑫：《近代中国审级制度的变迁：理念与现实》，载《中外法学》2010年第2期。

事人若不愿由高等分庭代为受理，也可声明抗告。[1]

(三) 县级审判机关

北洋时期的县级审判机关主要是设于通商大埠或中心县的地方审判厅，设于各县的初级审判厅（1914年被裁撤），以及地方分庭。

1. 地方审判厅

根据1915年颁布的《修正暂行法院编制法》的规定，地方审判厅设厅长1人，总理全厅事务并监督全厅行政事务，同时充任一庭庭长。根据诉讼事务的繁简，酌设民事庭、刑事庭若干，每庭设推事2人以上，除由厅长兼任外，由其中一人任庭长。

地方审判厅审理第一审案件，由推事1人独任办理，案件繁难并经当事人要求的，由推事3人组成合议庭审判；审理第二审案件，由推事3人组成合议庭办理。[2]

地方审判厅的案件管辖范围是：其一，不属初级审判厅权限及大理院特别权限内之案件；其二，不服初级管辖法庭判决而控诉之案件；其三，不服初级审判厅之决定或其命令，按照法令而抗告之案件。

2. 初级审判厅

由于民初基本援用旧制，根据《暂行法院编制法》，民初在各县设立初级审判厅作为基层审判组织。初级审判厅依据事务繁简不同，设推事1人或2人，诉讼案件则以推事一人独任办理。设推事1人的初级审判厅行政事务由地方审判厅厅长监

---

[1] 钱端升等：《民国政制史》（下册），上海人民出版社2008年版，第457—460页。

[2] 桂万先：《北洋政府时期审判制度研究》，中国政法大学出版社2010年版，第115页。

督,设2人以上的则以资深的一人为监督推事。初级审判厅的管辖权为第一审民事、刑事诉讼案件。[1]

关于初级审判厅的管辖范围,《法院编制法》第16条规定:"初级审判厅按照诉讼律及其他法令,有管辖第一审民事刑事诉讼案件并登记及其他非讼事件之权。"

在1914年中央政治会议上,由热河都统姜桂题发起,会同各省都督、民政长官向中央提议,因经费和人才两方面的原因,主张分别裁留各省司法机关。随即,中央政治会议作出决定:"各省高等审检两厅,与省城已设之地方厅,照旧设立。商埠地方厅酌量繁简,分别去留。其初级各厅,以经费人才两俱缺乏,拟请概予废除,归并地方。"[2]正式决议裁并原有的地方审判厅,裁撤初级审判厅,仅保留高等审判厅和省城及繁荣商埠的地方审判厅。1914年4月30日,袁世凯颁布裁撤命令,初级审判厅悉数被裁撤。1915年,《暂行法院编制法》也进行了相应修订,以《修正暂行法院编制法》重新刊行。

3. 地方分庭

地方审判厅分庭制度始于1914年。1914年,初级审判厅被裁撤,地方审判厅受理案件骤增,诸多积压;且初级案件的第一审为地方审判厅,则其第三审均上诉至大理院,致使大理院"不胜其烦"。[3]由是,司法部于1914年3月饬令前京师地方审判厅在初级审判厅原署设立地方分庭,将初级案件归其

---

[1] 桂万先:《北洋政府时期审判制度研究》,中国政法大学出版社2010年版,第116页。

[2] 参见李启成:《民初覆判问题考察》,载许章润主编:《清华法学》(第五辑),清华大学出版社2005年版,第190—191页。

[3] 聂鑫:《近代中国审级制度的变迁:理念与现实》,载《中外法学》2010年第2期。

管辖。1915年5月,又通令各省仿京师办法一律设置地方审判厅分庭。1917年司法部颁布《暂行各县地方分庭组织法》,将此制度推及全国。

根据《暂行各县地方分庭组织法》之规定,地方分庭设置于各县政府内,以县行政功能区域为其管辖区域,即称为某地方审判厅某县分庭。各县地方分庭设推事1人或2人,设书记官2人以上掌理诉讼记录、会计、文书的事务。[1]在其管辖区域内原属于初级或地方审判厅第一审管辖的民刑事案件,均归该分庭审理。对于分庭判决的上诉,原初级审判厅一审管辖的案件上诉至地方审判厅,地方审判厅一审管辖案件则上诉至高等审判厅或其分厅。

(四) 县一级行政兼理司法制度

行政兼理司法制度,是指在没有设立普通法院的地方,由行政长官兼理司法审判的一种制度。中国以行政权为核心的权力一元化机制,以及民国初期经济的窘迫与中央财政的极度匮乏,[2]导致基层法院的设置数量严重不足。前文提到,前清灭亡前,虽然业已成立高等审判厅25个、地方审判厅62个,初级审判厅93个,光绪、宣统年间,全国共有1369个县,218个府,[3]若"初级审判厅计平均每县二所,地方审判厅计

---

[1] 桂万先:《北洋政府时期审判制度研究》,中国政法大学出版社2010年版,第117页。

[2] 吴燕:《论民初"兼理司法"制度的社会背景》,载《求索》2004年第9期。

[3] 据《清史稿》载,全国有215个府,1358个县。参见赵尔巽:《清史稿》(十二),中华书局1976年版,第3356—3358页。加上甲午战后日本强占的台湾3府11县,故全国应有218个府,1369个县。——转引自刘焕峰、郭丽娟:《清末审判厅设置考略》,载《历史档案》2009年第2期。

平均每府应有二所",[1]则全国应设初级审判厅2738个,地方审判厅436个。由此可见,民初基层法院的设置远远不能满足司法需要。因此,行政兼理司法制度一直存在于中华民国的司法体系中。受时局影响,兼理司法制度的组织形式也几经变动,北洋时期,先后出现审检所制度、县知事兼理司法制度和司法公署制度三种形式。

1. 审检所制度

民国初创,初级审判厅并未在各县普遍设立。1912年3月,民国政府在未设初级审判厅之县设立审检所。审检所附设于县政府之内,除县知事外,设帮审员1—3人。帮审员的职责是办理其管辖境内的民刑事初审案件,办理邻县审检所之上诉案件。帮审员除审理诉讼外,不可兼任本县之行政事务。[2]对于帮审员裁决的上诉,属于初级审判厅一审管辖的案件上诉至地方审判厅,距离地方审判厅较远的可以上诉至邻县审检所;属于地方审判厅一审管辖的案件,则上诉至高等审判厅或其分厅。

"后至三年四月,县知事兼理司法章程公布,遂废止审检所,各县司法事务,全委县知事处理。"[3]由此可知,审检所制度实施不到一年,即为县知事兼理司法制度所取代。

2. 县知事兼理司法制度

县知事兼理司法制度是民国时期最为普及、影响最大的行

---

[1] 梁启超:《饮冰室法制论集》,江苏广陵古籍刻印社1990年版,第49—50页。

[2] 钱实甫:《北洋政府时期的政治制度》(下册),中华书局1984年版,第145页。

[3] 耿文田编:《中国之司法》,民智书局1933年版。转引自郭志祥:《清末和民国时期的司法独立研究(下)》,载《环球法律评论》2002年第2期。

政兼理司法制度。1926年，设有县司法公署者，仅46县而已，故当时中国1873县之中，除此46县外，其余1827县，仍以县知事兼理司法事务，占全国98%[1]。

1914年4月，初级审判厅被悉数裁撤。同月，北洋政府颁布《县知事兼理司法事务暂行条例》和《县知事审理诉讼暂行章程》。《县知事审理诉讼暂行章程》第1条规定，凡未设审检厅各县，第一审应属初级或地方审判厅管辖之民刑诉讼均由县知事审理。根据《县知事兼理司法事务暂行条例》第4条之规定，因县知事事务繁忙，县政府内又设承审员1—3人，助力县知事审理案件。承审员由县知事呈请高等审判厅厅长核准委用。在事务较简之地方，可暂缓设置承审员。设有承审员各县，属于初级管辖案件，由承审员独任审判，以县政府名义行之，但由承审员独自承担责任；属于地方审判厅管辖案件，可由县知事交给承审员审理，其审判由县知事与承审员共同承担责任。设立承审员看似是为了弥补县知事缺乏法律训练以及法律知识的不足，实际上是仿照清朝幕僚辅助县令处理案件的做法。[2]县知事兼理司法的具体行为，由高等审判检察厅监督，而对承审员的监督，则由县知事负责。除承审员外，协助县知事处理司法事务的，还有其他一些司法人员，包括书记官、录事、承发吏、检验吏及司法警察等。[3]

根据《县知事审理诉讼暂行章程》的规定，县知事兼理

---

[1] 黄源盛：《民初法律变迁与裁判（1912—1928）》，作者2000年自版，第123页。

[2] 朱勇主编：《中国法制通史》（第九卷 清末·中华民国），法律出版社1999年版，第526页。

[3] 桂万先：《北洋政府时期审判制度研究》，中国政法大学出版社2010年版，第237页。

司法的诉讼程序，主要包括案件管辖与受理、诉讼的提起、县知事和承审员的回避、审判与上诉以及判决的执行等。县知事对于案件的处理方式有三种：批行、谕行和判决。但在实践中，有的县知事甚至可以用口头的方式来进行宣判，或以堂谕代替判决，这也为兼理司法的县知事枉法裁判提供了机会。[1]

3. 司法公署制度

司法公署制度是在审检所制度被县知事兼理司法制度取代之后，鉴于县知事在司法审判中的种种非法之举和任意司法的做法，在审检所制度的基础上略作修改而实行的一项司法制度。

1917年5月，北洋政府颁布《县司法公署组织章程》，规定："凡未设法院各县应设司法公署。"县司法公署设于县行政公署内，由审判官与县知事共同处理司法事务。在组织方面，县司法公署设审判官1—2人，书记监1人或书记官2—4人，另外，还有承发吏、司法警察等司法辅助人员。[2]在人员的任用方面，审判官由高等审判厅根据《县司法公署审判官考试任用章程》选拔，并呈司法部任命；书记监由高等审判厅厅长和高等检察厅检察长共同选派，报司法部备案；书记官由审判官选出，会同县知事共同决定，报高等审判厅、高等检察厅备案；书记官与书记监受审判官及县知事监督。在职权的分工上，《县司法公署组织章程》第7条规定："关于审判事务，概由审判官完全负责，县知事不得干涉；关于检举、缉

---

[1] 韩秀桃：《民国时期兼理司法制度的内涵及其价值分析》，载《安徽大学学报》2003年第5期。

[2] 韩秀桃：《司法独立与近代中国》，清华大学出版社2003年版，第141页。

捕、勘验、递解、刑事执行及其他检察事务，概归县知事办理，并由其完全负责。"关于县司法公署的管辖权，《县司法公署组织章程》规定："设立县司法公署所在地的所有初审民刑案件，不分案情轻重均归该公署管辖。"

与县知事兼理司法制度相比，司法公署制度在保障审判权独立、减少行政干预方面有一定的进步意义。[1]

三、北洋时期的司法官制度建设

法官是法治社会运行的人力基础，是司法体制较为核心的部分。自清末修律开启中国法制近代化之路，司法官的选拔任用制度也在不断发展，逐步形成以司法官考试制度为核心的人才选拔方式，以适应各级审判机关大规模筹建对司法专业人才的迫切需求。本部分将叙述清末至北洋时期司法官考试制度改革的历史、司法官考试制度的内容及对司法官考试制度的评价。

（一）清末以来司法官考试制度改革略述

晚清司法改革，着力模仿西方司法体制，筹设各级审判机关。为解决法律专门人才匮乏的事实，清政府决定实行司法官考试制度。1910年清政府颁布《法院编制法》，该法第106条规定："推事及检察官应照法官考试任用章程，经两次考试合格者始准任用。"同年，《法官考试任用暂行章程》及《法官考试任用暂行章程施行细则》出台，对考试机构、应试资格、考试科目及程序等进行了具体规定。并于1910年组织了第一次司法官考试，"法官非经考试不得任用"原则得以确立。

---

[1] 朱勇主编：《中国法制通史》（第九卷 清末·中华民国），法律出版社1999年版。

第二章 北洋时期民事司法审判制度的基本结构及司法官制度

1912年3月,孙中山在《咨请参议院审议法制局拟定法官考试委员会官职令草案等文》中,再次强调"所有司法人员,必须应司法官考试,合格人员方能任用"。[1]

北洋政府成立后,将建立一支职业化的司法官队伍作为审判独立改革的重要内容。1913年11月,司法部在清末及南京临时政府有关司法官考试设计的基础上,颁布《甄拔司法人员准则》,作为司法官考试章程未定之前的过渡办法,以选拔人才充实司法官队伍。

1915年《修正暂行法院编制法》颁布,继续沿用清末"推事必须经两次考试合格方可任用"的规则。同年9月,政府以大总统令的形式颁布了《司法官考试令》和《关于司法官考试令第三条甄录规则》,对司法官考试的科目、内容和规程作了具体规定。关于司法官考试的资格、时间、地点等准用《文官高等考试令》的规定。

1915年《司法官考试令》颁布实施后,为适应时局变化,北洋政府不断对其进行补充修改。1917年10月,北洋政府重新公布实施了《司法官考试令》,将原来的考试令、甄录规则以及《文官高等考试令》中的相关内容合并,并补充了一些新的内容。同年11月,司法部颁布了《司法官再试典试委员会审议免试规则》,对免试的资格、程序作出详细规定;同年12月,司法部又颁布《司法官考试令实施细则》和《司法官考试规则》,考试的具体实施办法以及监考规则有了明确的规

---

[1] 广东省社会科学院历史研究室、中国社会科学院近代史研究所中华民国史研究室、中山大学历史系孙中山研究室编:《孙中山全集》(第二卷)(1912),中华书局1982年版,第281页——转引自毕连芳:《北洋政府对司法官考试的制度设计》,载《史学月刊》2006年第10期。

定。1919年5月，北洋政府又颁布了《修正司法官考试令各条》，对应试人员的资格限制、甄录试、典试以及再试委员会的组成作了修正。[1] 1923年，对《司法官考试令》再次修改。经过历次修正和补充，北洋时期的司法官考试制度日臻完善。

(二) 北洋时期的司法官考试制度

1. 考试主管机构及其构成

北洋政府设置了专门的考试机构以保证司法官考试的正常运作。根据1917年颁布的《司法官考试令》和1919年《修正司法官考试令各条》的规定，司法官考试由典试委员会组织并主持。司法官考试典试委员会分为两种：一是甄录试及初试典试委员会；二是再试典试委员会。甄录试及初试典试委员会设委员长1人，从司法部、大理院、总检察厅、高等审判检察厅主管中选任；设典试委员、襄校委员若干人，从前述机构成员中选任；设监试委员2—6人，从高等及地方检察厅的检察官中选任。以上人员均由司法总长负责遴选，经国务总理呈请大总统任命。每次考试结束后，该委员会即行撤销。再试典试委员会设委员长1人，由司法部次长担任；设委员8人，其中半数为常任，由司法部长从本部佥事、法律馆纂修、高等审判厅推事、高等检察厅检察官中遴选，呈请大总统派充；再试监试委员2人，由司法总长于各级检察厅的检察官中遴选派充。机构组织严密、人员遴选严格，体现了北洋政府对司法官考试的重视程度。

2. 应试资格及限制

1917年北洋政府颁布的《司法官考试令》规定，中华民

---

[1] 毕连芳：《北洋政府对司法官考试的制度设计》，载《史学月刊》2006年第10期。

第二章 北洋时期民事司法审判制度的基本结构及司法官制度

国男子,年满20岁,符合下列条件之一的,有资格参加司法官考试:①在本国国立大学或高等专门学校修法政学科3年以上毕业,得有毕业证书者;②在外国大学或高等专门学校修法政学科3年以上毕业,得有毕业证书者;③在经教育部或司法部认可之公立私立大学或高等专门学校修法政学科3年以上毕业,得有毕业证书者;④在国立或经教育部或司法部认可之公立私立大学或专门学校,教授司法官考试主要科目继续3年以上,经报告教育部有案者;⑤在外国大学或专门学校,学习速成法律法政一年半以上,得有毕业文凭,并曾充任推事检察官办理审判检察事务一年以上,或在国立或经教育部或司法部认可之公立私立大学、专门学校,教授司法官考试主要科目继续2年以上,经报告教育部有案者;⑥曾经前清法官考试及格者。[1]此外,1917年法令还增加了免试规定:对于本科修法律之学3年以上,成绩卓著,或任职5年以上且精通外语者,给予免试资格。[2]

司法官是一种高尚的、令人尊崇的职业,司法官的选拔不仅要注重专业知识,而且需要强调个人品格。因此,《司法官考试令》第4条对应试者资格作出限制性规定:"有左列各款情事之一者,不得应司法官考试及免试。一、曾犯法定五等以上有期徒刑者;二、受禁治产或准禁治产之宣告后,尚未有撤销之确定裁判者;三、受破产之宣告后,尚未有复权之确定裁判者;四、其他法令有特别规定者。"以此来限制部分品行不

---

[1] 桂万先:《北洋政府时期审判制度研究》,中国政法大学出版社2010年版,第124页。

[2] 桂万先:《北洋政府时期审判制度研究》,中国政法大学出版社2010年版,第124页。

端、信誉不良者进入司法官队伍。

3. 考试形式及内容

北洋时期关于司法官考试规定了更为严格的程序，将司法官考试分为几个不同的阶段依次进行，只有前一阶段的考试合格方能参加后一阶段的考试，并且各试采取的考试方式和内容也不同。

1915年，北洋政府颁布的《司法官考试令》规定：司法官考试程序准用《文官高等考试令》的规定，即司法官考试分为第一试、第二试、第三试、第四试，四试平均合格者为及格。从考试内容看，当时司法官考试为文官考试的一部分，第一试内容为各类高等文官考试的必备科目。第二试为宪法、民法、刑法、商法、诉讼法的内容。第三试在行政法、国际公法、国际私法、监狱学、历代法制大要等8种科目中选试一种。第二试、第三试为考试的主体部分。第四试为口试，主要是就前三试科目另设口头问答，是对应试者口头表达能力、现场反应能力、思维方式、社会经验等各方面素质的综合考察。另外，同等学力者在参加正式考试之前还有甄录试，形式是面试，合格者由司法部咨送参加司法官考试。[1]

与普通文官比较，司法官专业化要求更高，司法官考试按普通文官的考试规程进行，尚不够严谨和科学。1917年，北洋政府重新公布实施《司法官考试令》，对司法官考试制度进行较大幅度的修正。修正后的司法官考试由三部分组成：①甄录试。考试以笔试的方式进行，具体科目是国文和法学通论，主要是对考生文笔写作和法律基础知识的水平进行测试。甄录

---

[1] 桂万先、施卫忠：《北洋政府司法官考试制度评析》，载《江苏警官学院学报》2008年第5期。

试及格者，方可参加初试。②初试。初试分为笔试和口试两种，笔试及格者，方可参加口试。笔试科目有：宪法、行政法、刑法、国际公法、民法、商法、民事诉讼法、刑事诉讼法、法院编制法、国际私法。口试科目包括：民法、商法、刑法、民事诉讼法、刑事诉讼法。由此可见，初试主要考察应试者对中西法律尤其是现行法律掌握的程度。笔试、口试，均以考试各科目平均分满七十分以上者为及格。③再试。分为笔试和口试两种，主要考察应试者依法断案的水平以及熟练运用现行法规随机应变处理实际问题的能力。笔试以两件以上诉讼案件为题，令应试者详细叙述事实及理由，拟具判词作答。口试方法，由典试委员会临时决定。[1]再试及格者，授以司法官再试及格证书。再试不及格者，得补行学习六个月，期满后由监督长官呈请特试。如特试仍不及格者，取消其司法官初试及格资格。学习期满后，因不得已之事故，未应再试或应试未完竣者，得申叙事由，呈请司法总长核准补试。[2]

(三) 北洋时期司法官考试的举行

1. 北洋时期司法官考试概况

北洋时期的司法领域，制度与实践的背离始终是长期、普遍存在的现象，这使得民初的司法改革在实际效果上远不及其形式意义令人印象深刻。[3]这一时期的司法官考试制度的实际运行也不例外。虽然司法官考试制度设计合理、程序严谨，

---

[1] 毕连芳：《北洋政府对司法官考试的制度设计》，载《史学月刊》2006年第10期。

[2] 参见《东方杂志》1917年第14卷，第11号，"法令"。——转引自胡峻：《近代中国司法官考试研究》，西南政法大学2011年博士学位论文。

[3] 桂万先、施卫忠：《北洋政府司法官考试制度评析》，载《江苏警官学院学报》2008年第5期。

但由于社会动荡、民主环境根本缺失等，虽经数度实践，司法官考试制度仍难以稳定地发挥作用。

1913年11月，北洋政府司法部颁布《甄拔司法人员准则》，作为司法官考试章程未定之前的过渡办法，以选拔人才充实司法队伍，解决司法人员匮乏的状况。根据该准则，北洋政府于1914年1月举行了一次全国性的司法官甄拔试，参加此次甄拔试的有1100多人，经过严格的考察与笔试，最后选拔合格人员171人，并于1914年4月分批次将选拔合格人员分配各审判厅与检察厅实习。[1] 随着1915年《司法官考试令》及一系列配套制度的出台，《甄拔司法人员准则》也相应被废止。

1915年《司法官考试令》颁布后，北洋政府共举行五届正式的司法官初试和三届正式的司法官再试，以及两次司法官再试之补试。[2] 部分缓解了司法官缺失的燃眉之急，同时也使法官队伍的素质有了本质的提高。

2. 甄录试及初试的举行

1915年，北洋政府颁布的《司法官考试令》规定：司法官考试程序准用《文官高等考试令》的规定，司法官考试与文官考试合并举行。根据该规定，1916年6月，司法官考试与文官考试同时进行，参加本次考试的人员有两类：一类

---

[1] 摘自《政府公报》第867期，1915年。
[2] 这一时期地方政府也举行了几次司法官考试，如1926年国民政府在广州举行法官考试，录取合格人员50名；1927年在湖南、河南、山西分别举行了司法官考试。有资料统计，这一时期共举行司法官考试14次，其中北京政府举行5次，其余9次系地方国民政府举行，所举行的14次司法官考试共录取考试合格人员1500余人。参见展恒举：《中国近代法制史》，台湾商务印书馆1973年版，第278页。

第二章 北洋时期民事司法审判制度的基本结构及司法官制度

是《文官高等考试令》第 3 条第 1 款第 1 项、2 项、3 项各项毕业学生之修习法律专科者；另一类是司法官甄录试合格者。1916 年 6 月底，司法官考试第一试、第二试、第三试、第四试分别举行完毕，共录取 38 人；[1]同年 8 月 18 日，司法部对合格人员进行分派，其中分派到京师高等审判厅、高等检察厅各 8 人，京师地方审判厅、地方检察厅各 11 人，期限为 6 个月，之后按次调派，轮流学习，"以期广益，而资历练"[2]。

将司法官考试与文官考试合并举行，一方面是因为司法官考试尚属首办，无经验可循，另一方面也说明政府对司法官职业的特殊性认识不够。1916 年第一次司法官考试结束后，曾有人上书，指出司法官考试"专重法律"，应与一般高等文官考试分开进行。[3]1917 年修订的《司法官考试令》将司法官考试从高等文官考试中独立出来，规定了专门的考试资格、考试机构和考试程序。从 1918 年开始，司法部先后举行了四次独立的司法官考试（初试）（见表 2-2）。[4]

---

[1]《文官高等考试典试官示》(1916 年 6 月)，载《政府公报》第 173 号，1916 年 6 月 28 日。

[2]《司法部令第 15 号》(1916 年 8 月 18 日)，载《政府公报》第 226 号，1916 年 8 月 20 日。

[3]《拟请修改现行文官考试甄用各令意见书》(1916 年)，北京政府国务院档案：1002-792，南京：中国第二历史档案馆存。

[4] 资料来源：《司法官考试甄录试及初试典试委员会通示》，载《政府公报》第 733 号，1918 年 2 月 5 日；《司法官考试题目及录取名次》，载《司法公报》第 111 期，1919 年 11 月 30 日；王用实著《二十五年来之司法行政》，出版信息不详。

表 2-2　1918—1928 年独立的司法官考试（初试）

名称	时间	录取人数
第一届司法官考试	1918 年 1 月	143 人
第二届司法官考试	1919 年 7 月	189 人
第三届司法官考试	1921 年 11 月	113 人
第四届司法官考试	1926 年 12 月	135 人

3. 再试的举行

1917 年修改后的《司法官考试令》规定，初试合格人员分派到各厅或司法讲习所学习，学习期满后，由监督长官送请再试。《司法官考试令》对再试的时间没有明确的规定，一般而言，凡经司法官初试合格者，送往司法讲习所学习与培训，根据其学习成绩来决定是否参加再试，如果在司法讲习所[1]学习成绩达到了优良，则可以免其再试。

北洋政府共进行过三次司法官考试的再试。第一次再试于 1918 年底举行，参加者不但包括 1916 年 6 月司法官初试合格人员，还包括经司法官再试典试委员会决议免甄录试和初试的人员。"京外各高等厅根据 1917 年 12 月司法部真电呈送，经司法官再试典试委员会迭次分别考试，录取 85 人。"[2]第二次再试于 1922 年 9 月举行，主要参加者是 1918 年和 1919 年司法官初试合格人员在司法讲习所学习后毕业而成绩未达优良标准者。参加考试者 5 人，录取 3 人。第三次再试于 1924 年 3

---

[1] 李启成：《司法讲习所考论——中国近代司法官培训制度的产生》，载《比较法研究》2007 年第 2 期。

[2] 毕连芳：《北京民国政府司法官制度研究》，中国社会科学出版社 2009 年版，第 91 页。

月举行,参加者主要是 1921 年 11 月司法官考试初试合格人员,共录取 74 人。[1]

除了三次正式的司法官再试考试外,针对当时因种种原因未能参加上述再试的人员,另行安排了两次司法官再试的补试。其分别于 1925 年和 1926 年举行,分别录取合格人员 13 人和 7 人。[2]

(四) 北洋时期司法官考试制度略评

1. 开创新制,实现司法官专业化

在传统中国高度集权的政治体制下,虽然存在掌管司法及审判事务的官员,但没有严格意义上的职业化司法官。司法职业是一种特殊的职业,其工作性质决定了从事该职业的人员应当具备较高的专业素质。自晚清预备立宪开始,《法院编制法》确立了"法官非经考试不得任用"的原则。南京临时政府时期,孙中山也强调所有司法人员必须经司法官考试,合格人员方能任用。北洋时期则在其基础上,颁行《甄拔司法人员准则》,以及不断修改完善《司法官考试令》《司法官考试令实施细则》《司法官考试规则》等法规,并且在司法官考试中严格遵守严密的考试规程,保证了优秀法律人才能够脱颖而出,基本实现了司法官的职业化。

2. 严密组织,选拔出大量优秀司法人才

从司法官考试的题目来看,北洋时期的司法官考试不是单一的对法律条文的死记硬背式的考试,更多的是对于考生法律

---

[1]《第三节司法官之再试》,载《法律周刊》第 35 期,1924 年 3 月 30 日,第 9 页。

[2]《应受再试人员名单》,载《法律评论》第 90 期,1925 年 3 月 22 日,第 8 页;《应受再试人员名单》,载《法律评论》第 180 期,1926 年 12 月 12 日。

知识与法律运用能力的考察。尤其是在再试中，要求考生拟作判词。同时规定在司法讲习所学习成绩优良者，以再试及格论。这说明当时考试不仅是一种卷面上的考试，而且更加注重实践能力的考察。

从司法官考试的组织来看，也是完全按照既定程序，有序进行。以1919年的司法官考试为例，其整个考试过程如下：首先司法部为司法官考试设立了专门事务处，该处下设四股：收发股、审查股、文牍股、庶务股；事务处成立后，即专门负责司法官考试的组织工作，并于7月24日成立司法官考试典试委员会，分别任命典试委员长、典试委员、襄校委员、监试委员，然后将监试委员分别派往各考点；考试前就该次司法官考试的情况及时向社会发布报考通告；之后根据《司法官考试令》对报考人员的资格进行审查，核准每一位考生的应试资格，并要求考生须有当地现任司法官或文官担当出结人作保。[1]

严密组织的司法官考试，在制度上保障了优秀司法人才的脱颖而出。以大理院为例，北洋政府初期，大理院组成人员，无论院长还是推事，基本都是新式法政学堂正规的毕业生，其中国外法政学堂毕业生占有较大的比重。1919年，大理院推事共28人，全部为法政院校毕业；[2] 1921年，大理院院长、庭长、推事共32人，其中11人毕业于本国专门的法律学校，

---

〔1〕 转引自胡峻：《近代中国司法官考试研究》，西南政法大学2011年博士学位论文。

〔2〕《大理院第一次简明统计表》，大理院书记厅编制，编制年月不详。转引自毕连芳：《北京民国政府司法官制度研究》，中国社会科学出版社2009年版，第245页。

18 人毕业于美国法学院；[1]1922 年，大理院有推事 43 人，其中 40 人曾留学日本，2 人留学美国，1 人系专门研究中国法律者。[2]

司法官考试制度的实行，加上一系列规范司法官职业行为的制度，提高了这一时期司法官队伍的整体素质和品行，使司法官群体获得了良好的社会声誉。1923 年 5 月，梁启超在《法律评论》发刊的题词中写道："十年来国家机关之举措，无一不令人气尽。稍足以系中外之望者，司法界而已。"

3. 促成法学教育的快速发展

法学教育为司法官考试制度的推行提供了基础，而司法官考试的推行也促进了法学教育的发展。北洋时期，由于司法官考试制度的推行，部分法政学校的学生可以通过司法官考试而进入司法机关，达到"学而优则仕"的目的，使社会上对法律人才的需求逐渐旺盛，法学教育快速发展起来。"光复以来，教育事业凡百废弛，而独有一日千里，足令人瞿然惊者，厥惟法政专门教育。尝静验之，戚邻友朋，驰书为子弟觅学校，觅何校？法政学校也。旧尝授业之生徒求为介绍入学校，入何校？则法政学校也。报章募集生徒之广告，则十七八法政学校也。行政机关呈请立案之公文，则十七八法政学校也。"[3]如 1917 年全国 84 所专门以上学校中，大学只有 8 所，其余 76 所为专门学校，其中法政学校为 32 所，占专门学校的 42.11%，

---

[1]《大理院推事经历一览表》，大理院 1922 年编制。转引自毕连芳：《北京民国政府司法官制度研究》，中国社会科学出版社 2009 年版，第 245 页。

[2] 梅华铨讲稿，蔡六乘编译：《国民对司法之概念》，载《法学季刊》1922 年第 1 期。

[3] 黄炎培：《教育前途之危险现象》，载《东方杂志》1913 年第 9 卷，第 12 号。

占专门以上学校的 38.10%。至 1922 年，全国专门以上学校数增加到 125 所，其中大学增加到 35 所，不少大学中设有法科（系）和法政专门部，仅 1919 年国立、私立和各省公私立大学就有 37 所设有法政专门部，有在校生 8493 人，毕业生 25 030 人。这一时期虽然法政专门学校的数量几乎没有增加，但加上大学的法科（系）和法政专门部，法学教育可谓兴旺矣。1924 年全国专门以上学校的学生大增，其中增加最多的仍是法科（系）的学生。[1]

4. 司法官考试制度的不足之处

司法官考试制度的实行，为近代中国司法进步作出了巨大的贡献。当然，在财困民穷、社会动荡的北洋时期，司法官考试制度实行过程中不可避免地存在一些问题。首先，由于政局的不稳定，导致司法官考试制度更多地保证了上层司法官的素养和质量，基层司法人员的素质仍有待提高。其次，司法官考试的录取人数太少，远远不能满足国家需求。尽管经过 6 次独立或非独立的全国性司法官考试，但其所录取的人员总计只有 700 多人，不能满足司法机关对司法人才的需要。"由于司法机构的急剧扩大，合格的新型法官微乎其微，结果是旧式封建的刀笔吏充斥在各级审判庭中。改良后的法庭仍是新瓶装旧酒。特别是兼理司法法庭聘用了清一色的旧司法人员。又由于县知事兼理司法业务，连司法独立也成为一句空话。"[2]

---

[1] 汤能松等：《探索的轨迹——中国法学教育发展史略》，法律出版社 1995 年版，第 239—241 页。

[2] 乔丛启：《北洋政府大理院及其判例》，载《中外法学》1990 年第 6 期。

第三章
北洋时期民事司法制度中的司法权限

一、转型时期民事诉讼程序法的立法概况

前述两个章节提到，从清末修律开始，中国进入由传统法制向现代化法制的转型过渡时期，北洋政府的历史也是这一转型时期的一部分。这一时期的民事诉讼立法既继承了清末修律的部分内容，又在此基础上有所发展。

在本书绪论部分曾经提到，北洋政府统治时期大致可以分为两个阶段：第一时期（1912—1916年）为袁世凯统治时期，第二时期（1917—1928年）为袁世凯死后军阀割据时期。而且，1917—1928年是中国近代历史上最为混乱的时期，这种频繁更迭的中央政权和动荡不安的政局导致了中国社会严重的政治危机。因此，这期间的法制建设表面上也相当混乱，不具有系统性和稳定性，导致资料零散难寻，如果不深入仔细地查找史料、分析总结，恐怕很难对这一时期的民事司法制度作出清晰而全面的研究。为了契合本章研究该时期民事诉讼程序立法的主题，并方便研读，笔者将首先对转型时期民事诉讼程序性立法进行简要概括，展现从清末修律到1928年北洋政府终结这段时期的民事诉讼立法概况。

（一）立法机构发展概况——修订法律馆的发展历史

在清末修律过程中，修订法律馆承担了最主要的修律任

务。清末修律，不仅仅是翻译外国法典，更是法律移植的过程。在这个过程中，承担具体修订法律任务的人需要具有充分消化外国法的能力以及高超的立法技术。

光绪二十八年（1902年），清政府下诏："惟是为治之道，尤贵因时制宜，今昔情势不同，非参酌适中，不能推行尽善……着各出使大臣，查取各国通行律例，咨送外务部；并着责成袁世凯、刘坤一、张之洞，慎选熟悉中西律例者，保送数员来京，听候简派，开馆编纂，请旨审定颁发。"[1]袁世凯、刘坤一、张之洞三大臣遂向朝廷举荐沈家本与伍廷芳。同年，清政府发布上谕："现在通商交涉，事益繁多，著派沈家本、伍廷芳，将一切现行律例，按照交涉情形，参酌各国法律，悉心考订，妥为拟议，务期中外通行，有裨治理。俟修定呈览，候旨颁行。"沈家本、伍廷芳遂正式被任命为修订法律大臣。

沈家本、伍廷芳被任命为修订法律大臣后，向清政府提出"拨专款以资办公，刊刻公章，以成立专门独立机构"，光绪三十年（1904年）四月初一日，修订法律馆在原刑部律例馆的基础上正式成立。当然，这一时期的修订法律馆是附属于法部的。

部院之争[2]后，清廷发布上谕："著派沈家本、俞廉三、英瑞充修订法律大臣，参考各国成法，体察中国礼教民情，会

---

[1] 参阅《大清德宗景（光绪）皇帝实录》，华文书局1964年版。
[2] 光绪三十二年（1906年）九月，清政府下谕，改刑部为法部，专任司法；改大理寺为大理院，专掌审判。由于新设立的法部和大理院的司法权限不明确，而导致法部与大理院围绕司法职权展开了一场论战。论战的结果是法部和大理院会同奏上《法部、大理院会奏遵旨和衷妥议部院权限折》，司法权限之争遂告一段落。后来，法部和大理院之间又围绕法典的编纂权展开激烈争论，部院之争最终结局是修订法律馆脱离法部、大理院而独立。

通参酌，妥慎修订，奏明办理。"[1]修订法律馆遂脱离法部和大理院，在新任修订法律大臣沈家本、俞廉三（英瑞因病未就职）的组织下，于光绪三十三年（1907年）十一月二十七日重新开馆。沈家本等奏准：修订法律大概办法三端：参考各国成法，必先调查；任用编纂各员，宜专责成；馆中需用经费，宜先筹定。根据修订法律馆办事章程，修订法律馆的基本职责有如下四项：①拟定奉旨交议各项法律；②拟定民法、商法、刑法、刑事诉讼法、民事诉讼法诸法典草案及其附属法，并奏定刑律草案之附属法；③删订旧有律例及编纂各项章程；④编译各国法律书籍。[2]重组之后的修订法律馆分设二科三处。二科设总纂1人，纂修、协修各4人，调查员1—2人：第一科执掌关于民律、商律的调查和起草；第二科执掌关于刑事诉讼律、民事诉讼律的调查和起草。三处：一处为译书处，设总纂1人，译员不定额，负责编译各国法律书籍；一处为编案处，设总纂1人，纂修、协修各2人，负责删订旧有律例及编纂各项章程；一处为庶务处，负责文牍、会计及一切杂务。

修订法律馆筹备完毕后，沈家本随即开始积极网罗法律人才，遴选谙习中西律例者，并聘请东西各国法律名家作为顾问，后又调聘归国留学生，担任法典及法学书籍的翻译工作。根据光绪三十三年（1907年）的《奏调通晓法政人员折》，

---

[1] 中国第一历史档案馆：《光绪宣统两朝上谕档》（三三），广西师范大学出版社1996年版，第208页。
[2]《修订法律大臣沈等会奏开馆日期并拟办事章程折附清单》，载《东方杂志》1908年第2期，第115页。

修订法律大臣奏调的部分法学精英如下（见表 3-1）[1]

表 3-1　修订法律馆光绪三十三年（1907 年）奏调法学菁英一览表

姓名	学历
严锦镕	美国哥伦比亚大学政法科
王宠惠	天津北洋大学堂法科、美国耶鲁大学法学院法学博士，获英国大律师资格
陈箓	法国巴黎大学法学院，法政科进士
章宗元	美国加利福尼亚大学理财科，法政科进士
李方	英国康柏立舒大学法律科，法政科进士
章宗祥	廪贡生，日本东京帝国大学法科毕业
曹汝霖	日本东京大学法学院，法政科进士
陆宗舆	日本早稻田大学政经科
吴振麟	日本东京帝国大学法科
范熙壬	日本东京帝国大学法科
江庸	日本早稻田大学高等师范部法制经济科毕业，法政科举人，法政科进士
许同莘	日本法政大学速成科
汪有龄	附生、日本法政大学法政科毕业
张孝栘	日本早稻田大学法科毕业
高种	日本中央大学法律科毕业，法政科举人
熊垓	日本东京法学院
程明超	日本京都大学法政科，法政科进士
朱献文	日本东京帝国大学法科大学，法政科进士
汪荣宝	南洋公学堂，日本早稻田大学法政科

---

[1]　参见《奏调通晓法政人员折》，载《政治官报》，1907 年 12 月 6 日。

第三章 北洋时期民事司法制度中的司法权限

中华民国建立后,根据 1912 年 7 月 16 日公布的《法典编纂会官制》,"国民政府"遂于民国元年(1912 年)7 月附设法典编纂会于法制局,从事民法、商法、民刑诉讼法,以及上列附属及其余各项法典之草订。

梁启超担任司法总长时(1913 年 9 月 11 日至 1914 年 2 月 20 日),提议将法典编纂会由法制局改隶司法部,最终促成了法律编查会的成立。1914 年 2 月 1 日,法律编查会成立,法典编纂会撤销。

1918 年 7 月,法律编查会再次改为旧称修订法律馆。[1]作为清末修律中的修订法律机构,修订法律馆的最大贡献在于修定或制定了一批新法,并且其自身在清朝灭亡后仍旧继续存在并发挥着立法职能。虽然部分立法在草案阶段已经废弃,但是不可否认,修订法律馆的立法为中国近代法律的转型作出了卓越的贡献。

(二)清末至民国前期主要民事诉讼程序法立法考略

1.《大清刑事民事诉讼法草案》

中国古代的法典编纂方式是"诸法合体,民刑不分"。这种编纂方式典型表现在两个方面:其一,中国古代没有专门的民事诉讼法;其二,基层司法长官(一般由行政长官兼理)常用刑事的方式来解决普通的民事纠纷,"中国民刑事不分,至有钱债细故、田产亦复妄加刑吓"[2]。光绪三十一年(1905 年)四月,御史刘彭年上书提出恢复死罪案件以外的刑讯制度,并

---

〔1〕 谢振民编著,张知本校订:《中华民国立法史》(下册),中国政法大学出版社 2000 年版,第 747 页。

〔2〕 沈家本、伍廷芳:《复奏御史刘彭年奏请停止刑讯详加详慎折》。转引自丁贤俊、喻作凤编:《伍廷芳集》,中华书局 1993 年版,第 269 页。

提出编订诉讼法。修订法律大臣沈家本、伍廷芳对编订诉讼法的提议表示认同:"现在改章伊始,一切未详备,必得诉讼法相辅相行,方能推行无阻。拟编辑简明诉讼章程,现行奏明办理。"[1]由是,光绪三十二年(1906年)四月,沈家本、伍廷芳正式上书奏进《大清刑事民事诉讼法草案》,成为中国历史上第一部专门的诉讼法(草案)。

该草案最主要的特色在于将民事案件与刑事案件分开审理。其第1条规定:"凡公堂审判之案件,分为二项:一、刑事案件;二、民事案件"。该法律草案分总纲、刑事规则、民事规则、刑事民事通用规则、中外交涉案件,共五章,260条;另附颁行例3条。其主要内容如下:第一章总纲,分为:刑事、民事之别,诉讼时限,公堂,各类惩罚4节;第二章刑事归责,分为:逮捕,拘票,搜查票及传票,关提,拘留及取保,审讯,裁判,执行各刑及开释7节;第三章民事规则,分为:传票,讼件之值未逾500元者,讼件之值逾500元者,审讯,拘提图匿被告,判案后查封产物,判案后监禁被告,查封在逃被告产物,减成偿债及破产物,和解,各票及讼费共计11节;第四章刑事民事通用规则,分为:律师,陪审员,证人,上控4节,第五章为中外交涉案件。[2]

该草案出台后,光绪帝并没有立刻颁布实施,谕示:"上谕法律大臣沈家本、伍廷芳等奏刑事民事诉讼各法拟请现行试办一折,法律关系重要。该大臣所纂格条,究竟与现在民情风

---

[1] 沈家本、伍廷芳:《复奏御史刘彭年奏请停止刑讯详加详慎折》。转引自丁贤俊、喻作凤编:《伍廷芳集》,中华书局1993年版,第269页。

[2] 谢振民编著,张知本校订:《中华民国立法史》(下册),中国政法大学出版社2000年版,第981—982页。

俗能否通行，着该将军、督抚、都统等体察情形，悉心研究其中有无扞格之处，即行缕条分，据实具奏。原折单均著发给阅看，将此各谕令知之。"[1]光绪三十二年（1906年）该草案下发后，湖广总督张之洞于次年七月上奏反对，提出："似有难通行之处。纵核所纂二百六十条，大率采用西法，于中法本原似有乖违，中国情形亦未尽合。"[2]"热河都统廷杰奏，刑事民事诉讼法，边地骤难试办，并扞格要难行数行，请旨饬下法律大臣，再行核议"。[3]"广西巡抚林绍年奏，新纂刑事民事诉讼各法，广西尚难通行，势必诪张百出，未足以齐外治，先无以靖内讧。""直隶总督袁世凯奏，新纂刑事民事诉讼法，内有扞格者数条，请饬再议。下法部再行核议。"[4]光绪三十三年（1907年），各省先后复奏，均拟定请展缓施行，另交由法部详核妥拟。[5]该草案实际上已经被搁置。

2.《大理院审判编制法》

光绪三十二年（1906年）十月，清政府下谕[6]后仅一个多月，大理院正卿沈家本制定《大理院审判编制法》并得到清政府认可颁行。

《大理院审判编制法》分总纲、大理院、京师高等审判厅、城内外地方审判厅及城谳局，共五部分。主要内容有：其

---

[1]《大清法规大全》（法律部·卷十一）。

[2] 张之洞：《遵旨核议新编刑事民事诉讼法折》，转引自（清）张之洞：《张之洞全集》，河北人民出版社1998年版，第1772页。

[3]《清实录》德宗朝卷五六四。

[4]《清实录》德宗朝卷五六五。

[5] 谢振民编著，张知本校订：《中华民国立法史》（下册），中国政法大学出版社2000年版，第982页。

[6] 此处所指的下谕是指光绪三十二年（1906年）九月，清政府下谕，改刑部为法部，专任司法；改大理寺为大理院，专掌审判。

一，明确了大理院及其各级审判机关的审判原则，即"自大理院以下本院直辖各审判厅、局，关于司法裁判全不受行政衙门干涉，以重国家司法独立大权而保人民身体财产"[1]；其二，规定了四级审判机构和级别管辖。京师分为大理院—京师高等审判厅—城内外地方审判厅—城谳局四级机构；其三，设立检察制度，审检合于一厅。该法第12条规定："凡大理院以下审判厅局，均须设有检察官，其检察局附属该衙署之内。检察官于刑事有提起公诉之责，检察官可请求用正当之法律，监视判决后正常施行。"

《大理院审判编制法》的颁布时间是清政府下谕改革官制后的一个多月，难免有草率之嫌。关于该法的颁布时机，有学者认为，此时清政府的上谕刚刚发布，部院虽已成立，但分工尚不明确。至于司法改革的方向，在很大程度上取决于法部与大理院之间的角力。为了争取在司法改革中的领导权和其他实务中的发言权，以期在新的司法体制巩固中占有重要一席，继续地发挥自身的影响力，因此沈家本选择快速完成制定该法。[2]

《大理院审判编制法》是清末第一部法院组织法，而且又带有争夺司法权的意图，显然不可能全面系统地规定全国法院的组织制度。

3.《各级审判厅试办章程》

地方官制改革方案出台后，光绪三十三年（1907年）八月，沈家本组织编成《法院编制法草案》上奏，随即送宪政

---

[1]《大理院审判编制法》第6条。

[2] 详见张从容：《部院之争：晚清司法改革的交叉路口》，北京大学出版社2007年版，第77—78页。

编查馆考核[1]。但是由于各方对法律条文的争论，导致《法院编制法草案》被搁置。在这种情况下，光绪三十三年（1907年）十月，法部上奏《各级审判厅试办章程》，以为过渡。

《各级审判厅试办章程》于光绪三十三年（1907年）十一月由法部奉旨颁行，该章程共五章，120条。该章程第一章为总纲；第二章为审判通则，分为七节：审级、管辖、回避、厅票、预审、公判和判决之执行；第三章为诉讼，分为六节：起诉、上诉、证人鉴定人、管收、保释、讼费；第四章为各级检察厅通则，共22条；第五章为附则。《各级审判厅试办章程》第119条规定：该章程的施行期间为自各级审判厅开办之日始至《法院编制法》和《大清刑事民事诉讼法草案》颁行止，在两法颁行之后，该章程立即废止。《法院编制法》于宣统二年（1910年）颁行，但是由于晚清政府一直没有颁布诉讼法，该章程直至清朝灭亡一直处于有效状态。

由于《各级审判厅试办章程》的出台参考了天津试办审判厅的经验，较之《大理院审判编制法》更加具有可操作性。[2]主要表现在两个方面：其一，关于刑事民事审判的划分更加明晰，并且分别对刑事和民事审判规定了不同的审判规则。该章

---

[1] 宪政编查馆的前身是考察政治馆。1905年，清政府选派五大臣分赴东西洋考察各国政治，成立考察政治馆。1907年，考察政治馆改为宪政编查馆，由军机处督饬。宣统三年（1911年）清政府裁撤军机处，改设内阁，宪政编查馆随之撤销。宪政编查馆的职责之一即是考核法律馆所订法典草案，各部院各省所订各项单行法及行政法规。因此，《法院编制法》也需要送宪政编查馆考核。——编者注

[2] 光绪三十二年（1907年），袁世凯在天津府县试办审判厅，并制定了《天津府属试办审判厅章程》，试办效果很理想，成为法部制定《各级审判厅试办章程》的重要参考。

程第 1 条指出："凡审判案件分刑事民事二项,其区别为凡因诉讼而审定罪之有无者属刑事案件,凡因诉讼而审定理智曲直者为民事案件。"而且在第二章"审判通则"和第三章"诉讼"规定了两类案件的不同审理程序。其二,将《大理院审判编制法》的检察官制度设计得更加具有可操作性。《大理院审判编制法》虽然确定设立检察制度,但是规定较为笼统;而《各级审判厅试办章程》开辟专章来规定具体检察事宜,明确提出:"检察官对于审判厅独立行其职务""检察厅不得干涉审判事务""凡属检察官职权内之司法行政事务,上级检察厅有直接或间接监督之权"。[1] 该章程的规定为检察官制度的建立和运行提供了直接的法律依据。

在清政府的预备立宪逐年筹备清单中,要求宣统二年(1910 年)必须完成设立全国各直省省城商埠各级审判厅,但是理应作为审判厅设立参考的《法院编制法》直到宣统二年(1910 年)年底才正式颁布。[2] 在预备立宪的压力下,《各级审判厅试办章程》自然成为清末筹设各级审判厅的指导性章程,因此,其被定位为《法院编制法》颁布施行之前的过渡性章程,并成为清末筹设各级审判厅最重要的参考文件。

4.《大清民事诉讼律草案》

《大清刑事民事诉讼法草案》在颁布的第二年即由于地方的强烈反对而被议废。光绪三十三年(1907 年)十一月修订

---

[1] 分别规定在《各级审判厅试办章程》第 97 条、第 101 条、第 98 条。
[2] 根据《清末筹备立宪档案史料》第 70 页,清政府对预备立宪的筹备措施执行得相当认真,每年均有检查、考核。宪政编查馆专门成立了考核专科,设总办、帮办和科员,并有章程,规定:"责成内外臣工,每届六个月,将筹办成绩胪列奏闻,并咨报宪政编查馆查核。"

法律馆重新开馆后，即开始了《大清民事诉讼律草案》的编纂工作。宣统元年十二月（1910年1月），修订法律大臣沈家本、俞廉三上奏《修订法律大臣沈家本等奏为民事诉讼律草案编纂告竣折》及《大清民事诉讼律草案》，标志着《大清民事诉讼律草案》最终编纂完成。

《大清民事诉讼律草案》由修订法律馆聘任的日本顾问松冈正义执笔，以1890年日本民事诉讼法或1877年德国民事诉讼法典日文版的汉译为蓝本，其篇章、体例、结构均与日本民事诉讼法相同。该草案共分四编二十二章，800条。第一编审判衙门，分为五章：事物管辖、土地管辖、指定管辖、合意管辖、审判衙门之回避拒却及引避；第二编当事人，分为七章：能力、多数当事人、诉讼代理、诉讼辅佐人、诉讼费用、诉讼担保、诉讼救济；第三编通常诉讼程序，分为五章：总则、地方审判厅之第一审诉讼程序、初级审判厅之诉讼程序、上诉程序、再审程序，共计450条；第四编特别诉讼程序，分为五章：督促程序、证书程序、保全程序、公示催告程序和人事程序。

《大清民事诉讼律草案》是中国历史上首次将民事诉讼和刑事诉讼单列成文的法律文件，但是由于辛亥革命的爆发和中华民国的成立，这部法律未及正式实施就被迫搁浅。然而，其代表的现今的立法思想被北洋政府所采用，在北洋时期该法律草案的事物管辖、土地管辖部分曾经被修改后援用。

5.《法院编制法》

《法院编制法》从制定到最后颁行，经历了较长时间。前文提到，光绪三十三年（1907年）七月，清政府公布地方官制改革方案，提出："各省应就地方情形，分期设立高等审判厅、地方审判厅、初级审判厅。分别受理各项诉讼及上控事件。其细则另以法院编制法定之。"地方官制改革方案出台后，光绪三十三年（1907年）八月，沈家本组织编成《法院编制法草案》上奏，随即送宪政编查馆考核。然而，在沈家本上奏该草案之后，"或许是馆事繁多无暇顾及，或因为已有《大理院审判编制法》和《高等以下各级审判厅试办章程》"可解燃眉之急，宪政编查馆并没有立即审核与修改《法院编制法草案》。[1]光绪三十四年（1908年），清政府在颁布《钦定宪法大纲》的同时，颁布了《议院未开以前逐年筹备事宜清单》，《法院编制法》的核订与颁布提上日程。宣统元年十二月（1910年1月），宪政编查馆上奏《核订法院编制法并另拟各项暂行章程折》，核定后的《法院编制法》遂正式颁行。[2]

核定后的《法院编制法》分为十六章，164条。各章分别为：第一章，审判衙门通则；第二章，初级审判厅；第三章，地方审判厅；第四章，高等审判厅；第五章，大理院；第六章，司法年度及分配事务；第七章，法庭之开闭及秩序；第八章，审判衙门之用语；第九章，判决之评议及决议；第十章，庭丁；第十一章，检察厅；第十二章，推事及检察官之任用；第十三章，书记官及翻译官；第十四章，承发吏；第十五章，法律上之辅助；第十六章，司法行政之职

---

[1] 吴泽勇：《清末修订〈法院编制法〉考略——兼论转型期的法典编纂》，载《法商研究》2006年第4期。

[2] 同时，《法官考试任用暂行章程》14条、《司法区域分化暂行章程》10条和《初级暨地方审判厅管辖案件暂行章程》12条作为《法院编制法》的附件，一并实施。

务及监督权；以及附则。《法院编制法》规定实行四级三审制。

《法院编制法》颁布后不到两年，清政府覆灭，其中制定的规定大多未来得及实施。但是，其作为清朝最后一部法院组织法，对此前的改革与立法进行了整合，成为晚清司法改革的集大成者。《法院编制法》对法院的地位、管辖范围、审级制度、司法人员的选任、任职保障等都作了比较详细的规定。该法对其后的法院组织立法也产生了巨大的影响，在清政府覆灭之后，被多次修订援用。鉴于此，本书在北洋时期的前半期诉讼制度的研究上，也会主要以《法院编制法》或其修订后的版本为考察依据。

6.《临时大总统宣告暂行援用前清法律及〈暂行新刑律〉令文》《暂行法院编制法》及《修正暂行法院编制法》

1912年3月11日，袁世凯就任临时大总统次日即颁布《临时大总统宣告暂行援用前清法律及〈暂行新刑律〉令文》，命令："现在民国法律未经议定颁布，所有从前施行之法律及新刑律除与民国国体抵触各条应失效力外，余均暂行援用，以资遵守。"

《临时大总统宣告暂行援用前清法律及〈暂行新刑律〉令文》颁布后，1910年颁行的《法院编制法》被稍加修改后以《暂行法院编制法》继续援用，[1]法院体系仍然按照大理院、高等审判厅、地方审判厅和初级审判厅设置。

1912年5月，袁世凯发布临时大总统令，称"司法总长

---

[1] 谢振民编著：《中华民国立法史》，正中书局1937年版，第903页。民国四年（1915年）6月20日，又公布《修正暂行法院编制法》（罗志渊：《近代中国法制演变研究》，正中书局1976年版，第405—406页）。

王宠惠呈称,大理院正卿刘若曾等辞职,已蒙批准。审判不可中断,即法官不可虚悬。惟大理院正卿、少卿等官名不适于民国制度。现在《法院编制法》修正颁布尚需时日,新法未施行以前,应先更正其名称,而宜暂仍其组织,以便继续执行等语。大理院正卿可改为大理院院长,少卿一席著裁撤,余暂如旧,俟《法院编制法》修改后,一律更正。"1912年12月,中央司法会议公布了《法院编制法草案》,但是该草案仅将清末《法院编制法》中的一些称谓进行了改变,如推事改称判事官、检察厅改为检事局、检察官改为检事官、承发吏改为执达吏等,并无实质上的改变。[1]

1914年5月1日,由袁世凯一手操纵制定的《中华民国约法》颁布,该法规定大总统有权制定官制,发布与法律有同等效力之教令。1914年5月23日,出于中央集权的考虑,袁世凯下令改订地方官制,规定地方文官采用三级制,将中央到地方的行政区域改为中央—省—道—县四级。[2]官制改革之后,《暂行法院编制法》规定的各级审判厅与省、府、厅/州/县的对应关系也被打乱,加上对司法人才缺乏与财政拮据等现实因素的考量,1914年4月30日,袁世凯颁布裁撤命令,决定裁并原有的地方审判厅,裁撤初级审判厅,仅保留高等审判厅和省城及繁荣商埠的地方审判厅。1915年6月,《暂行法院编制法》进行修订,将其中关于初级审判厅的内容全

---

[1] 参见《司法例规》(上册),司法部1915年重刊,第16—30页。转引自吴永明:《民国前期新式法院建设述略》,载《民国档案》2004年第2期。

[2] 欧阳正:《民国初期的法律与司法制度》,载那思陆:《中国审判制度史》,上海三联书店2009年版,第339页。

部删除,以《修正暂行法院编制法》刊行。[1]

从上述历史可以看出,在 1915 年《修正暂行法院编制法》颁布之前,北洋政府基本沿用 1910 年颁行的《法院编制法》。

8. 北洋政府对《大清民事诉讼律草案》的援用

北洋政府时期,由于各级审判机关相继成立,民刑诉讼案件繁多,为了明确其管辖范围,司法部于 1912 年 4 月 7 日呈准临时政府暂行援用《大清民事诉讼律草案》中关于管辖的规定,并于同年 5 月 12 日颁布《民刑诉讼律草案管辖各节》,由司法部刊发京外司法衙门施行。[2]

1911 年,《大清民事诉讼律草案》起草完成,但未能审议颁行。中华民国成立后,司法部于民国元年(1912 年)五月初九日公布《民事诉讼律草案(关于管辖各节)》。1915 年 2 月,司法部请求修订《民事诉讼律草案(关于管辖各节)》,主要是将初级审判厅管辖涉讼金额范围由"300 元以下"调至为"1000 元以下",相应地,此类民事诉讼案件的终审法院由大理院改为高等审判厅。[3]

1919 年,司法部认为《大清民事诉讼律草案》关于管辖

---

[1] 对于《暂行法院编制法》和《修正暂行法院编制法》的称谓,不同学者有不同见解。相当一部分学者将根据 1912 年大总统令稍加修改后援用的前清《法院编制法》仍旧称为《法院编制法》,而将 1915 年 6 月修改的版本称为《暂行法院编制法》。见公丕祥主编:《近代中国的司法发展》,法律出版社 2014 年版,第 269 页;桂万先:《北洋政府时期审判制度研究》,中国政法大学出版社 2010 年版,第 111 页。

[2] 见《民刑诉讼律草案管辖各节》,中国人民大学法律系法制史教研室:《中国近代法制史资料汇编》,中国人民大学校内用书 1980 年版,第 134 页。

[3] 谢振民编著,张知本校订:《中华民国立法史》(下册),中国政法大学出版社 2000 年版,第 993 页。

的各章不足以保证审判公正，又呈准政府颁行《民事诉讼律草案》第五章，该章自第 42 条至第 52 条是关于审判衙门职员回避、拒却及引避的规定。[1]由此，《大清民事诉讼律草案》第一章全部被北洋政府所援用。

9.《修正各级审判厅试办章程三条》

前文提到，光绪三十三年（1907 年）十一月清政府颁行的《各级审判厅试办章程》由于《法院编制法》的难产以及清末预备立宪的压力，成为清末筹设各级审判厅的指导性章程。在清政府覆灭后，北洋政府对《各级审判厅试办章程》加以援用。

民国二年（1913 年）九月三十日，司法总长梁启超在呈文中指出："现在民刑诉讼律尚未颁布，所有民刑诉讼办法均照《各级审判厅试办章程》办理，查该章程所定施诸京外多有不能划一之处，本部先据原章第三条及第一百二十条之规定酌加修正，嗣后京外各级司法衙门均应照修正条文办理，以昭划一而利进行。"由此，司法部发布《修正各级审判厅试办章程三条》。

10.《县知事兼理司法事务暂行条例》及《县知事审理诉讼暂行章程》

1914 年 4 月，袁世凯颁布命令裁撤所有初级审判厅后，为了弥补初级审判厅的空缺，同月，北洋政府公布施行了《县知事兼理司法事务暂行条例》和《县知事审理诉讼暂行章程》，开始实施县知事兼理司法的制度。《县知事审理诉讼暂行章程》共 13 章 48 条，其第 1 条规定："凡未设审检厅各县，

---

[1] 谢振民编著，张知本校订：《中华民国立法史》（下册），中国政法大学出版社 2000 年版，第 993 页。

第一审应属初级或地方厅管辖之民刑事诉讼,均由县知事审理。"按照这两部法令,凡是未设审判厅(初级审判厅和地方审判厅)的县,均由县知事审理一审民刑事案件。两部法律的颁布成为行政兼理司法制度的开端,此后,虽然因各种弊端而广为诟病,但是兼理司法制度仍然是北洋政府时期基层司法的重要形式。

11.《暂行各县地方分庭组织法》及《县司法公署组织章程》

由于兼理司法制度"不过如前清州县衙门",[1]存在诸多弊端,段祺瑞政府于1917年4月公布了《暂行各县地方分庭组织法》,规定在审判厅辖区各县内设立地方审判分厅或地方分庭,受理一审案件。1917年5月又公布了《县司法公署组织章程》,规定未设地方分庭的各县应设立县司法公署。至此,在审判机关的设置上,除保留大理院、高等审判厅、地方审判厅外,在县设立地方分庭,或成立县司法公署,管理当地民刑事案件。

12.《民事诉讼法草案》《民事诉讼条例》《民事简易程序暂行条例》

1921年之前,北洋政府在民事诉讼实践中或援用前清的部分民事诉讼立法,或颁布系列民事诉讼章程和法律,但是这些章程和法律都是零散的、不成系统的。然而,司法实践中迫切需要一部系统的民事诉讼法来规范民事诉讼活动,同时完成"中国律例情形及其审断办法及一切相关事宜臻妥善"的目标,从而收回领事裁判权,因此,修订法律馆于1921年7月

---

[1] 朱勇主编:《中国法制通史》(第九卷 清末·中华民国),法律出版社1999年版。

完成了《民事诉讼法草案》。由于刚刚成立的东省特别法院亟需民事诉讼程序法规,[1]1921年7月22日,北洋政府颁布命令:"民事诉讼动关人民私权,一切程序,亟应厘定法规,俾资遵守。东省特别法院需用尤亟,应准将《民事诉讼法草案》自本年九月一日起,先就东省法院区域施行,仍于国会成立时,提交议决,以重法典。"[2]同日,北洋政府以27号教令的形式公布了《民事诉讼法草案施行条例》,共8条,对该法的效力及与其他法律的配套作出了规定。

1921年11月4日,北洋政府将《民事诉讼法草案》改称为《民事诉讼条例》,规定于1922年7月1日起在全国施行;直到1928年南京国民党政府立法院拟定《民事诉讼法草案》五编并于1932年5月20日施行,因此,北洋政府颁布的《民事诉讼条例》成为这一时期最重要也是通行区域最大的民事诉讼法典。在本书的研究中,对于1922年以后的民事诉讼法制,也将以《民事诉讼条例》为依据。[3]

《民事诉讼条例》共有六编,755条。第一编总则,包括

---

[1] 1896年9月,中俄合办中东铁路。俄国十月革命后,苏俄政府宣布中俄旧有之领事裁判权条约一律废止,中东铁路附属地内诉讼事件,概归中国政府管理。徐世昌政府于1920年10月31日公布了《东北特别区域法院编制条例》,在哈尔滨设置高等审判厅、地方审判厅各一处,并于铁路沿线设地方分庭。

[2] 参见谢振民编著,张知本校订:《中华民国立法史》(下册),中国政法大学出版社2000年版,第993—994页。

[3] 在北洋政府颁布《民事诉讼条例》之前,广州军政府鉴于北京政府迟迟未颁布民事诉讼法,于1921年3月将清末的《大清民事诉讼律草案》删除修订后颁布。同年4月13日,广州军政府又公布了《民事诉讼律施行细则》7条,规定《民事诉讼律》于公布后两个月施行。"此吾国有正式民事诉讼法典始。惟此律在当时只施行于西南各省。"参见谢振民编著,张知本校订:《中华民国立法史》(下册),中国政法大学出版社2000年版,第993页。至此,实际上在1932年国民政府颁布《民事诉讼法》之前,中国有两部并行的民事诉讼法典。

法院、当事人和诉讼程序三章；第二编第一审程序，包括地方审判厅诉讼程序和初级审判厅诉讼程序；第三编为上诉审程序，包括第二审程序和第三审程序；第四编抗告程序；第五编再审程序以及第六编特别诉讼程序。从体例上来看，《民事诉讼条例》从根本上恢复了四级三审制。由于初级审判厅已经于1914年被裁撤，在《民事诉讼条例》正式施行前，北洋政府于1922年1月25日以教令形式颁布《民事简易程序暂行条例》22条，规定《民事诉讼条例》所规定的由初级审判厅管辖的第一审案件，均由地方审判厅附设的简易庭受理，或者由县知事兼理。此外，《民事简易程序暂行条例》还有以下规定：①起诉得以言辞行之；②当事人两造于简易庭通常开庭之日，得不待传唤，自行到案；③言辞辩论，应以一次终结；④判决原本应自宣告判决之日起，于3日内交付书记官做成正本，送达当事人；⑤对于判决提起控告，得以言辞为之。[1]

二、北洋时期民事诉讼制度的外部边界

（一）民事纠纷的解决途径

民事纠纷又称为民事争议，是指平等的民事主体之间因人身关系或财产关系而产生的权利义务争议。社会性是人类的基本属性之一，人类的生存和交往都是按照一定的规范或者习惯进行的，正是借助这些在社会交往中约定俗成的习惯或者国家法律强制推行的规则，人类的社会生活才井然有序。但是在人类社会中，由于利益冲突的存在，纠纷的存在也有其客观性，这也要求必须有与这一时期相适应的纠纷解决机制。

---

[1] 参见谢振民编著，张知本校订：《中华民国立法史》（下册），中国政法大学出版社2000年版，第995页。

关于民事纠纷的解决机制，学界也有不同的分类。传统理论按照是否有中立的第三方介入纠纷解决以及该第三方的角色，将民事纠纷的解决机制分为自力救济、社会救济和公力救济。当代理论则将民事纠纷的解决途径进行二元划分，即诉讼与诉讼外纠纷解决途径，后者又称为替代（诉讼或司法）的解决途径。[1]在北洋时期，中国面临由传统社会向近现代社会的转型，社会政局动荡，各种矛盾纷繁复杂，对多元的民事纠纷解决机制也存在着客观需求。这一时期，为了快速有效地解决民事纠纷，减少对社会秩序的破坏和对社会生活的干扰，包括诉讼、调解、和解等诸多方式在内的民事纠纷解决机制发挥着解决纠纷、维护社会稳定的重要作用。

1. 民事诉讼（公力救济）

公力救济是指以国家公权力介入纠纷，依据法律规范和法定程序解决纠纷，并以国家强制力保障执行的救济途径。民事纠纷的公力救济主要是民事诉讼。民事诉讼就是指一方当事人针对另一方当事人向法院提起诉讼，请求法院解决其所主张的纠纷和保护其主张的权利的公力救济途径。相比较于自力救济、社会救济等其他纠纷解决机制，民事诉讼有其独有的特征。

第一，在程序的启动上，当事人的自治权受到法律的约束。在民事诉讼中，启动权只能由当事人一方（原告）享有，其他当事人基本没有选择权。

第二，在诉讼的过程中，民事诉讼具有法定性、正式性、规范性和专业性的特征。诉讼权利和审判权力的行使都必须严

---

[1] 参见王娣等：《民事诉讼法》，高等教育出版社2013年版，第5页。

第三章 北洋时期民事司法制度中的司法权限

格按照法律规定的条件和程序进行。相对于其他纠纷解决机制，民事诉讼程序的正式化程度是最高的。

第三，在诉讼的结果上，民事诉讼的裁判书具有强制执行的效力，当事人一旦选择了诉讼途径，无论是否自愿，都必须承担由此带来的诉讼结果。[1]

具有近代意义上的民事诉讼解决纠纷的方式是近代西学的产物。中国传统的诉讼文化建立在自然经济的基础之上，在长达两千多年的历史中，"无讼"成为中国传统诉讼文化中一种稳定的、一以贯之的价值取向。在传统中国，诉讼从来没有道德依据，"良民畏讼，莠民不畏讼，良民以讼为祸，莠民以讼为能，且因而利之"。[2]这一价值取向支配着中国传统社会中国家的诉讼观念和实践，表现为社会大众在心理上"厌讼""贱讼"，而且国家在诉讼程序的设计上也相当漠视当事人的权利。

自鸦片战争之后，中国国门打开，大量西方思想涌入，包括诉讼制度的引进为清末即民国时期民事法律制度的发展和改革提供了机遇和条件。当然，除此之外，诉讼方式作为这一时期民事纠纷解决机制的重要部分还有其特定的社会背景和依据。

第一，商品经济的发展为现代诉讼文化的传入和发展提供了基础。唯物史观认为，社会存在决定社会意识，诉讼文化作为社会文化的一种，是由经济基础所决定的。一般而言，有什

---

[1] 此处也有例外。如大理院六年抗字第 105 号判例要旨指出："判决确定后，如有和解，得拒绝执行。""判决后成立和解，可拒绝判决之执行。"

[2] 路德：《邱叔山府判录存序》，转引自梁治平：《寻求自然秩序中的和谐——中国传统法律文化研究》，上海人民出版社 1991 年版，第 190 页。

么样的经济基础、生产条件、生活方式,便会有什么样的诉讼文化。在传统以自然经济为主导的中国社会中,人们主张"太平百姓,完赋税,无争讼,便是天堂世界。"[1]随着商品经济的发展,资本主义萌芽的产生,人们之间经济关系愈发复杂,出现了较之以前更多的纠纷,以商品经济为基础的现代诉讼文化也拥有了产生与发展的土壤。

第二,西方思想文化的传入。自清末以来,清政府曾派出官员和学生去国外留学,而在辛亥革命后,其中大部分留学人员都学成归国,也因此给中国带来了西方国家的先进思想,这些思想包括民主政治、司法公正、审判公开和审判独立等。又因为在辛亥革命后,民主共和制度深入人心,以及北洋政府统治时期军阀混战、相互争斗,这些都为思想的多样化及其发展、传播提供了条件和机会。

随着西方现代诉讼文化在中国的传播,尤其是在西方文化中自由、平等等思想的宣传和冲击下,中国百姓的价值观发生了一个转变,国家层面上的诉讼制度也随之发生变化,同时中国出现了一改古代家庭解决纠纷的主导模式,转而求助诉讼解决民事纠纷的社会现象。

随着西方思想的传入,这一时期人们的私权意识得到增强。广大民众私权意识的增强意味着他们越来越关注自身的存在,注重并倡导保护私权。举例说明,1928年国民政府在制定《中华民国民法·亲属编》时,就舍弃了家族主义而采用个人主义,强调对个人私权的保护。[2]从这一举措可以看出,

---

[1] 《得一录》卷一之"宗祠条规"。
[2] 谢冬慧:《民国时期民事纠纷诉讼解决机制的宏观解读》,载《扬州大学学报(人文社会科学版)》2012年第6期。

第三章　北洋时期民事司法制度中的司法权限

当时私权意识的增强对民事法律制度确立的发展具有重要的促进作用。

第三，北洋政府制定的现代程序法为民事诉讼的发展提供了制度和法律依据。在1902年《大清律例》修订时，就已经确立了民刑分离的诉讼制度，同时《大清民事诉讼律草案》也起草完成，但因为辛亥革命的爆发使得《大清民事诉讼律草案》最终未能颁行，但这一行为已经明确了民事诉讼制度在国家社会中的地位和作用，对民国时期的立法有着重要影响。

北洋时期，政府为民事诉讼所做举措有：①1912年4月7日，司法部呈临时政府暂行援用《大清民事诉讼律草案》中关于管辖的规定，并于同年5月12日颁布了《民刑诉讼律草案管辖各节》，刊发京外司法衙门施行；②为加强对民事审判工作的监督，1914年4月3日，司法部上报《民事非常上告暂行条例》4条，呈准政府颁行；③1920年8月，北洋政府颁布《民事诉讼执行规则》，共六章，138条，对民事裁判的执行主体与执行程序分别作了规定；④为收回领事裁判权，修订法律馆于1921年7月完成《民事诉讼法草案》；⑤1921年7月22日，政府以教令27号公布《民事诉讼法草案施行条例》8条，就该法的效力、与其他法律的衔接作了规定；⑥1921年11月14日，又将《民事诉讼法草案》改为《民事诉讼条例》，该条例是以《大清民事诉讼律草案》以及民初通过的一些单行法为基础制定的，但与《大清民事诉讼律草案》相比，其无论在体例还是内容上均作了重大修正，1922年7月1日，该条例正式施行全国。[1]从民事审判立法方面来看，这一时

---

[1] 桂万先：《北洋政府时期审判制度研究》，中国政法大学出版社2010年版，第136页。

期无疑开创了民事诉讼发展的新时期，也为诉讼方式成为解决民事纠纷的手段提供了法律依据，有利于诉讼制度的发展。

当然，由于北洋政府统治时期处于由封建社会向近代社会转型的时期，人们也处于一个思想的转变过程中，并受到传统封建诉讼文化的影响，这一时期采用民事诉讼解决纠纷的案件并不多，但这并不能否认诉讼方式已经成了民事纠纷解决的方式之一，用诉讼解决民事纠纷已经在社会上有了一席之地。

2. 诉讼和解

诉讼中的调解原则，一向被称为"东方经验"。诉讼调解，是指在法院的主持下，发生争议的双方当事人自愿协商，达成协议、解决纠纷的活动。[1]在北洋时期的基层民事司法中，调解也是重要的解纷途径之一。在《民事诉讼条例》中，调解被称为"诉讼和解"。关于北洋时期的诉讼和解制度，本书将在第四章"北洋时期的民事司法审判程序研究"中给予详细考察，此处不再赘述。

3. 宗族调解（宗族解决）

在中国传统社会中，由于国家司法资源的匮乏，对乡村社会的秩序真正起主导作用的是宗族组织。北洋时期，虽然农村宗族制度在受到政治变革、经济发展、社会思潮和价值观念变化的冲击之后趋于衰弱，但是由于宗族的根基并没有被动摇，加上宗族制度本身发展的惯性，使得民国时期宗族在缓慢衰弱的同时，[2]对乡村社会中的纠纷调解仍然发挥了不可忽视的

---

〔1〕 参见江伟主编：《民事诉讼法学》（第三版），北京大学出版社2015年版，第56页。

〔2〕 常建华：《近十年晚清民国以来宗族研究综述》，载《安徽史学》2009年第3期。

作用。

宗族调解，是指在宗族成员之间发生纠纷时，由宗族的家长作为调解人依照家法、族规等宗族法进行决断或调解的方式。在中国传统社会，由宗族解决纠纷的合法性根源于小农经济的生产方式，在这一基础上，形成了封建社会中央集权专制的政治制度，个人没有独立的人格，人与人之间的关系被套上了一层温情脉脉的面纱，为无诉、和为贵等社会观念的产生提供了土壤。封建统治者认识到宗族治理的优势，因而也承认、支持或提倡宗族调解的方式。《大清会典事例》规定："议准聚族而居，丁口众多者，准择族中有品望者一人为族正，……族长及宗族内头面人物对于劝道风化及户婚田土竞争之事有调处权力。"[1]

宗族调解的依据是宗族法。宗族权贵为了维持宗族社会秩序的安定，同时也为了保护自己的特殊利益，以国家法律、民间习惯及纲常礼教为原型，删减增补，加工整理，形成了对宗族内部具有普遍约束力的宗族法，并以宗族自身力量和国家力量作为其强制执行的保证。在国家法律不完备的情况下，宗族法成为国家法律的重要补充形式。

宗族调解的主体主要是宗族的家长。一般而言，一个家族由族与房两级机构行使大小不同的宗族事务管理权。[2]互相之间存在上下级的关系，一族通常包括数房。宗族家长的选任一般秉承"德才兼备"的标准，以保证调解效果的实现。安徽合肥邢氏《家规》规定："户长者，一户之人尊之为长，必

---

[1]《大清会典事例》（卷一百四十四）。
[2] 族、房二级机构的名称，因地而异，有族、户，家、户，户、房，户、支等不同名称。

才德兼优始克胜任。……房长者，分理各房之事，乃一房之领袖也，须廉洁有能干者方可议"。[1]安徽桐城刘氏宗族要求"齿德尊隆、持公正者"方可出任户长。[2]由此可见，宗族法要求族长、房长必须明白事理，通晓人情世故，所谓"才足以断事，德足以服众"。[3]

由于我国传统社会中流行"诉讼入官为耻"的观念，宗族成员更希望在宗族内部解决纠纷，宗族调解一般发生在纠纷产生之后，官府处理之前。许多宗族法规定在组内成员产生纠纷时，首先必须投告本族，由宗族出面处理，宗族无法解决的，再上告官府。如江西南昌黄城魏氏《宗氏》规定，凡涉及户婚田土、买卖继承等方面的案件，均得先经宗族处断，"不得径往府县诳告滋蔓，如不经投族而妄告官府者，先罚银一两入祠，方依理公断"。[4]安徽《南屏叶氏族谱·祖训家风》称："族内偶有争端，必先凭劝谕处理，毋得遽兴词讼。"[5]梁治平教授在记载其家乡自治情形时描述：每有纷争，最初由亲友耆老和解，不服则诉诸各房分祠，不服则诉诸叠绳堂（即梁氏宗祠）。叠绳堂为一乡最高法庭，不服则讼于官矣。然不服叠绳堂之判决而兴讼，乡人认为不道德，故行者极稀。[6]

宗族调解的处理程序一般遵循逐级投告的方式。如安徽六

---

[1] 安徽合肥：《邢氏宗谱》（卷1），《家规》。
[2] 安徽桐城《刘氏族谱》（卷1），《家规》。
[3] 安徽古歙《东门许氏宗谱·家规》。
[4] 江西南昌《豫章黄城魏氏宗谱》（卷11），《宗氏》。
[5] 安徽《南屏叶氏族谱·祖训家风》。
[6] 梁治平：《寻求自然秩序中的和谐——中国传统法律文化研究》，中国政法大学出版社1997年版，第229页。

安潘氏宗族规定:"各房有事先向本房房长说明,如不能结方可投鸣户长,不得越房长而投户长。"[1]江西南昌黄城魏氏《宗氏》规定:"如犯规大事,必须通鸣族众绅衿。至于小事,先当经本房至亲、房长剖决,不可遽遍投多人。如本房房长决断不开,然后通投可也。"[2]

宗族调解的处理方式主要有三种:一是以"无讼""无争"的观念对纠纷双方进行说服教育。如"凡有事,忍耐为先,古人云:与其得直于官府,不若两平于乡曲之为愈也。乡曲有事两平而解胜于到官多矣,况宗族乎?"[3]二是以事情本身的是非曲直来进行调处。安徽太平馆田李氏家法规定:"倘族人有家务相争,投明族长。族长议论是非,从公处分,必合于天理,当于人心。轻则晓谕,重则责罚,财产为之分析,伦理为之整顿。"[4]三是对有违家法族规的族人进行处罚。如黄城魏氏《宗氏》规定:"嗣后如有混账小事轻事妄报,希图借势压服懦弱者,公罚"。[5]

4. 基层调解

调解,是指介入纠纷的第三者运用一定的社会规范、习惯、风俗、伦理等渊源通过对纠纷双方晓之以理,促成谅解或妥协的纠纷解决方式。调解的正当性基础是双方当事人的自愿,从这个意义上来说,宗族调解能否称为"调解"仍然是一个值得商榷的问题。因为相当多的宗族家法规定在组内成员产生纠纷时,首先必须投告本族,由宗族出面处理,宗族无法

---

[1] 安徽六安《潘氏宗谱·祖训遗规》。
[2] 江西南昌《豫章黄城魏氏宗谱》(卷11),《宗氏》。
[3] 《义门王氏族谱·息争讼》。
[4] 安徽太平《馆田李氏宗谱·家法》。
[5] 江西南昌《豫章黄城魏氏宗谱》(卷11),《宗氏》。

解决的，再上告官府。而宗族法的存在也得到了封建统治者的支持，这就导致很多纠纷的当事人可能并不希望由宗族法（习惯）来主导纠纷的解决，却不得不接受宗族家长的"审判"，这在一定程度上是同调解的本质相悖的。相对于宗族调解，社会调解一般意义上则是完全基于双方当事人的自愿，更加符合调解的本质。

清朝末年以及民国初期的民事纠纷，除了大部分由宗族调解以及部分由诉讼解决外，士绅等权威人士、中间人以及少数有知识、有能力、有威望的亲邻等在民事纠纷中也起到了一定的"息讼"作用。在乡村社会中，乡约常常是较为活跃的调解人。

乡约本意是指乡村中一定范围的民众相约遵循的乡规民约，后来演变成自治性的民间教化组织，清末民初时演变为官名，指由地方士绅保荐，地方官发给印谕的承担行政管理职责的人。乡约的一项重要职能就是调解民间纠纷。乡约调解的方式有约会调解和现场调解两种，约会调解一般于朔望时会同全体约众进行，并伴随复杂的宣誓仪式。[1]由于约会调解的时间限制及形式烦琐，现场调解的方式便应运而生，成为乡约调解的主要方式之一。

除了乡约的调处之外，中人、保人的调解，双方当事人亲邻的调解，都是这一时期除诉讼之外大量实行的解决民事纠纷的方式。费孝通在《乡土中国：生育制度》中记载了这样一个案例："某甲已上了年纪，抽大烟。长子为了全家的经济，很反对他父亲有这嗜好，但也不便干涉。次子不务正业，偷

---

[1] 段自成：《明清乡约的司法职能及其产生原因》，载《史学集刊》1999年第2期。

偷抽大烟,时常怂恿老父亲抽大烟,他可以分润一些。有一次长子看见了,就痛打他的弟弟,这弟弟赖在老父亲身上。长子一时火起,骂了父亲。家里大闹起来,被人拉到乡公所来评理。那位乡绅先照例认为这是件全村的丑事。接着动用了整个伦理原则,小儿子是败类,看上去就不是好东西,最不好,应该赶出村子。大儿子骂了父亲,该罚。老父亲不知道管教儿子,还要抽大烟,受了一顿教训。这样,大家认罚回了家。"〔1〕

5. 仲裁（公断）

仲裁,又称公断,是在法律许可或规定的范围内,双方当事人把他们之间的争议自愿交由第三者,依据争议的双方当事人签订的协议、合同等,在核定事实的基础上,按照一定的程序,适用有关的法律和条例等进行裁决的一种活动。〔2〕仲裁是在世界上具有较长历史并且广泛通行的解决纠纷的做法,最早可以追溯到17世纪末的英国。北洋政府于1921年颁行《民事公断暂行条例》,并在《〈民事公断暂行条例〉说明》中指出:民事诉讼事件原不必尽由法院判结案,但系得以和解之事则关于此事所生之争议,无论是属现在或属将来,均可由当事人两造自相约定抛弃其请求法院裁判之权,订立契约以一人或数人为公断人,以判断其争议使之终结。〔3〕

同法院审理相比,仲裁具有独特的优越性:其一,在仲裁的全过程中,双方当事人的自治意思可以得到充分的体

---

〔1〕 费孝通:《乡土中国:生育制度》,北京大学出版社1998年版。
〔2〕 参见陈光中主编:《中华法学大辞典》（诉讼法学卷）,中国检察出版社1995年版,第809页。
〔3〕 参见《〈民事公断暂行条例〉说明》,民国十年（1921年）八月八日训令京外高等厅及各处第九四一号·八月十三日政。

现；其二，仲裁一般不公开，仲裁员对仲裁涉及的商业秘密承担保密义务；其三，仲裁裁决较法院判决易于得到其他国家法院的承认与执行。因此，仲裁也被认为是介于协商调解与司法诉讼之间的一种比较灵活解决争议的"准司法"的方法。除了《民事公断暂行条例》，北洋时期还颁行了《商事公断处章程》和《商事公断处办事细则》，将公断作为解决争议的途径之一。

6. 自力救济

自力救济，是指纠纷主体在没有中立的第三方介入的情况下，依靠自己的力量或其他私人资源解决纠纷的方式。自力救济主要包括自决和和解两类。

自决是人类解决社会冲突的最初形式，随着人类文明的不断进化以及社会公共控制力和控制手段的不断增强与完善，自决手段运用的范围越来越窄，自决的方式也越来越趋于理智。自决的本质是冲突主体一方或多方凭借一定的暴力或非暴力手段，使自己的某种权益得到实现或补偿，并使对方得到一定的制裁和惩罚。自决的主体并不仅仅限于直接冲突者本身，还包括直接冲突者各自可以借助的某些其他力量，主要是指与直接冲突者利益相一致的家庭、团体、民族等。自决常常表现为宗族械斗、血亲报复、同态复仇等。自决发生的社会背景通常是人类生产力水平低下，缺乏理性解决问题的能力和经验，为解决一个纠纷，往往会付诸暴力，其结果要么是强势一方以强凌弱，使纠纷不能得到公平的解决，要么是双方旗鼓相当，从而导致两败俱伤。因此，在法律社会，强制性的自决被严格限制，因为这种方式不仅不能使纠纷得到公平解决，还常常导致纠纷升级或激化，侵犯他人合法权益。[1]除了自决之外,人身或者商业报复等方式也是自力救济的一种,这些方式虽然不能直接定性为非法,但是容易导致纠纷的升级,甚至引发暴力等严重后果,因此在合法性和妥当性方面是存疑的。

当事人以平等协商、相互妥协的方式和平解决纠纷,即为和解。与调解和诉讼等其他方式相比,和解有以下特征:其一,高度自治性,即和解是依照纠纷双方主体自身力量解决纠纷,没有第三者协助或主持,和解的过程和结果均取决于双方纠纷主体的意思自治;其二,非规范性,即和解过程和结果无须受到法律规范的严格制约,既不必严格依照程序规范进行,也不必严格依据实体规范达成和解协议。和解的实现产生于两个基础之上:一是纠纷主体对相关事实和权益处置规则的认识趋同;二是纠纷主体利他意识及行为的形成与实施。[2]和解是传统乡土社会纠纷解决的主要方式之一,特别是在婚姻家庭和邻里纠纷方面。

根据唐仕春研究员的统计,在北洋时期民事司法实践中,1914—1923年,全国地方厅民事案件第一审结案方式以判决和和解为主,以这两种方式结案的案件数占已结案件数的比例为82%—89%。其中,判决结案案件所占比例为59%—72%,和解结案案件所占比例为10%—27%。各年都是判决结案案件比例高于和解结案案件比例,而且二者相差甚多,[3]具体数据见表3-2。

---

[1] 蔡虹:《民事诉讼法学》(第三版),北京大学出版社2013年版,第5页。
[2] 李俊:《社会结构变迁视野下的农村纠纷研究》,中国社会科学出版社2013年版,第273页。
[3] 详细数据参见唐仕春:《北洋时期的基层司法》,社会科学文献出版社2013年版,第304—330页。

表 3-2　1914—1923 年全国地方厅民事案件第一审结案方式[1]

项目 年份	判决	和解	撤回	发还	其他	已结 合计	判决比 例（%）	和解比 例（%）
1914	17 965	2510	693	65	3719	24 952	72	10
1915	21 115	4940	580	100	2605	29 340	72	17
1916	17 955	5670	772	96	2258	26 751	67	21
1917	18 417	6729	1075	92	2813	29 126	63	23
1918	17 213	7800	1060	68	3147	29 288	59	27
1919	15 917	7017	1136	28	3107	27 205	59	26
1920	18 982	8040	1384	45	3592	32 043	59	25
1921	21 385	8555	1466	73	3894	35 373	60	24
1922	21 373	8747	1475	50	3200	34 845	61	25
1923	24 873	9595	2944		2612	40 024	62	24

资料来源：本表系唐仕春研究员根据 1914 年度至 1923 年度的"民事统计年报"计算制作。

（二）进入司法途径的案件类型

所谓进入司法途径的案件类型，系判断某一类型的案件能否进入司法管辖范围，即某一民事纠纷能否通过法院裁判来解决，在民事诉讼理论中一般称为"主管"。主管又称法院主管、诉讼主管或受案范围，是指法院与其他国家机关、社会团

---

[1] 详细数据参见唐仕春：《北洋时期的基层司法》，社会科学文献出版社 2013 年版，第 328 页，表 12-26 为"1914—1923 年全国地方厅民事案件第一审结案方式"。

体在受理民事纠纷方面的分工和权限。[1]民事诉讼中的主管，是民事诉讼法学研究的重要起点，它直接反映了法院可以裁判的事项范围，决定当事人裁判请求权的实际保障程度。

民事诉讼中的主管和管辖是相辅相成的两个概念，主管是管辖的前提。主管制度从整体上确定司法权限的外部边界，管辖制度则在司法权限的外部边界已经确定的前提下，具体确定在审判机关内部不同级别的审判机关之间的权限边界。

在民事诉讼理论中，一般认为确定主管的前提是"可诉性"。[2]即某一类型的案件首先必须具有"可诉性"，才有由司法机关进行裁判的可能。所谓可诉性，是指某一纠纷适宜进入司法管辖范围的属性，它是一国确定司法权职能管辖范围的条件、标准或考量因素。要判断某一纠纷是否具有可诉性，要从积极要件和消极要件两个方面来考察。首先，积极要件方面，具有可诉性的纠纷必须具有民事性、争议性、法律性和可救济性的特征。所谓民事性，即争议双方是平等的主体之间发生的争议或者非平等主体之间因从事民事行为而发生的争议。争议性，是指当事人之间存在可提交法院裁判的利益纷争和对抗主张。法律性，是指双方争议的民事权益是受法律保护的。

---

[1] 由于主管一词具有强烈的行政色彩，一定程度上是权力本位和国家本位在司法上的表现，该说法也遭到质疑，有学者认为应以"司法职能管辖""审判权的作用范围""裁判权的范围"等概念取而代之。傅郁林：《司法权与管辖权》，载［美］哈里·爱德华兹：《爱德华兹集》，傅郁林等译评，法律出版社2003年版；廖永安：《民事审判权作用范围研究——对民事诉讼主管制度的扬弃与超越》，中国人民大学出版社2007年版；《民事裁判权的范围》，载张卫平：《民事诉讼法》（第二版），法律出版社2009年版。

[2] 除了"可诉性"的前提之外，也有学者认为确定主管应当以"诉的利益"为标准，参见廖永安：《民事审判权作用范围研究——对民事诉讼主管制度的扬弃与超越》，中国人民大学出版社2007年版，第85—110页。

可救济性，是指提交裁判的民事权益存在司法救济的必要性和实际意义。其次，在民事纠纷可诉性的消极要件上，要求提交裁判的民事纠纷必须未被有效排除，且不曾既判。[1]

在类型纠纷的可诉性确定之后，国家再根据本国的实际情况确定本国审判机关的主管范围。一般而言，民事诉讼主管的范围往往同一个国家的政治结构、法律历史等有着密切的联系。不同法系以及不同国家的法律对于民事诉讼主管的规定有不同的方式。在英美法系国家，民事诉讼理论上一般不研究法院的主管问题，因为英美法系实行司法最终解决原则，即凡是司法调整的社会关系所引起的纠纷，最终一律由法院解决。以美国为例，在实践中，除了所谓的政治问题（主要是传统上属于总统或过会职权的领域，如外交、国家安全、战争权力等），几乎都可以诉诸法院。[2]在德国、日本等大陆法系国家，法院的主管问题，即民事审判权的作用范围更多是一个宪法问题，有关法院主管的问题一般规定在宪法或法院法中，其民事诉讼立法对此研究不多。相比较于两大法系，将民事诉讼的主管问题作为民事诉讼领域中的一个重要问题加以研究，并在民事诉讼立法上予以明示，更多的是苏联、新中国等社会主义国家的做法。

纠纷的可诉性与法院的主管是一个问题的两个不同角度。纠纷的可诉性是从纠纷本身的性质来判断所发生的某种类型的纠纷当事人是否可以将其诉诸法院，所以纠纷的可诉性的根本

---

[1] 参见王娣等：《民事诉讼法》，高等教育出版社2013年版，第115—117页。

[2] [美]杰罗姆·巴伦、托马斯·迪恩斯：《美国宪法概论》，中国社会科学出版社1995年版，第36—40页。

第三章　北洋时期民事司法制度中的司法权限

着眼点在于明确当事人权利、主张受保护的范围，是以权利为本位的观念；而法院的主管是从国家审判机关的权力角度对法院权力所及范围的一种界定，带有浓厚的行政化色彩，体现了一定的权力本位观念。[1]一方面，法院的主管受制于纠纷的可诉范围，法院主管是由可诉范围决定的；另一方面，可诉范围的实现依赖于法院主管，法院主管体现并反映可诉范围。[2]

自清末变法修律开始，中国的法制现代化主要学习的是德国和日本，自然当时的法律制度属于典型的大陆法系。在大陆法系注重成文法的特征下，法院民事诉讼的主管也在宪法、法院组织法及民事诉讼法中进行了规定。当然，自清末到北洋时期，法院的主管范围也是逐步发展的。

在这一段时期中，宪法关于民事诉讼主管范围的规定较为笼统。例如，《中华民国临时约法》第49条规定："法院依法律审判民事诉讼及刑事诉讼。"并无具体规定法院民事诉讼的主管范围问题。而袁世凯颁行的《中华民国约法》也并未具体规定法院民事诉讼的主管范围。

光绪三十三年（1907年）清政府颁布的《各级审判厅试办章程》在第二节"管辖"部分第6条规定："各级审判厅管辖之民刑案件依法院编制法草案第二第三第四三章办理，但初级审判厅管辖之刑事以杖罪为限。"

宣统元年十二月（1910年2月），清政府颁布《法院编制法》，该法第16条规定："初级审判厅按照诉讼律及其他法令

---

[1] 廖永安：《民事诉讼理论探索与程序整合》，中国法制出版社2005年版，第137页。

[2] 关于法院主管与可诉范围的关系，详见左为民等：《诉讼权研究》，法律出版社2003年版，第57页。

有管辖第一审民事刑事诉讼案件并登记及其他非讼事件之权。"中华民国成立后，该法被稍加修订，继续通行全国。同时，作为《法院编制法》的附件之一，《初级暨地方审判厅管辖案件暂行章程》被一同颁布。该章程第1条详细规定了初级审判厅和地方审判厅在一审管辖方面的分工："第一，初级审判厅之管辖：一、关于钱债涉讼案件；二、关于田宅涉讼案件；三、关于器物涉讼案件；四、关于买卖涉讼案件；[1]五、旅居膳宿费用案件；六、寄居或运送物品案件；七、雇佣契约案件其日期以在三年以下者为限；八、其他民事案件诉讼物价额不满二百两者。第二，地方审判厅第一审之管辖：一、前项一二三四款案件其诉讼物价额在二百两以上者；二、亲族承继及分产案件；三、婚姻案件；四、其他不属初级审判厅管辖之民事案件。"

宣统二年十二月（1911年1月），《大清民事诉讼律草案》最终编纂完成，未及实施，清政府即告灭亡。民国元年（1912年）五月初九日，司法部公布《民事诉讼律草案（关于管辖各节）》，继续援用《大清民事诉讼律草案》中关于管辖的规定。司法部公布的《民事诉讼律草案（关于管辖各节）》第2条规定："初级审判厅于左列案件有第一审管辖权：第一，因金额或价额涉讼，其数在三百元以下者；第二，业主与租户因接收房屋或迁让使用修缮或因业主留置租户之家具物品涉讼者；第三，雇主与雇人因雇佣契约涉讼，其期限在一年以下者；第四，旅客与旅馆酒饭馆主人运送人船舶所有人或船长因寄放行李款项物品涉讼者；第五，旅客与旅馆酒饭馆主人

---

[1] 原法律此处规定："右四款之诉讼物以价额不满二百两者为限。"——编者注

运送人船舶所有人或船长因房饭费运送费涉讼者；第六，因占有权涉讼者；第七，因不动产经界涉讼者。"1915年2月，司法部请求修订《民事诉讼律草案（关于管辖各节）》，将初级审判厅管辖涉讼金额范围由"300元以下"调至为"1000元以下"。

1914年初级审判厅被悉数裁撤后，为了弥补初级审判机关的空缺，北洋政府于同年公布了《县知事兼理司法事务暂行条例》和《县知事审理诉讼暂行章程》，开始实施县知事兼理司法的制度。《县知事审理诉讼暂行章程》第二章关于"管辖"部分第3条规定："民刑事诉讼事务及土地之管辖准用民刑事诉讼律草案关于管辖各节之规定。"

1921年11月4日，北洋政府将先前在东省特别法院区域施行的《民事诉讼法草案》改称为《民事诉讼条例》，并于1922年7月1日起在全国施行。该法第1条规定："关于财产权之诉讼，其标的之金额或价额在八百元以下者，由初级审判厅[1]管辖第一审。前项所定额数，得因地方情形，以司法部命令减为六百元或增为一千元。"第2条规定："下列诉讼，不问其标的之金额或价额，由初级审判厅管辖第一审：一、业主与租户，因接收房屋或迁让、使用、修缮，或因业主扣留租户之家具物品涉讼者，业主或租户与转租人因以上情事涉讼者亦同；二、雇主与雇人，因雇佣契约涉讼，其雇佣期限在一年以下者；三、旅客与旅馆或酒、饭馆主人或水陆运送人，因关于

---

[1] 鉴于初级审判厅已经于1914年被裁撤，因此，北洋政府于民国十年（1921年）七月二十二日以二十三号教令形式颁布《民事诉讼施行条例》，第5条规定："在初级审判厅规复以前，本条例中关于初级审判厅之规定，于地方审判厅之简易庭或分庭适用之。"

食宿运送所负之义务,或因寄放行李、财物涉讼者;四、因求保护占有状态涉讼者;五、因定不动产之界线或设置界标涉讼者。"《民事诉讼条例》在第六编专编规定了特别诉讼程序,包括证书诉讼程序、督促程序、保全程序、公示催告程序、人事诉讼程序五章。其中,在第五章人事诉讼程序中详细规定了婚姻事件、嗣续事件、亲子关系事件、禁治产事件及宣示亡故事件。因此,理论上在《民事诉讼条例》颁行之后,上述财产及人身纠纷民事案件均可以按照级别管辖的规定向各级审判厅提起民事诉讼。由此可知,在1928年南京国民党政府立法院拟定《民事诉讼法草案》五编之前,《民事诉讼条例》自颁行始成为北洋时期后半期最重要的民事诉讼法典。

在北洋政府存在的十几年间,虽然法律上关于民事诉讼的主管范围的规定在不断地发展,但是也基本保持了相对稳定性。根据对《各级审判厅试办章程》《法院编制法》及其附件、《民事诉讼律草案(关于管辖各节)》《县知事审理诉讼暂行章程》以及《民事诉讼条例》等法典的解读,笔者将这一时期法院民事诉讼的主管范围分为以下两类。

第一类,财产权案件。所谓财产权,是指对于亲属关系及身份上之权利而言,凡以财产法上之请求权或其他法律关系为诉讼标的者,皆属财产权之诉讼。凡财产法上之法律关系,必有金钱上之价额可计算也。前文提到,北洋时期的法律在确定民事案件第一审管辖时,综合考虑了案件的标的额和案件的性质,多数案件以标的额为考虑级别管辖的因素,部分案件则不问其诉讼标的之金额或价额,均由初级审判厅管辖第一审。在《民事诉讼律草案(关于管辖各节)》和《民事诉讼条例》中规定的部分由初级审判厅管辖的案件有:普通程序中的业主与租户的房屋租赁纠纷、雇主与雇人的契约纠纷、旅客寄放物品纠纷、旅客房饭费及运送费纠纷、占有权纠纷、不动产经界纠纷。除了上述法律中列明的纠纷类型之外，理论上其他财产权纠纷也能向法院提起诉讼。根据唐仕春研究员对1914—1923年全国第一审民事案件的统计数据显示，在这一时期的司法实践中，纠纷类型分布也具有很大的区别，其中，土地和金钱是第一审民事案件的大宗，两类纠纷约占这一时期民事诉讼纠纷的80%。具体情况见表3-3、表3-4。

表3-3 1914—1923年全国地方厅民事诉讼种类终结案件数[1]

	类别	金钱	土地	人事	建筑物	物品	证券	粮食	船舶	杂件
案件数	1914年	12 594	4621	2200	1980	1045	999	540	94	924
	1915年	16 249	5558	1996	1801	1039	1060	552	68	1017
	1916年	14 573	4807	1580	1774	902	783	611	45	1676
	1917年	16 467	4759	1982	1757	1104	724	530	29	1774
	1918年	16 949	4691	1749	1942	1031	550	568	20	1788
	1919年	15 353	4402	1786	2047	974	500	528	10	1605
	1920年	17 882	5258	2192	2329	1032	746	623	43	1938
	1921年	20 403	5023	2145	2276	1421	730	692	30	2653
	1922年	19 615	4882	2286	2225	1355	686	705	49	3042
	1923年	23 603	5489	2404	2239	1539	1154	784	33	2779
	合计	173 688	49 490	20 320	20 370	11 442	7932	6133	421	19 196

---

[1] 详细数据参见唐仕春：《北洋时期的基层司法》，社会科学文献出版社2013年版，第331—375页，第十三章"基层诉讼的类别"。

表 3-4 1914—1923 年全国地方厅民事诉讼种类终结案件比例

类别		金钱	土地	人事	建筑物	物品	证券	粮食	船舶	杂件
案件比例(%)	1914 年	50	18	9	8	4	4		2	4
	1915 年	55	19	7	6	4	4		2	3
	1916 年	54	18	6	7	3	3		2	6
	1917 年	57	16	7	6	4	2		2	6
	1918 年	58	16	6	7	4	2		2	6
	1919 年	56	16	7	8	4	2		2	6
	1920 年	56	16	7	6	3	2		2	6
	1921 年	58	14	6	6	4	2		2	8
	1922 年	56	14	7	6	4	2		2	9
	1923 年	59	14	6	6	3	2		2	7
	综计	60	17	7	7	4	3		2	7

资料来源：本表系唐仕春研究员根据 1914 年度至 1923 年度的"民事统计年报"计算制作。

第二类，人身权案件。1922 年颁行的《民事诉讼条例》在第六编特别诉讼程序中，专设第五章人事诉讼程序。人事诉讼者，婚姻事件、嗣续事件、亲子关系事件、禁治产并准禁治产事件及宣示亡故事件之总称。由于人事诉讼属于对社会公益具有重大影响的事件，法律以设立有别于普通程序的特别程序进行审理。对于第一审人事诉讼程序，《民事诉讼条例》规定由地方审判厅审理，而且不同于普通诉讼采取的不干涉主义和辩论主义，人事诉讼程序兼采干涉主义与限制当事人之处分权，并使检察官参与其中。

(三) 司法权与行政权的关系

"中国往时,司法与行政不分。"[1]中国社会有着数千年的封建专制传统,中国传统的小农经济具有分散性、自足性和封闭性的特点,这也使得民众在面对强大的国家权力时,产生了敬畏的心理,进而形成权力崇拜的传统。封建统治者受到儒家文化的影响,讲究的是"德治""礼治"等思想,而法治对于社会管理的职能停留在惩罚犯罪上,《尔雅·释诂》载:"刑,常也,法也。"《说文解字》解释:"法,刑也。"在国家伦理中,君权至上、君为臣纲的观念和制度形成并愈加强化。在这种社会文化中,基层司法也当然表现出了专制性,即行政司法合二为一,这样的制度设计也便于皇帝从根本上控制司法权。客观地说,行政司法合一的制度在中国社会发展过程中有其历史必然性,因为在基层社会,司法职能与行政管理职能有共同性,且在人类社会管理机制创立之初,也没有达到能够全面细致划分的程度,行政与司法合一能够集中并有效地处理社会事务,实现社会管理。基层社会行政司法合一的体制,表现为行政长官集政务、司法于一身,行政长官承担了侦查、检察、审判及执行等所有的司法职能,由于基层官员的行政与司法权力没有明确的界限,官员以行政手段来处理司法事务也就成为常态。彼时,民众心目中只有州县衙门为定纷止争的官方场所,而对由法院裁断纠纷则意识淡薄。"中国自古崇尚礼教,视法制为卑卑不足道,司法二字不见经传,自与外国接触,稍稍通晓。"[2]

---

[1] 参见汪楫宝:《民国司法志》,商务印书馆2013年版,第7页。
[2] 参见夏锦文:《世纪沉浮:司法独立的思想与制度变迁——以司法现代化为视角的考察》,载《政法论坛》2004年第1期。

鸦片战争后，中国国门被迫打开。继 1842 年中英《南京条约》中英国取得领事裁判权后，相继有 19 个国家在中国取得领事裁判权，使中国陷入严重的司法危机。为收回领事裁判权，清政府于光绪三十二年（1906 年）九月下谕"厘定官制"，改刑部为法部，专任司法；改大理寺为大理院，专掌审判。清末司法改革开启了中国法制现代化的序幕。在这个过程中，一批先进的知识分子对于司法独立有着重要的论述。康有为在《上清帝第六书》中指出："近泰西政论，皆言三权，有议政之官，有行政之官，有司法之官，三权立，然后政体备。"[1] 光绪三十二年（1906 年）十月，《大理院审判编制法》颁行，该法第 6 条规定："自大理院以下及本院直辖各审判厅、局，关于司法裁判全不受行政衙门干涉，以重国家司法独立大权而保人民身体财产。"该法规定在京师地区设立大理院、京师高等审判厅、城内外地方审判厅和城谳局四级审判机构，这也是清政府第一次在官方文本中确认了司法权独立于行政权及其他国家权力的地位。此后，清政府相继颁行《各级审判厅试办章程》和《法院编制法》等法律都规定了独立的司法体系，从法律文本上确认了司法独立的合法性。

清王朝覆灭后，中华民国临时政府于 1912 年 3 月 11 日颁行了中国历史上第一部资产阶级宪法——《中华民国临时约法》。《中华民国临时约法》第 48 条规定："审判机关为法院，法院以临时大总统及司法总长分别任命之，法官组织之。法院之编制及法官之资格，以法律定之。"这就明确了审判权由法院专属。第 51 条规定："法官独立审判，不受上级官厅之干

---

〔1〕 转引自夏锦文：《世纪沉浮：司法独立的思想与制度变迁——以司法现代化为视角的考察》，载《政法论坛》2004 年第 1 期。

涉。"第 52 条规定："法官在任中，不得减俸或转职，非依法律受刑罚宣告，或应免职之惩戒处分，不得解职。惩戒条规以法律定之。"这就从制度上确保了法官的独立地位，防止法官在审判中因受到不当干扰而丧失审判独立的地位。《中华民国临时约法》对于司法独立的规定，从宪法角度保障了司法的独立地位。

袁世凯窃取辛亥革命胜利果实后，正式开启了北洋政府的统治。袁氏于就任临时大总统次日（1912 年 3 月 11 日）即颁布《临时大总统宣告暂行援用前清法律及〈暂行新刑律〉令文》，命令："现在民国法律未经议定颁布，所有从前施行之法律及新刑律除与民国国体抵触各条应失效力外，余均暂行援用，以资遵守。"[1]因此，《各级审判厅试办章程》和《法院编制法》等一系列前清法律被相应援用，司法的独立地位在形式上得到了暂时的遵守。

1914 年，出于中央集权的考虑，北洋政府下令改地方官制，将中央到地方的行政区域改为中央—省—道—县四级。[2]改革之后，《暂行法院编制法》规定的各级审判厅与省、府、厅/州/县的对应关系被打乱，加上考虑财政拮据等现实因素，1914 年的中央政治会议最终决议："各省高等审检两厅，与省城已设之地方厅，照旧设立。商埠地方厅酌量繁简，分别去留。其初级各厅，以经费人才两俱缺乏，拟请概予废除，归并地方。"1914 年 4 月 30 日，大总统袁世凯颁布裁撤命令，裁

―――――――

[1]《临时大总统宣告暂行援用前清法律及〈暂行新刑律〉令文》，载《临时公报》，1912 年 3 月 11 日。

[2] 欧阳正：《民国初期的法律与司法制度》，载那思陆：《中国审判制度史》，上海三联书店 2009 年版，第 339 页。

并原有的地方审判厅，裁撤初级审判厅，仅保留高等审判厅和省城及繁荣商埠的地方审判厅。初级审判厅及部分地方审判厅被裁撤后，为弥补基层新式法院不足的窘境，北洋政府采取了两种变通措施：其一，在地方厅内增设简易庭，受理原属于初级审判厅管辖之第一审案件；其二，于1914年4月5日公布了《县知事兼理司法事务暂行条例》和《县知事审理诉讼暂行章程》，规定"凡未设法院各县之司法事务，委任县知事处理之""凡未设审检厅各县，第一审应属初级或地方厅管辖之民刑事诉讼，均由县知事审理"。正式开始实行县知事兼理司法制度。县知事兼理司法制度，本质上是对传统封建司法制度的沿用，它实质上否定了《中华民国临时约法》第51条规定的"法官独立审判，不受上级官厅之干涉"，强化了地方行政机关对司法的牵制，使司法独立又返回到封建社会行政与司法合一的混沌状态。县知事兼理司法制度的实施，使司法权又陷入与行政权力暧昧不清的地步，可以说，这是司法现代化进程的倒退。

鉴于县知事兼理司法制度施行过程中的弊端，段祺瑞政府于1917年4月颁行《暂行各县地方分庭组织法》，规定在审判厅辖区各县内设立地方分庭或者地方审判分厅，管辖第一审案件。同年5月，北洋政府又颁布《县司法公署组织章程》，规定在未设立地方分庭的各县均应设立县司法公署，管辖第一审民刑事案件。北京政府设立独立于县级行政机关的地方分庭或司法公署，意在去除行政权力对司法事务的干涉，以保障司法的独立性。但《县司法公署组织章程》同时规定："因特别情形不能设司法公署者……（经特别程序核准）得暂缓设置，仍令县知事兼理司法事务。"县司法公署制度并未得到认真贯彻，黄源盛先生统计1926年的司法情况后指出：设有县司法公署者，仅46县而已，故当时中国1873县之中，除此46县外，其余1827县仍以县知事兼理司法事务，占全国98%。[1]因此，段祺瑞政府对于司法独立原则进行了一定程度上的恢复，但并不彻底。

1921年，北洋政府颁布《民事诉讼条例》，规定于1922年7月1日起在全国施行。该法是民国历史上第一部系统完整的民事诉讼法典，成为北洋政府覆灭前通行全国的最主要的民事诉讼法典；该法详细规定了国家四级审判机构的配置，将司法权彻底独立于行政权，实现了司法独立在法律层面的彻底恢复。

（四）民事司法权与刑事司法权的关系

民事司法权与刑事司法权行使的依据分别是民事诉讼法和刑事诉讼法。民事诉讼法与刑事诉讼法都属于程序法，都是"公力救济"的范畴。《牛津法律大辞典》对程序法的解释是："程序法一词最初是由英国法学家边沁创造的类名词，用来表示不同于实体法的法律原则和规范体系。程序法的对象不是人们的权利和义务，而是用来申明、证实和强制实现这些权利义务的手段或保证在它们遭到侵害时能够得到补偿。因此，程序法的内容包括关于各法院管辖范围、审判程序、诉讼的提起和审理，证据、上诉、判决的执行，代理和法律援助，诉讼费用，文件的交付和登记，以及行政请求和非诉讼请求的程序等方法的原则和制度。"

在程序的运行过程中，民事诉讼法和刑事诉讼法都有诸如合议制度、三审终审制度、公开审判等制度，但是由于所要解决的问题不同，二者之间存在着重大的差异：其一，二者解决

---

[1] 黄源盛：《民初法律变迁与裁判（1912—1928）》，作者2000年自版，第123页。

纠纷的性质不同。刑事诉讼法是要解决国家与被追诉人之间关于定罪、量刑的行使责任问题而产生的纠纷，其中涉及国家刑罚权的实现与保障公民基本权利等重大内容；相比之下民事诉讼法解决的是平等的民事主体之间的人身或财产纠纷，其中涉及社会成员之间的利益纠纷。因此，刑事诉讼法较民事诉讼法来说更为复杂、重大。其二，二者在具体的程序设置上有所差别。例如，刑事诉讼法施行无罪推定原则，由控方承担有罪的举证责任，而民事诉讼法施行谁主张谁举证原则等。

中国法律的历史经历了"诸法合体，民刑不分"到"民刑分立，实体法与程序法分立"的过程。传统中国对诉讼程序并不重视，没有认识到程序法相对于实体法的独立价值，也没有形成单独意义上的诉讼法，[1]甚至有学者认为中国传统法律中不存在程序法的概念或法律程序的概念。[2]中国古代的法律结构，一般是于律典之中规定各种法律部门的内容，由于中国古代以刑法文化为主流，诉讼法总是被包含于作为实体法的刑法中，即所谓"诸法合体"。[3]光绪三十二年（1906年），修订法律馆拟定了《刑事民事诉讼法》上奏朝廷，成为中国传统法律观念转变的标志，虽然草案最终被搁置，但是实体法与程序法分离、民事刑事诉讼分立的思想逐步深入人心。1907年公布的《各级审判厅试办章程》在第1条即规定："凡因诉讼而定罪之有无者属刑事案件""凡因诉讼而定理之曲直

---

[1] 桂万先：《北洋政府时期审判制度研究》，中国政法大学出版社2010年版，第78页。

[2] 杨寅：《中国行政程序法治化——法理学与法文化的分析》，中国政法大学出版社2001年版，第155页。

[3] 夏锦文：《社会变迁与法律发展》，南京师范大学出版社1997年版，第213页。

者属民事案件"。其后公布的《法院编制法》,也采用了民事诉讼与刑事诉讼区别审理的方法。1911 年,《大清民事诉讼律草案》和《大清刑事诉讼律草案》编纂完成,这是中国历史上第一次将民事诉讼法和刑事诉讼法单列成文。中华民国成立后,发布《临时大总统宣告暂行援用前清法律及〈暂行新刑律〉令文》,宣布对于前清施行的法律及新刑律,除与民国国体相抵触的各条失效外,其余均暂行援用。从 1912 年开始,北洋政府先后援用了《大清刑事诉讼律草案》中的管辖、再理、裁判之执行及回避的规定,直到 1922 年《刑事诉讼条例》正式颁布,对《大清刑事诉讼律草案》的援用才终止。[1] 1914年 4 月,司法部为求简易刑事诉讼从速处理,以部令形式颁布《地方审判厅刑事简易庭暂行规则》10 条和《审检厅处理简易案件暂行细则》9 条,确立了刑事诉讼简易程序制度。同年 9月,司法部颁行《私诉暂行规则》24 条,成为审判机关处理附带私诉的法律依据。1921 年,北洋政府先后公布了《民事诉讼条例》与《刑事诉讼条例》,两部法律于 1922 年开始施行,成为中国历史上第一次正式颁行并全面实施的民事与刑事诉讼法典。[2]

北洋时期确立的刑事诉讼制度,主要包括合议制度、三审终审制度、公开审判制度、回避制度、检察制度和辩护制度。其中,合议制度、三审终审制度、公开审判制度和回避制度是民、刑通用,而佑于刑事诉讼的特殊性质,因此,刑事诉讼程

---

[1] 详细内容参见公丕祥主编:《近代中国的司法发展》,法律出版社 2014 年版,第 280—281 页。

[2] 北京政府公布《刑事诉讼律》的同年,广东军政府公布《修正刑事诉讼律》,两部法律分别在各自管辖省份施行。

序中的检察制度和辩护制度不同于民事诉讼程序。

1. 北洋时期的检察制度

审判与检察分立，是当今法治国家司法制度的基本框架之一。中国古代并无检察制度。清末改革司法，于刑事诉讼，始采用检察制度。1906年，清政府颁布《大理院审判编制法》，规定实行审检职能分离，确立了刑事案件由检察官提起公诉的基本原则，同时确立了"审检合署"的机构设置原则，规定在各级审判机关内设置"检事局"。1907年颁行的《各级审判厅试办章程》规定在地方各级审判机关中分别设置各级检察厅，并规定了检察机关的职权等内容。1910年《法院编制法》颁行，该法规定各审判衙门要分别配置检察机构，管辖范围与所附之审判衙门相同，全国检察机构的设置从中央到地方分别是总检察厅、高等检察厅、地方检察厅和初级检察厅，其中地方及高等审判各分厅、大理院分别配置地方及高等检察分厅、总检察分厅。北洋政府成立后，承袭清末旧制，继续采用审检合署制。1914年，中央政治会议决定裁撤部分地方审判厅及全部初级审判厅，全国范围内的初级检察厅也随之撤销。随后，行政兼理司法制度开始实施，《县知事兼理司法事务暂行章程》第1条规定："凡未设法院各县之司法事务，委任县知事处理之。"由是，县知事兼行政、审判、检察制度于一身，县一级基层检察制度名存实亡。其后，段祺瑞政府推行地方分庭和县司法公署制度，但并没有设立相应的一级检察组织，而是于其中分设检察官，执行检察职能。直到1922年《刑事诉讼条例》正式公布，检察制度才真正恢复。

北洋时期，检察机关的职权基本沿袭了清末检察制度。检察官的职权主要包括三个方面。

第一,提起公诉。《各级审判厅试办章程》第40条规定:"凡刑事案件,因被害人之告诉,他人之告发,司法警察之移送或自行发觉者,皆由检察官提起公诉。"[1]《法院编制法》第90条将"提起公诉,实行公诉"规定为检察官的首项职能。随后,检察机关的权力进一步扩大。1922年施行的《刑事诉讼条例》第284条规定:"被告犯数罪时其一罪应受或已受重刑之判决,检察官认为他罪虽行起诉,于应执行之刑无重大关系者,得不起诉。"该法第287条规定:"起诉于第一审审判开始前,得撤回之。"在此情况下,即使"其他罪起诉在前者,法院得依检察官之声请,停止其审判。"1920年,段祺瑞政府公布《处刑命令暂行条例》,规定"地方审判厅简易庭对于五等有期徒刑、拘役或罚金案件,得因检察官之声请,不经审判,径以命令处罚。"[2]从而赋予了检察官审判的权力。实际上,北洋时期检察制度的发展,部分已经严重违背了法治国家基本的起诉法定主义、控审分离原则。

第二,担当公益代表人。所谓公益代表人,实质上是检察官以代表国家提起公诉的职责,使其作为公益代表人和社会秩序的维护者,致力于实现法律正义。《各级审判厅试办章程》第107条规定:"凡应公诉案件,不问被害人之愿否诉讼,该管检察厅当即时起诉。"该条规定体现了检察官提起公诉并非仅系为被害人提供救济,而彰显系出于公共利益之目的。此处的"公共利益",不仅包括社会、被害人的利益,还包括被告人的正当权益,《刑事诉讼条例》第373条第2项规定:"检

---

[1] 该条同时规定,胁迫、诽谤、通奸等属于必须亲告的犯罪,不在公诉之限。
[2] 参见《最近大理院法令判解分类汇要》第4册之《刑诉之部》。黄荣昌编:《最近大理院法令判解分类汇要》,中华图书馆1926年版。

察官及私诉人为被告利益起见,亦得上诉。"

第三,审判监督。首先,对庭审活动进行监督。除了在公诉案件中检察官必须出庭提起公诉外,《各级审判厅试办章程》第111条还规定:"检察官对于民事诉讼之审判,必须莅临监督者如下:婚姻事件,亲族事件,嗣续事件。以上事件,如审判官不待检察官莅庭而为判决者,其判决无效。"其次,对未生效刑事判决提起上诉。根据《各级审判厅试办章程》之规定,拥有刑事案件上诉权的是检察官、自诉案件原告人、被告人、代诉人,而且检察官的上诉不可撤销。再其次,对已生效刑事判决启动再审程序。所谓再审是指"于受刑或释放之判决确定后,因发现事实上有重大错误或恐有重大错误,再行审判之程序"。[1]根据《刑事诉讼条例》之规定,再审原则上由案件原审法院管辖,"再审管辖法院之检察官"有权提起再审。最后,刑事判决执行监督。《各级审判厅试办章程》第114条规定:"凡判决之执行,由检察官监督指挥之。"《法院编制法》也规定,检察官的职权之一是"监察判断之执行"。《刑事诉讼条例》第491条规定:"执行死刑应由检察官莅视,并命书记官在场。"

自清末修律开始,检察制度的设立对近代中国刑事司法制度的发展具有相当重要的意义。其一,检察制度首次实现了审判机关和检察机关的司法分权,在刑事案件中引入了控辩诉讼模式,通过控审分离、司法分权、检察与审判相互制约的方法,有利于保障司法公正。一方面,《法院编制法》规定:"检察官不问情形如何,不得干涉推事之审判或掌理审判事务。"

---

[1] 参见《大清刑事诉讼律草案》第77条。

另一方面，《各级审判厅试办章程》规定："检察官统属于法部大臣，受节制于其长，对于审判厅独立行使其职务。"《法院编制法》也规定："检察厅对于审判衙门，应独立行使其职务。"两部法律针对审检合署的现实情况进行规定，有利于法院与检察机关之间独立行使其各自职权。其二，追诉犯罪，保障人权，有利于强化近代司法维护民众权利的功能。有学者认为，"任何犯罪，除了直接危害到个人利益之外，在所有情况下都同时危害着社会利益。"[1]检察机关对犯罪提起公诉，除了能够维护被害人利益外，还能够维护社会公共利益。《刑事诉讼条例》规定："法院不得就检察官未经起诉之行为审判。"由此可知，使检察机关能够对裁判入口进行把关，用检察机关的公诉权约束审判机关的审判权。同时，《各级审判厅试办章程》第107条强调"如检察官非因过失妄为起诉，致使他人无故受害者，以惩戒处分规则行之"，从而有利于追诉犯罪与保障人权目的的实现。当然，前文提到，在实际的运行过程中，由于社会政治环境的影响，效果并不尽如人意，如检察官在《处刑命令暂行条例》中被直接赋予了审判权，抑或检察官可以"任意"撤回对公诉案件的起诉等。

2. 北洋时期的刑事案件辩护制度

辩护制度，是指刑事被告人有权自己或委托辩护人为维护被告人合法权益根据事实和法律对控诉进行辩解和反驳的诉讼制度。[2]它是围绕刑事案件中被告人辩护权的行使而形成的

---

[1] [法]卡斯东·斯特法尼等：《法国刑法总论精义》，罗结珍译，中国政法大学出版社1998年版，第14页。

[2] 参见陈光中主编：《中华法学大辞典》（诉讼法学卷），中国检察出版社1995年版，第30页。

一项制度。辩护制度同检察制度一样，都是晚清司法改革中学习西方法律制度的产物。辩护制度设立的初衷是维护"两造平等""故特许被告人用辩护人及辅佐人，并为搜集有利证据，与以最终辩论之权，庶两造势力不至有所盈朒。"[1]因此，辩护制度在《大清刑事民事诉讼法草案》及《大清刑事诉讼律草案》中均被采用。1922 年施行的《刑事诉讼条例》专设"辩护"一章，对刑事审判中被告人的辩护权及其行使进行了详细的规定。

根据《刑事诉讼条例》的规定，辩护分为三种：第一种，自行辩护。在法庭调查阶段结束后，依检察官、被告人、辩护人的次序进行法庭辩论，被告人有最后辩论权；审判长在宣告辩论终结前，应当询问被告人有无最后陈述。大理院五年上字第 408 号判决例指出：辩论时应令被告人为最后之陈述，俾尽其答辩。核阅原审诉讼记录，本案并未经被告人最后陈述，宣告终结已属于不合，宣告终结之日被告人又确递有委任律师状，原审不准所请，更为违法。第二种，委托辩护。被告于开始预审或起诉后可以随时选任辩护人，并通知法院，每名被告人可以选择辩护人一至三名。辩护人原则上应为律师，委托非律师辩护的，须经法院许可。第三种，指定辩护。初级审判厅所辖一审案件起诉和地方审判厅所辖一审案件预审时，如果被告方没有选定辩护人，审判长或预审推事可以依职权指定律师为辩护人；高等审判厅所辖一审案件预审时，被告没有选定辩护人的，预审推事应当依职权指定律师为辩护人。指定辩护人后，如果被告或其法定代理人、保佐人或配偶又选任律师作为

---

[1] 李贵连：《沈家本传》，法律出版社 2000 年版，第 290 页。

辩护人的，指定辩护即行取消。[1]根据法律规定，辩护人有权查阅并摘抄卷宗、检视物证，有权会见被告人并与其通信，在庭审阶段参加法庭调查，为被告人作无罪、罪轻或应减轻、免除刑事责任的辩护。同时，辩护人在庭审中"举动言语如有不当"，审判长有权禁止其辩护。[2]

中国古代法律实行的是纠问式诉讼制度，[3]缺乏辩护制度的规定及实践。因此，晚清司法改革中辩护制度的引进，对于保护被告人的人身权利及其他合法权益，促进中国由传统法律社会向近代法治社会过渡具有积极的影响。虽然这一时期的辩护制度在法律规定上已经比较完备，但是佑于当时的社会政治环境，在实际的司法运行中辩护制度的效果被大大削弱。1913年2月，司法部发布第41号训令，规定："凡未设立审判厅地方，诉讼实践概不用律师制度，俟各处设有完全司法机关，再照现章办理。"[4]而1914年以后，初级审判厅被悉数裁撤，这也意味着在这一时期，在广大的县级基层司法实践中，辩护制度基本无法实施。

---

[1] 本段关于辩护种类均是取《刑事诉讼条例》之规定原意，具体法律条文详见《刑事诉讼条例》第232—325条。

[2] 具体法律条文见《修正暂行法院编制法》第64条。

[3] 纠问式诉讼，又称审问式诉讼，其特点是对犯罪的追诉，不以是否有被害人或其他人的告诉为条件，即使没有被害人控告，法院（或官府）也可以主动追究。在整个诉讼过程中，法院（或官府）是唯一的诉讼主体，不仅具有审判职能，而且具有控诉职能，自由收集证据，并决定追诉的范围和对象。被告人是被追究和审问的对象，刑讯是合法的审讯手段。被告人没有辩护和其他诉讼权利。参见陈光中主编：《中华法学大辞典》（诉讼法学卷），中国检察出版社1995年版，第298页。

[4] 司法部训令第41号，参见蔡鸿源主编：《民国法规集成》（31），黄山书社1999年版，第193页。

3. 对民事与刑事诉讼交叉的处理——以几则判决例为例

研究刑事诉讼法与民事诉讼法的关系，其中一个重要的问题就是"刑民交叉"。一般来说，刑民交叉案件是指案件性质既涉及刑事法律关系，又涉及民事法律关系，相互间存在交叉、牵连、影响的案件，或根据同一法律事实所涉及法律关系，一时难以确定是刑事法律关系还是民事法律关系的案件。[1]法律的历史发展伴随着"诸法合体、民刑不分""刑民分立""实体法与程序法分立"的过程。但是各个部门法之间并不是孤立运行的，部门法之间仍然有可能发生交叉适用的情况，例如，行为人的某一行为在触犯刑律的同时也可能构成民事侵权，或者在审理民事案件过程中发现当事人有犯罪嫌疑的。上述情况的处理对于案件审理是否公平有着重要的影响。刑民交叉案件大致包含三个方面的问题：其一，附带私诉案件；其二，民事诉讼中发现犯罪嫌疑时的处理；其三，案件性质不清导致的审判错误。在上述三种情况中，仅附带私诉案件允许刑事庭审理案件的民事部分，其他情况的裁判均无效。

第一，附带私诉案件。附带私诉，于公诉时请求追还赃物赔偿损害及恢复名誉者曰附带私诉，[2]是指在刑事诉讼过程中提起，由审判机关合并审理解决被害人由于被告人的犯罪行为而遭受经济损失赔偿问题的诉讼活动。[3]

第二，民事诉讼中发现当事人有犯罪嫌疑或者在民事诉讼审理过程中刑事机关介入时的处理。对于此种情况，北洋政府

---

[1] 参见何帆编著：《刑民交叉案件审理的基本思路》，中国法制出版社2007年版，第25—26页。

[2] 参见《各级审判厅试办章程》第47条。

[3] 参见陈光中主编：《中华法学大辞典》（诉讼法学卷），中国检察出版社1995年版，第165—166页。

大理院的处理方式是中止民事诉讼。大理院九年抗字第 121 号判决例要旨摘要指出："民事案件涉及刑事者，无论是否私诉、该刑事诉讼已否开始，均得中止。"大理院在判例要旨中指出："民事判决原可不受刑事判决之拘束；在公诉判决所已认定之事实，若由民事庭审理民事案件遇有疑议，固可另行研讯，以期真实之发见。惟民事庭苟因其所审理之民事案件涉及刑事而将该民事诉讼程序暂行中止，以俟刑事诉讼终结后继续进行，即无论其中止之件是否确为私诉实践、该刑事诉讼程序是否已经开始，均非法所不许。"[1]当然，并不是所有民事案件一律中止，而是嫌疑案件必须达到"嫌疑事项确影响于审判"的标准。在大理院五年上字第 1040 号判例要旨中规定："诉讼中，若由犯罪嫌疑牵涉该诉讼之审判者，审判衙门得于刑事诉讼终结前命中止诉讼程序，其所谓犯罪嫌疑牵涉诉讼之审判者，应该有犯罪嫌疑事项确影响于该诉讼之审判，非俟刑事诉讼解决而民事诉讼无由判断者，方有中止该诉讼程序之必要。"[2]对于"该有犯罪嫌疑事项确影响于该诉讼之审判"的判断，由审判衙门斟酌定之："民事诉讼中，若有犯罪嫌疑牵涉该诉讼之审判者，审判衙门固得于刑事诉讼终结前命将诉讼程序中止。惟究应命其中止与否，属于审判衙门之职权（并非当然中止），自应斟酌其牵涉之程度及当事人两造之利害定之。"[3]

---

[1] 参见郭卫编，吴宏耀、郭恒、李娜点校：《大理院判决例全书》，中国政法大学出版社 2013 年版，第 771—772 页，"九年抗字第 121 号"。

[2] 参见郭卫编，吴宏耀、郭恒、李娜点校：《大理院判决例全书》，中国政法大学出版社 2013 年版，第 771 页，"五年上字第 1040 号"。

[3] 参见郭卫编，吴宏耀、郭恒、李娜点校：《大理院判决例全书》，中国政法大学出版社 2013 年版，第 771 页，"七年抗字第 177 号"。

第三，案件性质错误的问题。此处的案件性质错误，是指由于审判机关对案件民刑性质区分不明或者其他原因导致的民事庭审理刑事案件、刑事庭审理民事案件或者民刑事案件被混合审理的情况。由于此类性质事关民刑事诉讼是否分立的原则问题，大理院对此持坚决否认其效力的处理方式。大理院三年上字第 170 号判例要旨指出："人民向县呈递诉状，应审察其请求之目的若何，以别其为民事、刑事。"大理院五年私诉上字第 32 号判例要旨指出："民事诉讼中有因犯罪嫌疑牵涉该诉讼之审判者，审判衙门虽得于刑事诉讼终结前中止诉讼程序，以防民、刑事诉讼之审判互相矛盾，然究未可将民、刑事诉讼混合审判。"[1]除此之外，大理院还规定："上诉审民事庭不能越权干涉刑事裁判"[2]"民事庭不得附带办理刑事"[3]"刑事庭审判民事，除私诉外，不能有效"[4]"民刑事混合审判，根本上不能有效"[5]。

三、北洋时期民事诉讼制度的纵向边界

（一）审级制度

民事审级制度，也称为民事审级结构，是指按照法律的规定，不同级别的民事审判机关在组织上设置的等级以及一个民事案件需要经过几个级别的法院审理后，裁判才发生法律效力

---

〔1〕 参见郭卫编，吴宏耀、郭恒、李娜点校：《大理院判决例全书》，中国政法大学出版社 2013 年版，第 771 页，"五年私诉上字第 32 号"。
〔2〕 参见大理院三年上字第 1079 号判决例。
〔3〕 参见大理院四年抗字第 108 号判决例。
〔4〕 参见大理院四年抗字第 257 号判决例。
〔5〕 参见大理院五年上字第 817 号判决例。

的制度。[1]审级制度包含"审"和"级"两个方面的问题,"审"是指复审的次数,即一个民事案件最多能够经几级审判机关的裁判才能发生法律效力;"级"是指从中央到地方法院的配置,即从中央到地方共有几级审判机构。

中国近代民事审级制度是移植西方民事诉讼制度的产物。[2]北洋时期的民事审级制度,承继于晚清司法改革所确立的"四级三审制",而在实际运行中则更多地受到现实政局的影响。汪楫宝先生在《民国司法志》一书中对该时期的民事审级制度进行了精炼的描述:"中国往时,司法与行政不分,清末始议改革。光绪三十三年(1907年),定大理院官制,为全国最高终审机关。宣统元年(1909年),先后颁行各省城商埠各级审判检察厅编制大纲,及法院编制法,专设司法机关,掌理民刑诉讼,定四级三审制度。民国成立,仍沿用之。初级管辖案件,以初级厅为第一审,地方厅为第二审,高等厅为第三审。地方管辖案件,以地方厅为第一审,高等厅为第二审,大理院为第三审。其依法属于大理院特别权限之案件,则以大理院为初审,亦即终审。初级厅采独任制,地方厅采折中制,高等厅级大理院采合议制。各省省城,设高等厅,距省城道远而事繁之商埠,酌设高等分厅。各府治之首县,设地方厅一所,初级厅一所或二所。然实际上,地方厅级初级厅,除首都省城商埠外,各首县多未遑筹设。民国三年(一九一四年)四月,政治会议议决,初级厅一律裁撤,归并地方厅。爰于地方厅内附设简易庭,受理初级管辖之第一审。不

---

[1] 杨荣馨主编:《民事诉讼原理》,法律出版社2003年版,第325页。
[2] 部分学者认为中国古代是存在审级制度的,参见张晋藩:《中国司法制度史》,人民法院出版社2004年版。

服简易庭判决者,上诉于地方厅之合议庭,仍以高等厅为终审。故四级三审制度并未变更。"[1]

1. 法院配置

1906年,清政府下谕改革官制后仅一个多月,《大理院审判编制法》即草草拟定并颁行。作为清末第一部法院组织法,该法将京师审判机构分为大理院、京师高等审判厅、城内外地方审判厅和城谳局四级,第一次以法律形式确立了自上而下的四级审判结构。

1907年,法部颁行《各级审判厅试办章程》以为《法院编制法》出台之前的过渡性法律。该章程详细规定了各级审判厅的组织、职能及程序。在第二章"审判通则"第5条中规定:"凡民事、刑事案件除属大理院及初级审判厅管辖者外,皆由地方审判厅起诉。经该厅判决后,如有不服,准赴高等审判厅控诉。判决后,如有再不服,准赴大理院上告。"确立了四级三审制的审级制度。

1910年,《法院编制法》颁行。作为清朝最后一部法院组织法,该法对此前的改革成果进行了整合,称为晚清司法改革的集大成者。《法院编制法》在第一章"审判衙门通则"第1条中规定:"审判衙门共分为四:一、初级审判厅;二、地方审判厅;三、高等审判厅;四、大理院。"从根本上确立了晚清覆亡前民事司法四级三审制的审级制度。根据该法的规定,从中央到地方的司法机关依次为大理院及大理分院[2]、高等审

---

[1] 参见汪楫宝:《民国司法志》,商务印书馆2013年版,第7—8页。
[2] 《法院编制法》第40条:"各省因距京较远或交通不便,得于该省高等审判厅内设大理分院。"

第三章 北洋时期民事司法制度中的司法权限

判厅及高等审判分厅[1]、地方审判厅及地方审判分厅[2]，以及初级审判厅四级。

辛亥革命后，南京临时政府继续援用晚清法律，在审级制度上仍然推行四级三审制。孙中山非常重视审级制度的建设，大力提倡四级三审制，认为不能因为前清采用该制度便轻易废弃之，他曾驳斥"请安可以采取二审制"的看法是"不知以案情之轻重，定审级之繁简，殊非慎重人民性命财产之道，且上诉权为人民权利之一种。关于权利存废问题，岂可率尔解决"。[3]

民国初创，继续贯彻四级三审制。1912年3月，民国政府在未设初级审判厅之县政府内附设审检所来处理第一审民刑事案件。1914年，为了加强中央集权，袁世凯下令改订地方官制，将中央到地方改为中央—省—道—县四级；同年4月，中央政治会议正式决议裁撤所有初级审判厅，代之以于地方审判厅内设简易庭，受理原属于初级审判厅一审管辖案件。1915年《暂行法院编制法》也进行了相应修正，将关于初级审判厅的规定全部删除，以《修正暂行法院编制法》刊行。该法第1条即规定："审判衙门共分为三，如下：地方审判厅、高等审判厅、大理院。"[4]对于未设审判厅的各县，北洋政府颁

---

[1]《法院编制法》第28条："各省因地方辽阔或其他不便情形得于高等审判厅所管之地方审判厅内设高等审判分厅。"

[2]《法院编制法》第21条："各省因地方情形得于地方审判厅所管之初级审判厅内设地方审判分厅。"

[3] 参见《南京临时政府公报》第34号，转引自张生、李麒：《中国近代司法改革：从四级三审制到三级三审》，载《政法论坛》2004年第5期，第122页。

[4] 原法条如下：审判衙门共分为三，如下：（一）删；（二）地方审判厅；（三）高等审判厅；（四）大理院。

布《县知事兼理司法事务暂行条例》和《县知事审理诉讼暂行章程》。《县知事审理诉讼暂行章程》第 1 条即规定："凡未设审检厅各县，第一审应属初级或地方厅管辖之民刑诉讼，均由县知事审理。"袁世凯政府的上述措施，一方面将地方审判厅强行分隔为地方审判厅和简易庭两级，一定程度上将案件的一审和二审合并为一个机构审理，剥夺了当事人的一审上诉权；另一方面实行县知事兼理司法制度，有复辟前清地方官集行政、审判与检控权于一身之嫌。袁世凯政府的措施，将法院机构由四级改为三级。

及至段祺瑞政府时期，鉴于县知事兼理司法制度的弊端，政府于 1917 年 4 月颁布了《暂行地方各县分庭组织法》，规定在审判厅辖区内设立地方分庭，受理一审案件。同年 5 月公布《县司法公署组织章程》，该章程第 1 条规定：凡未设法院各县应设司法公署；第 4 条规定：设立县司法公署所在地的所有初审民刑案件，不分案情轻重均归该公署管辖。相对于袁世凯政府的简易庭和县知事兼理制度，段祺瑞时期的地方分庭和县司法公署对四级三审制的审级制度进行了一定程度上的恢复。

1922 年，《民事诉讼条例》正式施行。《民事诉讼条例》在总则编、第一审程序编、上诉审程序编中详细规定了不同级别法院之间的管辖权限，规定了初级审判厅、地方审判厅、高等审判厅和大理院四级法院设置。

纵观近代中国审级制度的变迁，可以发现：从外国引进的现代司法理念创设的审级制度无法完全得以实现，基于现实的政治社会、人力财力原因，北洋政府在不放弃现代司法理念大原则的前提下，不得不设置例外，用特别法修改一般法。迁就现实的例外反倒成为常态，制度中的"原则"变得"毫无原则";在实践中发挥效力的是特别法（如条例、暂行章程等），而一般法（《法院编制法》等）描绘的四级三审制度则成了一个美好的愿景。[1]

2. 复审次数

民事审级制度的设计初衷是最大限度地确保"公正而有效率地"解决民事纠纷，由于司法机关业务水平的差别，可能出现裁判不公正的现象，此时为了保证案件的公正，需要将案件交由上一级具有更高水平的司法机关进行审理。一般而言，审级越多，复审的可能次数就越多，司法裁判便越审慎，判决最终实现司法正义的可能性就越大；而复审次数越多，上级法院参与复审的概率也会越高，越有利于实现司法正义与司法统一。但同时，迟到的正义是对正义本身的否定，为了保证审判效率以及审判资源的合理利用，又不能允许案件无限制地上诉。一国之内各级法院的普设与复审次数的安排，一方面要与该国既有的版图与从中央到地方的各级政府组织的建制相配合，另一方面也受到现实的政局、人才、经费与交通状况等客观因素的制约。[2]

晚清司法改革中颁布的《各级审判厅试办章程》及《法院编制法》都详细规定了不同级别审判机构之间的管辖权。以《各级审判厅试办章程》为例，其第4条规定："凡民事刑事案件，由初级审判厅起诉者，经该厅判决后如有不服，准赴地方审判厅控诉；判决后如再不服，准赴高等审判厅上告。"

---

[1] 聂鑫：《近代中国审级制度的变迁：理念与现实》，载《中外法学》2010年第2期。

[2] 聂鑫：《近代中国审级制度的变迁：理念与现实》，载《中外法学》2010年第2期。

第5条规定:"凡民事、刑事案件,除属大理院及初级审判厅管辖者外,皆由地方审判厅起诉。经该厅判决后,如有不服,准赴高等审判厅控诉。判决后,如再有不服,准赴大理院上告。"[1]按照上述规定,民事案件由初级审判厅管辖的,对一审判决不服,可以控诉到地方审判厅,再不服的,可以上告到高等审判厅;民事案件一审由地方审判厅管辖的,不服一审判决可以控诉到高等审判厅,再不服的,可以上告到大理院。

值得注意的是,自1914年中央政治会议决定裁撤部分地方审判厅及全部初级审判厅之后,1915年《暂行法院编制法》也进行了相应修订,以《修正暂行法院编制法》重新刊行,并删除了原《法院编制法》中关于初级审判厅的规定,并且将民事四级审判机构改为地方审判厅、高等审判厅和大理院三级法院配置。为了弥补审判厅的空缺,袁世凯政府在审判厅大裁撤的同月,颁行了《县知事兼理司法事务暂行条例》和《县知事审理诉讼暂行章程》,开始实行县知事兼理司法制度。段祺瑞政府时期,鉴于县知事审理诉讼的弊端,分别于1917年4月和5月颁行了《暂行各县地方分庭组织法》及《县司法公署组织章程》作为一级审判机构,管辖原属于初级审判厅管辖的第一审民事案件。在1915年修正后刊行的《法院编制法》中,第19条规定:"地方审判厅有管辖下列民事、刑事诉讼案件及其他非讼事件之权:……第二审:一、不服初级管辖法庭判决而控诉之案件;二、不服初级管辖法庭之决定或

---

[1]《各级审判厅试办章程》第58条对"控诉""上告"和"抗告"的名称进行了规定:"上诉之方法如左:一、控诉,凡不服第一审之判决于第二审审判厅上诉者曰控诉;二、上告,凡不服第二审之判决于终审审判厅上诉曰上告;三、抗告,凡不服审判厅之决定或命令,依法律于该管上级审判庭上诉者曰抗告。"

第三章 北洋时期民事司法制度中的司法权限

命令，按照法令而抗告之案件。"第27条规定："高等审判厅有审判下列案件之权：一、不服地方审判厅第一审判决而控诉之案件；二、不服地方审判厅第二审判决而上告之案件；三、不服地方审判厅之决定或其命令，按照法令而上告之案件；四、删。"第36条规定："大理院有审理下列案件之权：……不服高等审判厅第二审判决而上告之案件……"由上述规定可知，这一时期虽然初级审判厅被全部裁撤，但是民事案件仍然可以上诉到第三审法院，因此，从初级审判厅被裁撤到1922年《民事诉讼条例》颁行之前，这一段时期的民事审级制度实际上是"三级三审制"。[1]

1922年7月1日，《民事诉讼条例》正式施行。该条例在第二编和第三编中详细规定了第一审程序、第二审程序和第三审程序。其中，《民事诉讼条例》第495条规定："对于第一审之终局判决或视作终局判决之中间判决，得上诉于管辖第二审之法院。"第530条规定："对于第二审之终局判决，或视作终局判决之中间判决，得上诉于管辖第三审之法院。"该条例从法律上恢复了四级三审审级制度。出于节约司法资源的考虑，《民事诉讼条例》第531条对第三审进行了适当限制："对于财产权上诉讼之第二审判决，若因上诉所应受制利益不逾百元者，不得上诉。"对此，石志泉先生解释为："关于财产权之诉讼，若对于第二审判决上诉，其可受之利益较寡，因减轻讼累起见，宜限制其上诉，故设本条规定。"[2]当然，《民事

---

〔1〕 有学者认为这一时期的审级制度是"虚四级制"，参见耿文田编：《中国之司法》，民智书局1933年版，第22页。

〔2〕 石志泉著，解锟、张平、朱怡点校：《民事诉讼条例释义》，中国方正出版社2006年版，第388页。

诉讼条例》对轻微案件不得上诉于第三审法院的规定并不影响其对四级三审制民事审级制度的恢复。

（二）级别管辖[1]

级别管辖，又称事物管辖、职务管辖，是指各级法院对第一审诉讼案件行使审判权的范围。[2]级别管辖是审判系统内部从纵向确定不同级别的法院之间管辖第一审民事案件的分工和权限。

民事司法实践中，划分级别管辖的标准，理论上主要是案件的性质、繁简程度和影响范围。因此，关于第一审案件的管辖大致有两种类型：一种是将所有的第一审案件划归基层法院受理，上级法院原则上不受理第一审案件，如当代美国联邦法院，而此种类型实际上并不存在级别管辖的问题；另一种是将第一审案件交由基层法院和其上一级法院审理，通过级别管辖在这两级法院之间确定各自的分工和权限，大部分大陆法系国家的民事诉讼法遵循的是该类型。北洋时期的民事案件级别管辖的划分，即是遵循后者。当然，由于转型时期的社会现状，民事案件级别管辖在很大程度上受到了这一时期政治状况的影响。

1910年，《法院编制法》颁布，《初级暨地方审判厅管辖案件暂行章程》作为《法院编制法》的附件被一同颁布。该章程第1条详细规定了初级审判厅和地方审判厅在一审管辖方面的分工："第一，初级审判厅之管辖：一、关于钱债涉讼案

---

[1] 在《法院编制法》《各级审判厅试办章程》《民事诉讼条例》等法律文件中，级别管辖均是以"事物管辖"的名称出现。为便于读者阅读，除了引用当时法律条文外，本书其余部分仍然使用"级别管辖"的名称。

[2] 参见陈光中主编：《中华法学大辞典》（诉讼法学卷），中国检察出版社1995年版，第250—251页。

件；二、关于田宅涉讼案件；三、关于器物涉讼案件；四、关于买卖涉讼案件；五、旅居膳宿费用案件；六、寄居或运送物品案件；七、雇佣契约案件其日期以在三年以下者为限；八、其他民事案件诉讼物价额不满二百两者。第二，地方审判厅第一审之管辖：一、前项一二三四款案件其诉讼物价额在二百两以上者；二、亲族承继及分产案件；三、婚姻案件；四、其他不属初级审判厅管辖之民事案件。"从上述规定可以看出，清政府颁布的《法院编制法》是综合考虑民事案件性质和财产数额而确定的级别管辖。

1912年，司法部公布《民事诉讼律草案（关于管辖各节）》，继续援用《大清民事诉讼律草案》的管辖部分，将级别关系的标准明确区分为财产数额和案件性质两类："初级审判厅于左列案件有第一审管辖权：第一，因金额或价额涉讼，其数在三百元以下者；第二，业主与租户因接收房屋或迁让使用修缮或因业主留置租户之家具物品涉讼者；第三，雇主与雇人因雇佣契约涉讼，其期限在一年以下者；第四，旅客与旅馆酒饭馆主人运送人船舶所有人或船长因寄放行李款项物品涉讼者；第五，旅客与旅馆酒饭馆主人运送人船舶所有人或船长因房饭费运送费涉讼者；第六，因占有权涉讼者；第七，因不动产经界涉讼者。"[1]

1915年3月30日，司法部以"少数钱债长途跋涉似非所以便民"[2]为由，请求修正民事管辖范围，《政府公报》于三

---

[1] 民国元年（1912年）五月初九日司法部公布《民事诉讼律草案（关于管辖各节）》。

[2] 参见《修正民事管辖办法呈》，司法部于民国四年（1915年）二月十五日呈准。

月二日通饬将民事诉讼金额或价额在千元以下案件，列入初级管辖范围，"并将初级案件统归高等本厅终审，以利诉讼进行。"[1]此时，初级审判厅已经被全部裁撤，一审案件由地方审判厅或县知事审理，因此，北洋政府又规定："嗣后民事初级管辖案件由地方厅受理第一审者，即又该厅另以资深推事三人组织合议庭为第二审；由县知事受理第一审者，归高等分庭或道署承审员为第二审；统以各该省高等本厅为终审。"[2]自此，千元以下财产权案件以及业主纠纷、雇佣纠纷、旅客纠纷、占有权诉讼以及不动产经界纠纷的第一审由初级审判机构受理。

1921年，《民事诉讼条例》呈准公布，并于1922年正式施行。该法第1条规定："关于财产权之诉讼，其标的之金额或价额在八百元以下者，由初级审判厅管辖第一审。前项所定额数，得因地方情形，以司法部命令减为六百元或增为一千元。"第2条规定："下列诉讼，不问其标的之金额或价额，由初级审判厅管辖第一审：一、业主与租户，因接收房屋或迁让、使用、修缮，或因业主扣留租户之家具物品涉讼者，业主或租户与转租人因以上情事涉讼者亦同；二、雇主与雇人，因雇佣契约涉讼，其雇佣期限在一年以下者；三、旅客与旅馆或酒、饭馆主人或水陆运送人，因关于食宿运送所负之义务，或因寄放行李、财物涉讼者；四、因求保护占有状态涉讼者；五、因定不动产之界线或设置界标涉讼者。"第3条规定：

---

[1] 参见《修正民事初级管辖条示办法（附通饬）》，民国四年（1915年）三月二日司法部饬二六七号·三月五日《政府公报》。

[2] 参见《修正民事初级管辖条示办法（附通饬）》，民国四年（1915年）三月二日司法部饬二六七号·三月五日《政府公报》。

"不属初级审判厅管辖之诉讼,由地方审判厅管辖第一审。"自《民事诉讼条例》施行,八百元以下[1]财产权案件以及业主纠纷、雇佣纠纷、旅客纠纷、占有权诉讼,以及不动产经界纠纷的第一审由初级审判厅受理。[2]初级审判厅管辖之外的案件,由地方审判厅作为第一审法院。

除了民事普通程序外,1922年施行的《民事诉讼条例》专设"特别诉讼程序"一编,其第二章第598条规定:"支付命令之声请,专属债务人普通审判籍所在地之初级审判厅管辖。"第三章第615条规定:"假扣押之声请,由本案管辖法院或假扣押之标的所在地之初级审判厅管辖。"第四章第635条规定:"公示催告,由初级审判厅管辖。"第五章第705条规定:"禁治产之声请,专属应禁治产人普通审判籍所在地之初级审判厅管辖。"根据上述规定,申请支付令、公示催告程序以及禁治产程序的第一审诉讼由初级审判厅管辖。而"期其审判之慎重",[3]《民事诉讼条例》将第五章"人事诉讼程序"中的婚姻事件之诉、嗣续事件之诉,以及亲子关系的第一审诉讼归地方审判厅管辖。[4]

---

[1] 《民事诉讼条例》公布后,1922年6月24日第474号《政府公报》规定:"除新疆、陕西、甘肃、云南、贵州、察哈尔、热河、绥远各省、区照该条例(指《民事诉讼条例》)(第一条)第一项规定办理毋庸增减外,其余各省均增为一千元。"

[2] 鉴于初级审判厅已经于1914年被裁撤,北洋政府于民国十年(1921年)七月二十二日以二十三号教令形式颁布《民事诉讼施行条例》,第5条规定:"在初级审判厅规复以前,《民事诉讼条例》中关于初级审判厅之规定,于地方审判厅之简易庭或分庭适用之。"

[3] 石志泉著,解锟、张平、朱怡点校:《民事诉讼条例释义》,中国方正出版社2006年版,第502页。

[4] 具体法律条文参见《民事诉讼条例》第六编第五章"人事诉讼程序"第668条、689条、693条。

四、北洋时期民事诉讼制度的横向边界

（一）土地管辖[1]

土地管辖又称地域管辖、区域管辖，是指根据法院的辖区和当事人所在地或诉讼标的所在地的关系，确定同级法院之间受理第一审民事案件的权限和分工的管辖制度。[2]

土地管辖与事物管辖是相互联系的两个概念。事物管辖是从纵向划分上下级审判机构之间受理第一审民事案件的权限和分工，解决的是某一民事案件应由哪一级审判机构管辖的问题；而土地管辖则从横向划分同级审判机构之间受理第一审民事案件的权限，解决某一民事案件由哪一个审判机构管辖的问题。同时，二者又是相互联系的：土地管辖是在事物管辖的基础上划分的，只有在事物管辖明确的前提下，才能确定土地管辖；而要最终确定某一个案件的管辖法院，则必须在确定了事物管辖之后，再通过土地管辖来进一步具体落实受诉法院。

根据民事诉讼理论，土地管辖分为普通管辖（一般地域管辖）、特别管辖、专属管辖和合意管辖。根据石志泉先生的论述，"某第一审法院，就某诉讼事件有土地管辖权者，该事件之原告即有受该法院判决之权利义务，谓之'审判籍'。审

---

[1] 在当时的法律文件中，地域管辖均是以"土地管辖"的名称出现的，石志泉先生在《民事诉讼条例释义》中提出："法律以一定之土地定为法院之管辖区域，使诉讼时间之与该管辖区域有某种关系者，归该法院办理。因此所生之管辖，即土地管辖是也。"因此，本书中对于地域管辖的概念也将使用"土地管辖"的名称。

[2] 参见刘家兴等主编：《北京大学法学百科全书：民事诉讼法学·刑事诉讼法学·行政诉讼法学·司法鉴定学·刑事侦查学》，北京大学出版社2001年版。

判籍有普通审判籍与特别审判籍两种。"〔1〕

1. 普通管辖

民事诉讼中的普通管辖，是指以当事人的住所地与法院辖区的关系来确定管辖法院的制度。出于诉讼的便利性考虑，民事诉讼理论及司法实践中一般以"原告就被告"原则作为普通管辖的标准，即民事诉讼由被告所在地法院管辖。在北洋时期，民事诉讼中的普通管辖也坚持由被告所在地法院管辖的原则。

民国肇造，暂定援用前清旧律。民国元年（1912年）五月初九日，司法部公布《民事诉讼律草案（关于管辖各节）》，在"土地管辖"一章中规定了普通管辖的原则及普通管辖的确定。《民事诉讼律草案（关于管辖各节）》第 13 条规定："诉讼由被告普通审判籍所在地之审判衙门管辖之，但有特别审判籍之规定者，不在此限。"将民事诉讼案件由被告所在地法院管辖确定为普通管辖的原则。所谓"普通审判籍"，系指"某第一审法院对于某被告就一切之诉（除有专属管辖者外）有土地管辖权者，其被告在该法院之管辖区域内为有普通审判籍。"〔2〕同时，《民事诉讼律草案（关于管辖各节）》分别规定了自然人、公法人和私法人的普通审判籍的确定办法。针对自然人的民事诉讼，其"普通审判籍以住址定之。"〔3〕对公法人普通审判籍的确定，《民事诉讼律草案（关于管辖各节）》

---

〔1〕 石志泉著，解锟、张平、朱怡点校：《民事诉讼条例释义》，中国方正出版社 2006 年版，第 17 页。

〔2〕 石志泉著，解锟、张平、朱怡点校：《民事诉讼条例释义》，中国方正出版社 2006 年版，第 17 页。

〔3〕 参见司法部于民国元年（1912年）五月初九日公布的《民事诉讼律草案（关于管辖各节）》第 14 条。

第18条规定："国库之普通审判籍以代表国库为诉讼之衙门所在地定之，国库外一切公法人之普通审判籍以其公务所所在地定之。"私法人的普通审判籍则规定在第19条："私法人及其他得为诉讼当事人之一切团体，其普通审判籍以总事务所所在地定之。"

1922年《民事诉讼条例》正式施行，仍然坚持《民事诉讼律草案（关于管辖各节）》确定的管辖原则，除有专属管辖之规定外，被告普通审判籍所在地之法院就原告对被告提起之一切诉讼有土地管辖权。[1]由于社会历史的发展、立法技术的渐趋成熟，在对自然人及公私法人的普通审判籍的规定上，《民事诉讼条例》显然更为全面和详细。《民事诉讼条例》第15条除了规定"普通审判籍依住址定之"外，对于自然人无住址或住址不明等情况也进行了规定："于中国及外国现无住址或住址不明者，以其在中国最后之住址视为其住址。在外国不服从该国审判权之中国人，于中国现无住址或住址不明者，以其在中国最后之住址视为其住址。无最后之住址或最后之住址不明者，以外交部所在地视为其住址。"《民事诉讼条例》对公私法人普通审判籍的确定，除表述同《民事诉讼律草案（关于管辖各节）》有细微差别外，内容并无二致，此处不再赘述。

2. 特别管辖

民事诉讼中的特别管辖，是相对于普通管辖的"被告所在地法院管辖"的原则，以诉讼标的所在地或者引起民事发生、变更或消灭的事实所在地为标准确定的管辖，是法律针对

---

[1] 参见《民事诉讼条例》第14条。

第三章　北洋时期民事司法制度中的司法权限

特别类型案件的诉讼管辖作出的规定。

《民事诉讼律草案（关于管辖各节）》对土地管辖中的特别审判籍进行了规定，此处列举如下。[1]

（1）因不动产之物权或其分析或经界涉讼者，由不动产所在地审判衙门管辖之。

（2）对同一被告因债权涉讼并牵及担保此债权之不动产物权者，得合并于不动产所在地之审判衙门行之。

（3）因不动产所有人或管有人应负担之债务或加于不动产之赔偿损害或收用与使用土地之补偿事件涉讼者，得于不动产所在地审判衙门行之。

（4）因确认契约之是否成立或因践约或解约或因违约请求损害赔偿及违约费涉讼者，得于履行债务地之审判衙门行之。

（5）管理人对本人或本人对管理人因管理财产上之请求涉讼者，得于管理地之审判衙门行之。

（6）公司或其他团体对于办事员、会员、已退会员或会员对于会员因会务涉讼者，得于该公司或团体之普通审判籍所在地审判衙门行之。

（7）因票据有所请求而涉讼者，得于支付票据地之审判衙门行之。

（8）因不法行为有所请求而涉讼者，得于行为地之审判衙门行之，但关系附带私诉者不在此限。

（9）对于生徒雇人或其他寄寓人因财产权涉讼者，得于寄寓地之审判衙门行之。对于兵卒因财产权涉讼者，得于兵营

---

[1]　具体法律条文详见司法部于民国元年（1912年）五月初九日公布的《民事诉讼律草案（关于管辖各节）》第20—32条。

地之审判衙门行之。

（10）对于设有营业所之制造人、商人及其他营业人因财产权涉讼者，以关系该营业所之营业为限，得于营业所所在地之审判衙门行之。对于农业上利用土地之人因财产权涉讼者，以关系利用该土地事件为限，得于该土地所在地之审判衙门行之。

（11）对于在中国现无住址人因财产权之请求涉讼者，得于被告财产或请求物所在地审判衙门行之。被告之财产或请求物若系债权，以债务人住址或担保债权物之所在地作为被告财产或请求物之所在地。

（12）因确认承继、回复承继、分析遗产、分离承继财产、遗留财产遗赠及一切因死亡而生效力之行为涉讼者，得于授继人普通审判籍所在地审判衙门行之。授继人为中国人，其死亡时于中国无普通审判籍者，得于最后住址所在地审判衙门行之。其最后住址无可考者，以外务部所在地为其住址。

（13）因承继财产之负担涉讼者，以承继财产有在前条所列审判衙门管内者为限，得于该审判衙门行之。

而对于有数人参与共同诉讼案件的土地管辖的确定，《民事诉讼律草案（关于管辖各节）》第35条进行了规定："同一诉讼，其被告有数人者，得于其中一人普通审判籍所在地之审判衙门行之。"

相比较于《民事诉讼律草案（关于管辖各节）》，《民事诉讼条例》除了在部分用词或名称上有所变动外，[1]还增加了两条关于土地管辖的事项：第30条：诉讼代理人、诉讼辅

---

[1] 例如，《民事诉讼律草案（关于管辖各节）》在第25条中称之为"办事员""会员"，在《民事诉讼条例》第22条中改称为"团体员"；此外，还有将"外务部"改称"外交部"等表述。——编者注

佐人、特别代理人、送达代收人或承发吏，因规费或垫款有所请求而涉讼者，不问其诉讼标的之金额或价额，得由本诉讼之第一审法院管辖；第31条：就他人间之诉讼标的全部或一部为自己有所请求而涉讼者，得由本诉讼之第一审法院管辖。但本诉讼拘束业经消灭时，不得依本条规定起诉。

3. 专属管辖

专属管辖，即对某些特定类型的案件，法律强制规定只能由特定的法院行使管辖权。石志泉先生描述曰："专属审判籍者，不容他审判籍之审判籍也。如就某诉有专属审判籍，则惟某法院就该诉有土地管辖权。未经法律明定为专属审判籍者，悉为选择审判籍。"[1]

由于专属管辖排除了普通管辖和特别管辖的使用，专属管辖只能由法律明文规定。《民事诉讼律草案（关于管辖各节）》在第20条规定了专属管辖的两种情形："因地役权涉讼者，由专属供役地之所在地审判衙门管辖。因所有权界限涉讼者，专属负担地之所在地审判衙门管辖。"而《民事诉讼条例》则对专属管辖进行了更多的规定，此处列举如下。[2]

（1）婚姻无效，撤销婚姻，与确认婚姻成立或不成立及离婚，夫妻同居之诉，专属夫之普通审判籍所在地或其亡故时，普通审判籍所在地之地方审判籍管辖。

（2）立嗣无效、撤销立嗣，与确认立嗣成立或不成立及废继或归宗之诉，专属所后之亲普通审判籍所在地或其亡故

---

[1] 石志泉著，解锟、张平、朱怡点校：《民事诉讼条例释义》，中国方正出版社2006年版，第17页。
[2] 具体法律条文详见《民事诉讼条例》第668条、第689条、第693条、第705条、第721条、第740条等。

时，普通审判籍所在地之地方审判厅管辖。

（3）不认或认领子女，与认领无效或撤销认领之诉及就母再婚后所生子女确定其父之诉，专属子女之普通审判籍所在地或其亡故时，普通审判籍所在地之地方审判厅管辖。

（4）禁治产之声请，专属应禁治产人普通审判籍所在地之初级审判厅管辖。不服禁治产宣示之诉，专属就禁治产之声请曾为裁判之初级审判厅所在地之地方审判厅管辖。

（5）宣示亡故之声请，专属失踪人住址地之初级审判厅管辖。

4. 合意管辖[1]

合意管辖，谓依当事人之意思而定之管辖，系指双方当事人在民事争议发生前或发生后，依法选择争议的管辖法院进行民事诉讼的行为。关于合意管辖的产生原因，部分学者认为系"因分配法院事务而设之管辖规定，虽亦着眼于当事人之利益，然其规定实际不便于当事人者不少，故法律于一定之范围内，许当事人一合意定法院之管辖。虽某法院于法律上本无管辖权者，得依当事人之合意而有管辖权"。[2]

关于合意管辖之规定，《民事诉讼律草案（关于管辖各节）》和《民事诉讼条例》之规定基本相同。[3]根据这两部

---

[1] 现代民事诉讼法理论中，将管辖划分为法定管辖、指定管辖和合意管辖三类，普通管辖、特别管辖和专属管辖均属于法定管辖的范畴。本书出于契合《民事诉讼律草案（关于管辖各节）》和《民事诉讼条例》的逻辑，将合意管辖置于普通管辖、特别管辖、专属管辖之列，特此说明。——编者注

[2] 参见石志泉著，解锟、张平、朱怡点校：《民事诉讼条例释义》，中国方正出版社2006年版，第17页。

[3] 详见《民事诉讼律草案（关于管辖各节）》第四章第39—41条、《民事诉讼条例》第四章第38—41条。

法律的规定,在民事诉讼中,双方当事人合意管辖需要满足以下要件:其一,民事纠纷属于财产权案件,人事诉讼等非财产权上之诉讼不适用合意管辖;其二,当事人之合意管辖以第一审法院为限,上诉法院之管辖及其他职务管辖,不适用合意管辖;其三,管辖的合意应以书面方式达成,在《民事诉讼条例》中,管辖合意经法院书记官将其合意记明笔录者,可以不以书面方式达成合意;其四,合意管辖须不为法律明文规定之专属管辖范围;其五,被告不抗辩审判衙门无管辖权而为本案之言词辩论者,以有管辖之合意论。

上述规定即是北洋时期法院之间关于民事诉讼土地管辖的规定。从整体来看,晚清司法改革时颁布的《大清民事诉讼律草案》对于管辖的规定已经比较完备,民国政府一边援用该草案管辖部分,一边也在不断完善。随着社会历史的发展以及立法技术的不断提高,《民事诉讼条例》在《民事诉讼律草案(关于管辖各节)》的基础上也更加完善。当然,由于这段时期社会动荡、人民生活贫苦等,司法机关也在法院管辖上作了部分变通,例如,《各级审判厅试办章程》第 7 条规定:"各级审判厅管辖之区域暂依内外城各巡警分辖地厅划之。"而大理院于 1916 年指令江苏高等审判厅曰:"据称'南通、海门两县距省辽远,所有初级上诉案件拟请改归上海地方厅管辖,以便人民'等语,应准照行。"[1]从上述命令可以看出,在实际的司法运行过程中,法律仍然遇到部分困难,导致法院不得不打破既有规定,以便利诉讼事宜,应当实属无奈之举。

---

[1] 参见民国六年(1917 年)八月十三日指令江苏高审厅第六二三三号·八一法号《准改定南通、海门两县初级上诉机关令》。

(二) 管辖权冲突及其解决

根据《民事诉讼律草案（关于管辖各节）》和《民事诉讼条例》中规定的土地管辖原则，在专属管辖之外存在普通管辖和特别管辖两种。因此不可避免地存在着对同一案件，数个法院有管辖权的情况；或者某一法院有某一案件的管辖权，但是由于多种原因不能实际行使审判权的情况；或者根据法律规定，尚不能明确哪一法院有管辖权；或者诉讼中发现管辖权错误的情况；等等。上述情况会对当事人及法院诉讼活动便利进行造成一定的影响，本书将上述情况统称为管辖权的冲突。对于管辖权的冲突，清末以来的诉讼立法或多或少地提出了部分解决方法。

1. 选择管辖

所谓选择管辖，是指在民事诉讼中，由于法律的直接规定或者案件主体或客体的牵连关系，两个或者两个以上法院对该案件都有管辖权时，得由当事人选择其中一个法院提起诉讼的制度。对选择管辖，《民事诉讼律草案（关于管辖各节）》规定，同一诉讼，数处法院均有管辖权时，应由当事人声请直接上级法院指定管辖。而《民事诉讼条例》第 33 条规定："定审判籍之住址、不动产所在地、不法行为地或其他关系审判籍之地，跨连或散在数处法院之管辖区域内者，得由任何一处之法院管辖。"第 34 条规定："同一诉讼，数处法院有管辖权者，原告得选择其一处。"例如，被告住址恰在两法院管辖区域之界线上，或涉讼者为一山之所有权，其山横亘于两法院管辖区域内，此种情况下原告可以选择其中一处法院管辖。

2. 指定管辖

指定管辖，是指上级法院指定下级法院对民事案件行使管辖权的制度。《各级审判厅试办章程》第 8 条规定了适用指定管辖的一种情况："管辖不明确时，由受理之审判厅申请上级审判厅指定之。"而《民事诉讼律草案（关于管辖各节）》在第三章专章对指定管辖的规定已经相当完备，第 37 条规定："遇有左列各款情形，直接上级审判衙门应据声请指定管辖：第一，管辖审判衙门或依法院编制法得代行管辖之审判衙门因法律或事实不得行审判权者；第二，因管辖区域境界不明致不办管辖审判衙门者；第三，有管辖权之审判衙门经裁判确定为无管辖权，此外并无他审判衙门管辖该案件者；第四，不动产之审判籍跨连或散在数处审判衙门之管辖区内者；第五，不法行为地之审判籍跨连或散在数处审判衙门之管辖区内者；第六，住址或其他关系审判籍之地跨连数处审判衙门之管辖区内者。"《民事诉讼条例》对指定管辖的规定同《民事诉讼律草案（关于管辖各节）》的规定基本相同，此处不再赘述。由此可见，在下列情况下，上级法院应当指定下级法院行使管辖权：法院因法律或事实不能行使管辖权、管辖法院不明确、根据法律规定无法院管辖、有多个法院管辖而不能确定者等。

3. 管辖权错误

管辖权错误，是指在民事诉讼活动中，在民事判决作出之前或作出后发现受诉法院并无管辖权的情况。管辖权错误出现的原因在于受理案件前，法院并没有依职权调查其有无管辖权。1922 年施行的《民事诉讼条例》第 38 条规定："管辖权之有无，法院应依职权调查之。"因此，理论上管辖权错误在《民事诉讼条例》施行后即不复存在。

光绪三十三年（1907 年），《各级审判厅试办章程》颁行。该章程针对管辖权错误的情况，在第 9 条规定："管辖有错误时，于未判决前发现者，应移交该管辖之审判厅另行审理。管辖错误发现在判决后者，应将本案供招判词抄送该管辖审判厅详覆存案，其原判有出入时，另行提案覆判。"1914年初级审判厅裁撤之后，《县知事兼理诉讼暂行章程》第4条规定："管辖有错误于未判决前发现者，应移交该管县知事或审判衙门另行审理。若在判决后发现者，应本案全卷抄送该管县知事或审判衙门详核存案其原判题有出入时，得提案覆审。"

第四章
北洋时期的民事司法审判程序研究

一、诉讼程序

本书第三章曾提到,自清末修律始至南京国民党政府成立止,这段时期的民事诉讼审级制度经历了四级三审制—三级三审制—四级三审制的过程。在复审次数上,该时期的民事诉讼法律均坚持了三审终审的原则。本部分将分别对北洋时期民事案件从第一审到第三审的诉讼程序进行考察。

(一)第一审普通程序

第一审普通程序,即法院在审判第一审民事案件时所普遍适用的基本程序。普通程序具有三个方面的特征:一是诉讼程序的完整性,普通程序是所有民事诉讼程序中对程序内容规定最为完备、最为系统的一种程序;二是程序适用的广泛性,第一审普通程序适用于各级法院审理除简单民事案件和特殊类型民事案件以外的全部第一审民事案件,其他程序有特别规定的适用其特别规定,没有特别规定的,适用普通程序。

普通程序的价值不仅在于其是对立法技术的合理运用,更在于普通程序提供了严谨而体系化的基本程序规范。民事诉讼公正目标的实现,一定程度上取决于诉讼程序的品质。一般而言,诉讼程序的品质与诉讼程序的严谨程度以及体系化程度具有内在的联系。虽然繁简不同的案件对诉讼程序的品质有不同的要求,但是除了简单民事案件和特殊类型民事案件以外,大多数民事案件都需要严谨的、体系化的诉讼程序来保障诉讼公正的实现。而普通程序所具有的严谨性和体系化的特质,不仅能够最大化地体现诉讼程序公正的独立价值,而且能够最大程度地保障诉讼公正的实现。

从本书第三章关于级别管辖的内容中可以得知,在法律规定的初级审判厅和地方审判厅关于第一审案件的分工上,初级审判厅管辖第一审者,为轻微简单或应速结之案件,其诉讼程序理应以便捷为要;而地方审判厅审理的诸如人事案件则相对郑重,其审判程序也相应严格。1922年施行的《民事诉讼条例》,其体例更是突出地方厅审判程序的基础性,第476条规定:"初级审判之诉讼程序,除因本章特别规定及初级审判厅之编制有不同者外,准用地方审判厅诉讼程序之规定。"因此,本书也将重点探究初级审判厅审理第一审民事案件之程序。

关于北洋时期民事诉讼程序,规定最为详细者非《各级审判厅试办章程》和《民事诉讼条例》莫属。其他法律或是对民事诉讼程序没有直接规定,如《法院编制法》,或是大多采用准用性规则,如《县知事审理诉讼暂行章程》。[1]因此,本章在考察民事诉讼程序时,将采取主要参照《各级审判厅试办章程》和《民事诉讼条例》之规定,以其他法律对某些

---

〔1〕 所谓准用性规则,是指法律条文没有规定人们具体的行为模式,而是规定可以参照或援引其他法律规则的规定来加以明确的法律规则。如《县知事审理诉讼暂行章程》第13条规定:"民事诉状应填写各项,准用《各级审判厅试办章程》第五十一条之规定。"该条即属于准用性规则。纵观《县知事审理诉讼暂行章程》第48条,条款规则多针对的是刑事案件,因此对于民事诉讼的程序,该章程规定无多,甚至民事条款有"附属"刑事条款之嫌。

问题的规定为辅的考察方法。

1. 起诉

诉，是指当事人请求法院开启判决程序并作出利己判决之声明。起诉，是指当事人认为自己的民事权益受到侵害或发生民事争议的情况下，以自己的名义向法院提出诉讼请求，并要求法院作出利己判决的行为。符合法定条件的起诉是诉讼的起点，目的是引起诉讼程序的发生。

诉可以分为三类：一是给付之诉，即请求法院认定原告的请求权存在而判决被告履行给付义务之诉；二是确认之诉，即请求法院认定法律关系存在或者不存在之诉；三是形成之诉，即请求法院创设或变更权利之诉。而能否启动诉讼程序，在于起诉是否合法。合法的起诉，应当包括两个方面的内容：一是当事人有诉权；二是当事人的起诉符合法律之规定。

所谓诉权，是指原告得依据其诉讼请求而受有利判决之权利。石志泉先生对诉权解释为："原告有诉权，即诉权之存在要件皆备者，其诉为有理由。诉有理由时，法院应从诉之声明，为有利于原告之判决，以保护原告之私权。若原告无诉权，即诉权之存在要件有欠缺时，则其诉为无理由，法院应为驳斥其诉之判决，以保护被告之私权。"[1]诉权之存在需要具备四个条件：其一，法律关系之存在或不存在，给付之诉须存在私法上的给付请求权，积极确认之诉需要原告所主张的法律关系的存在，消极确认之诉需要原告所否认的法律关系不存在。其二，法律关系须合法，只有合法的法律关系才能受到法律的保护。其三，法律关系有保护之必要，如给付之诉中须原

---

[1] 石志泉著，解锟、张平、朱怡点校：《民事诉讼条例释义》，中国方正出版社2006年版，第201页。

告的请求已届至清偿期,或虽未届至清偿期但是被告有届期不履行之虞,[1]确认之诉中原告受判决须有法律上之利益。[2]其四,当事人须适格,即原告与被告俱为正当当事人。根据石志泉先生的观点,诉权须于言词辩论终结时存在,如再辩论终结时此等要件皆备,则虽起诉时未备着,亦属无妨。[3]

起诉除了需要诉权外,还应该遵守民事诉讼程序法具体条款所规定的要件。

关于起诉,《各级审判厅试办章程》确定了以书面形式为主,以言词辩论为辅的原则。《各级审判厅试办章程》第49条规定:"凡诉讼概用诉状,但有特别规定者,不在此限。"第51条规定:"民事诉状应填写左列各项:(一)原告之姓名、籍贯、年龄、住所、职业;(二)被告之姓名、籍贯、年龄、住所、职业;(三)诉讼之事物及证人;(四)请求如何断结之意识;(五)赴诉之审判厅及呈诉之年、月、日;(六)粘钞可为证据之契券或文书。"除此之外,该章程还对委任他人代诉进行了详细规定。第52条规定:"职官、妇女、老、幼、废、疾为原告时,得委任他人代诉,但审判时必须本人到庭者仍可传令到庭。"因此,委托他人代诉者,除了应当提交民事诉状外,还应提交委任状。[4]该章程第56条对委任状作了具

---

〔1〕《民事诉讼条例》第286条规定:"于履行期未到前预行提起给付之诉,非被告有到期不履行之虞,不得为之。"

〔2〕《民事诉讼条例》第287条规定:"提起确认法律关系成立或不成立或确认文书真伪之诉,非原告即受确认判决有法律上之利益,不得为之。"

〔3〕石志泉著,解锟、张平、朱怡点校:《民事诉讼条例释义》,中国方正出版社2006年版,第200—201页。

〔4〕根据《各级审判厅试办章程》第54条的规定,祖孙、父子、夫妇及胞兄弟代诉者,不须提交委任状。

体规定:"委任状应填写左列各项:(一)委任及代诉人之姓名、籍贯、年龄、住所、职业;(二)代诉人于委任人之关系;(三)委任之原因;(四)委任之权限;(五)代诉之年、月、日。"由此可见,《各级审判厅试办章程》对于起诉的规定仍属笼统,可操作性较差,并不利于实际操作。

相较于《各级审判厅试办章程》,1922 年施行的《民事诉讼条例》则对起诉及其相关的行为进行了更加细致的规定。《民事诉讼条例》延续了以书面形式为主,以言词辩论为辅的诉讼程序规定,其在总则编中专门设"当事人书状"一节,用以规范诉讼书状之使用。该条例第 141 条规定:"于言词辩论外,关于诉讼所为之声明或陈述,除依本条例得以言词为之者外,应以书状为之。"第 142 条规定:"书状除本条例有特别规定外,应记明下列各款事项:一、当事人姓名、身份、职业及住址,若当事人为法人或其他团体,则其名称及事务所;二、代理人之姓名、身份、职业及住址;三、诉讼之标的;四、应为之声明或陈述;五、供证明或释明用之证据方法;六、附属文件及其件数;七、年、月、日;八、法院。"第 143 条规定:"当事人或代理人应于书状签名,其不能签名者,得使他人代书。"除了总则中对书状的规定,《民事诉讼条例》在地方审判厅诉讼程序中也专设"起诉"一节规定相应要求。其第 284 条规定:"起诉应以诉状表明下列各款事项提出于法院为之:一、当事人;二、诉讼标的;三、应受判决事项之声明;四、法院。"

《民事诉讼条例》在总则第二章中专设"诉讼代理人"一节,具体规定了诉讼代理人制度。其中,第 84 条规定:"诉讼代理人,于最初为诉讼行为时应提出诉讼委任之证书附卷。"

因此，在起诉时，原告委托代理人代为诉讼的，应一并提交委任书。

除了对起诉书状、诉讼代理人的规定，《民事诉讼条例》出于诉讼经济便利的考虑，规定了合并之诉。其第285条规定："若以一诉请求计算及被告因该法律关系所应为之给付者，得于被告为计算之报告前保留关于给付范围之声明，其与请求计算合并提起确认被告所负给付义务之诉者亦同。"原告因某一法律关系请求给付，如需俟被告为计算之报告后，始能明确被告所应给付之数额或范围，本应先由原告向法院提起请求被告计算之诉，后复提起给付之诉，但是出于诉讼方便的考虑，该条规定准原告合并起诉，以免原告两次起诉之烦。除此之外，《民事诉讼条例》第288条规定："对于同一被告之数宗俱属受诉法院管辖，且得行同种之诉讼程序者，得合并提起之。"该条也规定，即使不属于同一法律关系，只要原被告两造相同，且管辖法院相同，得提起合并之诉。

由于原告提出了书状通常应当送达被告，依照《民事诉讼条例》之规定，书状及其附属文件除了向法院书记科提出外，还应当按照对方当事人的人数提出相应数量的书状及附属文件，以便送达之用。[1]

在书状起诉的原则之外，《民事诉讼条例》还规定了以言词陈述起诉的例外情形。第305条规定："诉之变更、追加及提起反诉，得于言词辩论为之。"对此，石志泉先生解释曰："向地方审判厅起诉，本应以书状为之，但诉之变更、追加与提起反诉，则亦许于言词辩论时以言词陈述起诉所应表明之事

---

[1] 参见《民事诉讼条例》第145条。

项为之，此关于起诉程式之例外规定也。必于言词辩论时始可以言词为诉之变更、追加或提起反诉，故于言词辩论外为此等行为者，仍须依第二百八十四条规定以书状行之，不得仅于法院书记官前陈述，由其作成笔录，以代诉状（一四八）。"[1]因此，以言词陈述向地方审判厅起诉者，仅限于诉之变更、追加及提起反诉，且上述事项的提出应该在言词辩论时为之，否则仍然应该依据第284条的规定，以书状形式起诉。

2. 法院对起诉之处理

在民事诉讼中，仅有原告的起诉，没有法院对于起诉的受理，诉讼程序也就无法进行。法院对案件是否受理的标准就是原告的起诉是否合法，起诉合法，诉讼程序即开始。所谓原告起诉是否合法，包括两个方面的内容：一是原告实质上是否有诉权，无诉权者，原告之起诉即无理由，法院当驳斥其请求；二是原告的起诉是否达到法院受理案件的形式要求，若未达到，能否允许原告补正、如何补正以及补正的效力问题。《各级审判厅试办章程》并未对审判厅处理当事人之起诉进行具体规定。关于民事诉讼当事人起诉后的处理，尽数见于《民事诉讼条例》。

《民事诉讼条例》赋予法院对起诉进行职权调查的权力，其第289条规定："起诉是否于程式及备其他要件，法院应依职权调查之。"职权调查之后，法院应作出相应处理，《民事诉讼条例》第290条规定："审判长于定言词辩论日期前，认原告之诉有下列各款情形之一者，应不定日期求法院为驳斥之判决，但其情形可以补正者，审判长应定期限先命补正：

---

[1] 石志泉著，解锟、张平、朱怡点校：《民事诉讼条例释义》，中国方正出版社2006年版，第223—224页。

一、诉讼事件不属于受诉法院之权限或管辖者；

二、原告或被告无当事人能力者；

三、原告或被告无诉讼能力未由法定代理人合法代理者；

四、由诉讼代理人起诉而其代理权有欠缺者；

五、起诉不合程式或不具备其他要件者；

六、诉讼事件别有诉讼拘束者；

七、该诉讼标的曾经确定判决或和解者。

法院于为判决前认有讯问当事人之必要者，得命当事人以书状或以言词陈述。

原告之诉无第一项各款情形或法院认为应开言词辩论者，应定言词辩论日期。"

由上述法律条文可见，对于起诉之处理，法院有三种做法：其一，受理案件；其二，起诉不合要件但当事人得补正的，补正后受理；其三，驳斥起诉。

第一，受理案件。在原告提起诉讼之后，审判长或法院认为原告之诉无须补正或为驳斥判决，则法院应予受理案件，并由审判长或独任推事即定言词辩论日期。[1]

由于原告之起诉状及附属文件通常应送达被告，《民事诉讼条例》第291条规定：诉状应与言词辩论日期之传票一并送达被告。所谓传票，是指催告当事人或其他诉讼关系人于日期到场之文书。原告之起诉不可不令被告知晓，否则被告即无法准备言词辩论及防御之方法，则诉讼不能称为公平。审判长或者独任推事确定日期后，法院书记官应即制作传票，并送达应到场之诉讼关系人。根据《民事诉讼条例》第292条之规定，

---

[1] 参见《民事诉讼条例》第188条："日期除有特别规定外，审判长依职权定之。"

最初言词辩论之传票，应当详细记明当事人、诉讼事件、法院传唤之目的、应到场日期、处所，以及不到场之法律后果。

第二，补正。对于原告有诉权，且原告之起诉虽未符合受理条件但能够予以补正的，本应驳斥其诉讼，待符合受理条件后再行起诉。但是出于节约司法资源以及避免当事人两次起诉之烦扰，《民事诉讼条例》规定此种情形得由法院或审判长命原告限期补正。

对于书状不合格的情形，例如，应记载之事项未记载或书状未经合法签名，《民事诉讼条例》第147条第1款、2款规定："书状不合程式或有其他欠缺者，法院或审判长得定期限命其补正。因命补正得将书状发还，若当事人居住法院所在地者，得因补正命其到场。"对于补正之后的效力问题，该条第3款规定："于期限内有补正者，其补正之书状视与最初提出同。"

对于原告或被告及其法定代理人的当事人能力或诉讼能力欠缺而不符合要求者，由于当事人能力、诉讼能力、法定代理权具备与否关系诉讼行为是否有效的问题，法院应以职权随时调查当事人及其法定代理人之能力。[1]《民事诉讼条例》第61条规定了两种处理措施：一种是命当事人限期补正；而对于当事人正在遭受损害或延期将导致当事人遭受损害者，可以命其暂为诉讼行为。暂为诉讼行为后，应按照诉讼程序进行言词辩论及调查证据等诉讼行为，但是终局判决作出前暂为诉讼行为人应具备相应能力，否则终局判决即不得作出。如果在终局判决作出前暂为诉讼行为人不补正其欠缺者，应当承担其行为所生之费用，造成损害的，暂为诉讼行为人应当对损害承担赔偿

---

〔1〕 参见《民事诉讼条例》第61条第1项："当事人能力、诉讼能力、法定代理权或必要之允许有无欠缺，法院应以职权随时调查之。"

责任。[1]同样，对于诉讼代理人能力欠缺者，法律也规定命其补正或暂为诉讼行为。[2]

第三，驳斥原告之起诉。如果当事人之起诉不合法院之受诉要件，而且不能依据上述规定进行补正者，审判长应判决驳斥其起诉。根据《民事诉讼条例》第290条之规定，驳斥之判决主要适用于以下几种情况：诉讼事件不属于民事诉讼的范畴；接收原告诉状的法院无管辖权；诉讼事件已经有其他法院管辖；当事人违反"一事不再理"的原则，将已经经过法院判决或调解的案件重新向法院起诉。

3. 诉讼拘束

诉讼拘束，又称诉讼系属，是指诉讼存在于法院的事实状态，具体而言，是指特定当事人之间的特定请求，已在某个法院起诉，现存于法院而成为法院应当终结诉讼事件之状态。[3]在传统大陆法系国家和地区的民事诉讼中，诉讼拘束是使用频率较高的一个词，它反映了某个诉讼正处于法院的审理过程，是对诉讼自起诉至诉讼终了之整个过程的高度概括。合理界定诉讼拘束的时间，对于诉讼标的的确定、管辖恒定、当事人恒定等问题具有重要的意义。本部分将以诉讼拘束的起始及效力问题进行考察。作为一个理论性较强的概念，诉讼拘束也仅出现在1922年施行的《民事诉讼条例》中，而《法院编制法》《各级审判厅试办章程》等法律法规并未对其有所规定。

---

[1] 参见《民事诉讼条例》第61条。
[2] 参见《民事诉讼条例》第92条。
[3] 刘学在：《略论民事诉讼中的诉讼系属》，载《法学评论》2002年第6期。

(1) 诉讼拘束之发生

关于诉讼拘束之发生,《民事诉讼条例》第 294 条规定:"诉讼拘束自起诉始。"即自原告起诉时开始,诉讼拘束即发生,而诉讼拘束之发生与诉状之送达及被告是否应诉无关。具体来说,以书面形式(诉状)向法院起诉者,其诉讼拘束因提出诉状而发生;以言词辩论为诉之变更、追加即提起反诉的,其新诉或反诉以言词陈述起诉所应表明之事项,始发生诉讼拘束。[1]

(2) 诉讼拘束之消灭

诉讼拘束之消灭,是指诉讼已经终结,从而脱离法院,不再是法院应予处理的事件。诉讼拘束消灭的原因如下。

第一,终局判决确定。以终结诉讼的目的而为之终局判决确定时,诉讼拘束消灭。根据《民事诉讼条例》之规定,判决有终局判决和中间判决之分。其第 451 条规定:"诉讼可为裁判时,法院应为终局判决,命合并辩论之数宗诉讼,其一可为裁判时亦同。"及第 452 条规定:"诉讼标的之一部或以一诉主张之数项标的,其一可为裁判时,法院得为一部。终局判决本诉或反诉可为裁判时亦同。"上述两条之规定均属于终局判决。而《民事诉讼条例》第 453 条规定:"各种独立之攻击、防御方法或中间之争点可为裁判时,法院得为中间判决。"以及第 454 条规定:"请求之原因及数额俱有争执,法院以其原因为正当者,得为中间判决……"这两条均是对中间判决之规定。而能够导致诉讼拘束消灭者,仅限于终局判决。

---

[1] 以言词辩论起诉的规定,详见《民事诉讼条例》第 305 条。

第二，终局判决之全部或一部判决脱漏者，若当事人在判决送达后10日内未声请补充判决或驳斥该声请之裁决确定后，诉讼拘束归于消灭。所谓判决有脱漏者，是指法院在判决时，对部分或全部裁判事项有遗漏。根据《民事诉讼条例》第273条之规定："主请求、从请求或费用之全部或一部判决有脱漏者，法院应依声请以判决补充之。声请补充判决，应于判决送达后十日内为之。驳斥补充之声请，以裁决为之。"因此，在终局判决对裁判事项有脱漏时，当事人得于判决送达后10日内向法院声请补充判决，法院依职权调查，作出补充判决后，或当事人之声请无理由或不合程式，法院作出驳斥当事人声请之裁决后，诉讼拘束即归于消灭。

第三，当事人成立诉讼上之和解。根据《民事诉讼条例》第449条规定："和解成立者，诉讼或该争点即时终结。"此处诉讼上之和解，系现代意义上之诉讼调解，即诉讼调解成立时，诉讼拘束即消灭。

第四，当事人撤回诉讼。《民事诉讼条例》第306条规定："原告得于判决确定前得撤回诉之全部或一部，但被告已为本案之言词辩论者，应得其同意。"当事人撤回诉讼后，该诉讼终结，诉讼拘束自然消灭。当然，如果本诉讼中被告提起反诉，则本诉之撤回并不会导致反诉之诉讼拘束消灭。[1]

（3）诉讼拘束之效力

原告起诉后，诉讼拘束即产生，因之而产生一系列法律效果，包括实体法上与程序法上之效果。实体法上之效果如诉讼时效中断等。本书诉讼拘束之效力，将重点考察诉讼拘束在程

---

[1] 参见《民事诉讼条例》第307条。

序法上的效力。

第一，重复起诉之禁止。《民事诉讼条例》第 295 条规定："当事人不得就诉讼拘束中之事件更行起诉。前项情形，法院应依职权调查之。"在诉讼拘束进行中，该诉讼之原告或被告不得以对方为被告就同一诉讼标的提起新诉。此处之"新诉"，是指当事人为原诉两造[1]且诉讼标的相同之诉。

第二，管辖恒定。《民事诉讼条例》第 296 条规定："诉讼拘束发生后，虽定管辖之情事变更，于受诉法院之管辖无影响。"诉讼拘束发生后，若受诉法院有管辖权，则该法院始终有该案之管辖权。在诉讼进行中，即使据以确定管辖之情况发生变化，如被告住所变更或标的价额增加至应由上级法院管辖等情形，受诉法院之管辖权仍然不受其影响。

第三，当事人恒定。所谓当事人恒定，是指除法律有特别规定外，在诉讼拘束发生后，当事人将诉讼标的之法律关系转移于第三人时，对诉讼亦无影响。《民事诉讼条例》第 297 条第 1 款规定："诉讼拘束发生后，诉讼之标的虽有让与，于诉讼无影响。"法律作此规定，乃出于保护原诉当事人之诉讼权能考虑。根据该规定，原告或被告即使于诉讼拘束中将标的物转移或让与，其仍得为正当之当事人以完结该诉讼。例如，甲对于乙以其不法占有自己之物提起返还所有权之诉，乙将该物转移于第三人丙，此时甲仍得继续该返还原物之诉，乙不可以自己已非物之占有人为由主张自己非适格当事人而请求法院判决驳斥甲之请求。当然，当事人恒定也并不是绝对的，根据该条第 2 款之规定，"让受人若经诉讼之他造当事人同意，得代

---

[1]"两造"一词，系出自《书经·吕刑》中的"两造具备，师听五辞"。诉讼法上之"两造"通常指原告与被告双方当事人。——编者注

当事人担当诉讼或依第三十一条规定起诉。"[1]

第四,诉讼标的恒定。根据《民事诉讼条例》第 298 条之规定,诉讼拘束发生后,原告一般不得将诉变更或追加他诉。规定诉讼拘束具有这一效果,目的在于更好地为被告提供程序保障,避免原告对被告造成诉讼突袭,同时也可以节省诉讼事件,避免诉讼过分延迟。当然,该规定并非绝对,其同时规定,"经被告同意或不甚碍被告之防御及诉讼之终结者,不在此限"。下文将对诉之变更或追加进行详述,此处不再赘述。

第五,提起反诉之准许。诉讼拘束发生后,符合《民事诉讼条例》第 302 条规定之要件的,原诉被告得提起反诉。关于反诉,下文将详述,此处亦不再赘述。

4. 诉之追加、变更

根据石志泉先生之论述,原告于起诉后提起新诉以代替原有之诉者,谓之诉之变更。原告于起诉后提起新诉以合并于原有之诉者,谓之诉之追加。凡诉依其要素而相区别,故诉之变更追加者,即其要素之变更追加也。诉之要素为当事人、诉讼标的及诉之声明,故此数者如于诉讼进行中有一变更或追加,即生诉之变更或追加。[2]

原告起诉后,即产生诉讼拘束,此时被告具有答辩之权利,且多数被告自传票送达后即开始寻求证据及防御之方法。此时,原告追加或变更诉讼请求后,易使被告受其影响而不得不另请

---

[1] 关于该观点的论述,详见陈计男:《民事诉讼法论》(上),三民书局 1994 年版,第 237 页。王甲乙、杨建华、郑健才:《民事诉讼法新论》,三民书局 1998 年版,第 248 页。

[2] 石志泉著,解锟、张平、朱怡点校:《民事诉讼条例释义》,中国方正出版社 2006 年版,第 217 页。

防御方法，于被告多有不利。而且诉之追加、变更易使诉讼延迟，不仅费时，而且有浪费司法资源之虞。因此，诉之追加及变更原则上应予禁止。《民事诉讼条例》第298条规定："诉讼拘束发生后，原告不得将诉变更或追加他诉，但经被告同意或不甚碍被告之防御及诉讼之终结者，不在此限。被告于诉之变更或追加并无异议而为本案之言词辩论者，视与同意变更或追加同。"

在确定禁止诉之追加及变更的原则的同时，法律规定了诉之追加及变更的三个例外：一是诉之追加及变更系经被告同意；二是原告之新诉不甚碍被告之防御及诉讼之终结；三是被告于原告之新诉并无异议且为本案之言词辩论。被告同意原告诉之追加及变更或被告无异议且为言词辩论者，自不待言。而关于原告之诉不甚碍被告之防御及诉讼之终结者，《民事诉讼条例》第299条规定："前条规定于下列各款行为无碍：

一、不变更诉讼标的而补充或更正事实上或法律上之陈述；

二、扩张或减缩应受判决事项之声明；

三、因情事变更而以他项声明代最初之声明；

四、该诉讼标的于法律上对于数人必须合一确定，或数人必须一同起诉或一同被诉者，追加其原非当事人之人为当事人；

五、诉讼进行中，关于某法律关系之成立或不成立互有争执，而诉讼全部或一部之裁判应以该法律关系为据者，并求确定其法律关系之判决。"

诉之追加或变更除须满足以上条件外，还应符合下列规定：其一，变更或追加后，原诉受诉法院须有事物管辖权及土地管辖权；其二，追加之新诉与原诉讼应当适用同种诉讼程序，否则不得行诉之追加及变更。[1]

原告对于诉之追加及变更的提起，可以书状形式，也可以言词辩论为之。[2]对于原告诉之有无变更、追加及其变更、追加应否准许，法院应依职权调查。根据《民事诉讼条例》之规定，诉无变更、追加或因不甚碍被告之防御及诉讼之终结，许其变更、追加之裁判，不得声明不服。

5. 诉之撤回

诉之撤回，亦称撤诉，系原告于起诉后表示不求法院判决而将诉撤回之声请。《民事诉讼条例》第306条规定："原告得于判决确定前撤回诉之全部或一部，但被告已为本案之言词辩论者，应得其同意。"诉之撤回原则上于判决宣告前由原告任意为之，其撤回诉讼之意思表示向法院为之，即撤诉之效力。然被告已就本案为言词辩论者，其已经就该诉讼寻求证据及防御之方法，且具有求法院就该诉讼事件为裁判之权利，若原告得任意撤回起诉，则于被告不公正，有利用诉权以扰乱被告之虞。

关于诉之撤回之效力，《民事诉讼条例》于第307条规定："诉经撤回视与未起诉同，但反诉不因本诉撤回而失其效力。"诉之撤回合法者，有使诉讼拘束消灭之效果，并不使原告丧失其诉权，因此，原告将诉撤回后，嗣后可就同一被告及同一诉讼事件提起相同之诉。然诉讼撤回前，被告已就诉为准备之事项，费用已经产生，根据第104条之规定，原告撤回其诉者，诉讼费用由原告负担。若原告撤回其诉，嗣后提起相同

---

[1] 参见《民事诉讼条例》第300条。
[2] 参见《民事诉讼条例》第305条。

之诉者,被告于受前诉讼费用之赔偿前,得拒绝本案辩论。法院亦得定期限命原告向被告赔偿前诉讼之费用,若原告不于期限内赔偿者,法院应依被告之声明宣示原告已经撤回其诉。[1]

6. 反诉

反诉,是指在已经开始的诉讼中,本诉的被告以本诉的原告为被告,提出的旨在抵消、吞并或排斥其诉讼请求的独立反请求。[2]

关于反诉,《民事诉讼条例》在第302条至第305条中对于反诉的要件,以及如何提起反诉进行了细致的规定。

(1) 反诉的提起

根据《民事诉讼条例》第302条之规定,反诉得于言词辩论日期之传票送达后,言词辩论终结前提出。反诉应当向本诉系属之法院提出。

反诉之提出,既可以书状形式,也可以言词辩论为之。以言词辩论提出反诉,其诉讼拘束自反诉原告以言词陈述起诉事项时发生。[3]反诉虽然利用本诉提起,但提出后,反诉即发生独立的诉讼拘束,法院产生就反诉进行调查裁判之义务,此后即使本诉撤回,反诉应不受本诉撤回之影响。[4]

(2) 反诉之要件

反诉作为独立于本诉之诉讼,除了应满足诉讼之一般条件外,还应满足以下要件。

第一,提出反诉时,须本诉在诉讼拘束中。若本诉之诉讼

---

[1] 参见《民事诉讼条例》第308条。
[2] 参见江伟主编:《民事诉讼法学》(第三版),北京大学出版社2015年版,第29—30页。
[3] 参见《民事诉讼条例》第305条。
[4] 参见《民事诉讼条例》第307条。

拘束已经消灭，则原诉被告提起之诉为新诉，而非反诉。当然，反诉提起后，即具有独立的诉讼拘束，此时本诉因不合法而被驳斥，或本诉经原告撤回，不影响反诉之效力。

第二，反诉与本诉须当事人相同而易其位，即反诉应以本诉被告为原告，以本诉原告为反诉之被告。

第三，本诉之诉讼程序并不禁止提起反诉。例如，《民事诉讼条例》第589条之规定："被告不得提起反诉。"又如第725条之规定："不服禁治产宣示之诉，不得合并提起他诉，亦不得于其诉讼程序提起新诉或反诉。"有类似规定者，当事人不得提起反诉。

第四，原告对于反诉，不得再次提起反诉。法律此项规定系出于防止诉讼程序混杂及迟滞考虑。

第五，本诉之法院须对反诉有事物及土地管辖权。此处管辖权之确定，既包括依法律之规定本来有管辖权，也包括当事人通过合意管辖而使本诉法院有管辖权。同时，当事人虽无管辖合意，但是反诉被告不抗辩法院无管辖权而为反诉之言词辩论者，以本诉系属之法院对反诉有管辖权论。[1]

第六，反诉应与本诉行同种诉讼程序。如果反诉与本诉不适用同种诉讼程序，则将两诉合并，并无程序上之利益，则反诉应不准许。

第七，反诉之提起，须符合程式上之规定。反诉之提起时间、形式等应满足法律之规定。

7. 言词辩论之准备

《民事诉讼条例》第262条第1款规定："判决除本条例有

---

[1] 参见《民事诉讼条例》第40条第2款规定："被告不抗辩，法院无管辖权而为本案之言词辩论者，以有管辖之合意论。"

特别规定外，应本于当事人之言词辩论为之。"根据法律之规定，法院于判决前须令当事人以言词为辩论，当事人之所有声明及陈述，均须经言词辩论方得作为法院斟酌判决之基础。中华民国十五年（1926年）大理院上字第 1769 号判例指出："当事人所为声明陈述证据方法，须于言词辩论以前以言词提供者，法院始得于判决时斟酌之。"由此可见，言词辩论实为地方审判厅第一审普通程序中最为核心部分。原告起诉后，除其起诉应驳斥外，法院须行言词辩论。

（1）准备书状

所谓准备书状，是指当事人将其拟在言词辩论中提出之声明事实或证据方法等预先以书状形式通知法院及对方当事人。准备书状对于诉讼案件有重要影响。一般而言，判决本于当事人之言词辩论为之，准备书状所记载之事项，未经言词辩论者，不得作为裁判之基础。但是在言词辩论日期当事人一方不到场时，法院得依到场当事人之声请而为判决，此时，法院应斟酌未到场之当事人准备书状之陈述。[1]此外，当事人在准备书状中的自认事项，毋庸举证即可作为法院判决之基础。[2]

原告之准备书状，根据《民事诉讼条例》之规定，"准备言词辩论之事项应于诉状并行记明"，由此可知，准备书状实际上是包含在原告的诉状之中，即原告之诉状同时供准备书状之用。

被告之准备书状，即答辩状，是指被告或者被上诉人针对原告或上诉人的起诉或上诉，阐述己方认定的事实和理由，予以答复和辩驳的一种书状。《民事诉讼条例》第 309 条规定：

---

〔1〕 参见《民事诉讼条例》第 457 条。
〔2〕 参见《民事诉讼条例》第 330 条。

"被告因准备言词辩论，应于未逾就审期间二分之一以前提出答辩状。"所谓就审期间，是指原告诉状及其附属文件送达被告之后、言词辩论前，法院留给被告准备辩论及到场之期间。根据《民事诉讼条例》第291条之规定，诉状及言词辩论日期之传票送达与言词辩论日期之间至少应留10日之就审期间，但遇有急迫情形者如诉讼若不速行办结，则原告将受巨大损失等情形不在此限。

由于言词辩论日期乃审判长依职权而定，[1]且案件繁简程度不一，难免出现不合当事人为该诉讼能力之情形，此时，为了保证诉讼的公正，《民事诉讼条例》在第301条规定了延展言词辩论日期，以使当事人充分准备的情形："法院若以言词辩论之准备尚未充足，得命延展言词辩论日期并定期限，命当事人提出必要之准备书状。"

为保证审判之公正，对于原被告未在诉状或答辩状中记明之声明或事实或证据方法，法律允许其补正，即在言词辩论日期前相当之时期提出记明该声明事实或证据方法之准备书状。[2]所谓相当之时期，是指当事人提出的书状应当有足够的时间以送达对方并能够就该书状进行准备。如果当事人不提出准备书状及其附属文件与相应数量的副本，或者提出之时期不当或提出之书状不完整，则因当事人自身原因造成了诉讼上的不利后果应由该当事人承担，并且，根据《民事诉讼条例》第200条的规定，当事人因自己的过失致使日期变更、延展或期限延长的，所生费用由该当事人负担。

---

[1] 参见《民事诉讼条例》第188条。
[2] 参见《民事诉讼条例》第310条。

第四章 北洋时期的民事司法审判程序研究

（2）准备程序

准备程序是指为了提高诉讼效率，使言词辩论易于终结，而在言词辩论前后由法院展开一系列准备工作。准备程序和准备书状的不同之处在于：其一，准备书状是当事人诉讼观点的总结，并且在一定情况下对诉讼结果有重要影响，准备书状的出发点在于诉讼之公正，而准备程序之出发点在于节省言词辩论时间，减少法院工作量，提高诉讼效率；其二，准备书状的主体是当事人两造，而准备程序之主体则为法院。准备程序分为两个阶段，即言词辩论之前与言词辩论之后。

第一，在言词辩论之前，根据《民事诉讼条例》第312条之规定，法院为使言词辩论易于终结，得于言词辩论日期前，为下列事宜：

①命当事人本人到场；

②命当事人提出图案、表册或外国语文书之译本；

③命将当事人提出之文书或其他物件于一定期限留置于书记科；

④传唤证人或鉴定人及调取证物或命当事人提出证物；

⑤命行鉴定及勘验；

⑥使受命推事或受托推事调查证据，但其证据以得由受命推事或受托推事调查者为限。

上述各条行为实质上均是法庭依职权调查证据，调查证据本应在言词辩论时为之，[1]但出于使言词辩论易于终结的目的，法院可以决定预先进行。

第二，言词辩论开始后之准备程序。《民事诉讼条例》第

---

[1] 参见《民事诉讼条例》第337条。

313 条规定:"关于计算或分析财产之诉讼或其他类此致诉讼争执涉于多端者,法院得于本案之言词辩论开始后,随时命由受命推事施行准备程序。"由上述规定可以看出,言词辩论开始后施行准备程序限于计算或分析财产之诉讼或类似案件,其他案件则不得为之。法律之所以作此规定,系由于此类诉讼涉于多端,程序较复杂,诉讼结果影响甚深远,必定要待原告之起诉确认合法后为之。案件进入言词辩论阶段,始有实行此类准备程序之必要。

施行准备程序之受命推事,由审判长于该庭庭员中指定。审判长指定受命推事后,受命推事则可部分行使言词辩论中法院及审判长之权限,但该权限限于指挥辩论顺利进行之目的,因此,关于调查证据及判决之权限,受命推事则不可行使。[1]

本庭庭员受命施行准备程序后,有自主确定施行准备程序日期之权,并命当事人到场。对于当事人不到场之情形,《民事诉讼条例》第 318 条规定:"当事人之一造若不于准备程序之日起到场,受命推事应将到场当事人之陈述记明笔录,另定日期将笔录缮本送达未到场之当事人。未到场之当事人若于新日期仍不到场,应将笔录内所记到场当事人之事实上主张视与已经未到场当事人自认同。"准备程序中应当将当事人之陈述由法院书记官制作笔录记明。《民事诉讼条例》第 315 条规定:准备程序应以笔录记明下列各款事项:

①当事人主张之法律关系及攻击防御方法;
②对于法律关系或攻击防御方法有无争执;
③关于争执之法律关系或攻击防御方法所有之声明及事实

---

[1] 参见《民事诉讼条例》第 314 条第 3 款、第 316 条。

上之关系,并证据方法、证据抗辩及对于证据方法、证据抗辩之陈述。

当事人之言词辩论,应以记明于准备程序之陈述为根据。如果当事人于准备程序日期已由受命推事命其陈述,而不就事实或证据为陈述或拒绝陈述者,不得于言词辩论时补充。当然,关于法律关系、攻击防御方法、证据方法或证据抗辩未在准备程序笔录中记明,如果对方当事人同意或上述事实确实发生在准备程序之后,则可以在言词辩论中追补。[1]

准备程序应以案件可为终局判决、中间判决或证据裁决时终止。因为准备程序目的在于以笔录明确事件之关系,而不得为调查证据及判决,因此,当案件可为中间判决、终局判决或证据裁决时,准备程序即行终止。[2]准备程序终止后,根据《民事诉讼条例》第319条之规定,受命推事应将卷宗及证物速向审判长提出,由审判长确定言词辩论日期。准备程序终结后,若法院认为尚未充足者,得裁决再开准备程序。

此外,诉之追加、变更,以及反诉,亦得以在准备程序为之。

8. 言词辩论

(1) 言词辩论之意义

北洋时期的民事诉讼制度,采言词主义和直接审理主义。所谓言词主义,是指当事人之辩论须以当事人之口述始为有效,其所提供的裁判资料须于推事前以言词为之,否则不得采为裁判基础。[3]《民事诉讼条例》第262条第1款规定:"判

---

[1] 参见《民事诉讼条例》第320条、第321条。
[2] 参见《民事诉讼条例》第317条。
[3] 石志泉著,解锟、张平、朱怡点校:《民事诉讼条例释义》,中国方正出版社2006年版,第105页。

决除本条例有特别规定外，应本于当事人之言词辩论为之。"法院于判决前须令当事人以言词为辩论，所有当事人之声明及陈述以提供判决资料为目的者，须经言词辩论，以言词为之者，始为有效。因此，在民事诉讼中，言词辩论及裁判最为重要，而言词辩论为裁判之基础，则言词辩论最为重要。根据《民事诉讼条例》第236条之规定，当事人须在言词辩论时陈述其观点，不得引用文件以代言词陈述，若以文辞为必要者，得朗读文件。所谓直接审理主义，是指推事应以其自行认识所得资料为裁判之基础。[1]《民事诉讼条例》第262条第2款规定："推事非与于判决基础之辩论者，不得与于判决。"言词辩论后，需要由推事之评议来确定判决内容，若推事未参与当事人之言词辩论，则对案情则无从知晓或知晓不完整，因此，不得与于判决。此外，为贯彻直接审理主义，《民事诉讼条例》第325条规定："与于言词辩论之推事判决前有变更者，应更新其辩论，但以前辩论笔录所记之事项仍不失其效力。更新辩论得令庭员或书记官朗读以前笔录。"

当事人除应就诉讼关系为事实上及法律上之陈述外，调查证据依通例应于受诉法院行之，即在组织判决之推事前由其直接调查。关于证据之调查，本书将在下文专章考察，此处不再赘述。

(2) 言词辩论之进行

虽然《民事诉讼条例》规定了言词主义和直接审理主义，但是对于言词辩论之具体顺序则没有直接规定，即对言词辩论采自由顺序主义。自由顺序主义系相对于法定顺序主义而言。

---

[1] 石志泉著，解锟、张平、朱怡点校：《民事诉讼条例释义》，中国方正出版社2006年版，第106—107页。

法定顺序主义,即对当事人之辩论设法定顺序,辩论中当事人不按法定顺序行言词辩论者,视其辩论为无效。法定顺序主义能够使诉讼高效率进行并且有效地防止程序混杂、迟滞,其缺点在于当事人往往因受到过多限制而难以进行完全之辩论,且不得自由补正。而自由顺序主义则对当事人之言词辩论不设法定顺序,其优点在于当事人于言词辩论前得完全陈述其思想并得自由补正,其缺点在于易使诉讼程序繁杂而迟滞。[1]为了利用其优点而补正其缺点,《民事诉讼条例》在第240条中规定"攻击或防御方法得于言词辩论终结前提出之,当事人因重大过失或意图延滞诉讼逾时始行提出攻击或防御方法者,法院得驳斥之"的同时,也规定对于未在言词辩论终结前提出攻击或防御方法,但逾时提出"不致延滞诉讼者,不在此限"。

当然,言词辩论采自由顺序主义并不是指当事人可以不受任何限制地发表自己的辩论意见。在言词辩论中,由审判长行使指挥诉讼及维持言词辩论秩序之权。《法院编制法》及《民事诉讼条例》就法庭之开闭及秩序赋予了审判长多项职权。

第一,开闭法庭(言词辩论)。《法院编制法》第56条规定:审判长居法庭首席,于开闭法庭及审问诉讼均有指挥之权。《民事诉讼条例》在第242条规定:审判长开闭及指挥言词辩论。开言词辩论者,以审判长所定制言词辩论日期为准,有延展或变更之情况者,依《民事诉讼条例》第193条之规定行之。闭言词辩论,须于诉讼已可为裁判或应中止诉讼程序或延展日期时及因诉讼程序中断、休止或因撤回、和解等毋庸更行辩论时为之。言词辩论不以一次为限,"言词辩论须于下

---

〔1〕 关于自由顺序主义和法定顺序主义,详见石志泉著,解锟、张平、朱怡点校:《民事诉讼条例释义》,中国方正出版社2006年版,第106页。

次日期续行者，审判长应速定日期。"

第二，维持法庭秩序。《法院编制法》第57条规定："审判长于开庭时有维持秩序之权。"该法第61条规定："有妨碍法庭事务及其他不当之行为者，审判长得酌量轻重照下列各款分别处分：（一）命退出法庭；（二）命看管至闭庭时；（三）至闭庭时，更得处十日以下之拘留或十元以下之罚金。""处分妨害法庭之人，应详记其事由于谳牍。"而审判长之处分，得对于法庭上之所有人，包括两造当事人、证人、鉴定人、翻译、律师及旁听之妇孺。《民事诉讼条例》在第242条亦规定：审判长对于不从其命者，得禁止发言。

第三，指挥言词辩论。审判长居于首席，负责开闭法庭及指挥言词辩论。此处所谓言词辩论之指挥，系出于使诉讼易于终结之目的，而命当事人为适当之辩论。《民事诉讼条例》第243条规定："审判长应注意令当事人得为完全适当之辩论。审判长应向当事人发问或晓谕，令为因定诉讼关系所须之声明或陈述。其所声明或陈述有不明了、不完足者，令其叙明或补充之。审判长于应依职权调查之事项有疑义者，应令当事人注意。"出于对诉讼参加者可能出现法律知识缺乏的考虑，该条例第322条规定："审判长于有必要时，应于言词辩论向未由律师代理之当事人谕知诉讼行为及迟误诉讼行为之效果。"由于本条规定是为保护缺乏法律知识者而设，对于有律师代理之当事人不适用。且本条规定之性质为训示，虽未照办，于迟误诉讼行为之效果并无影响。

由于言词辩论采自由顺序主义，于法庭上，当事人两造应在审判长之指挥下，就诉讼关系为事实上及法律上之陈述。若当事人有举证之责任者，应依照证据之规定行之。各当事人对于他提出之事实及证据方法应为陈述。[1]除此之外，对于当事人之发问，陪审推事告明审判长后，得向当事人发问或为晓谕。由于当事人（或其代理人）直接向对方当事人发问，易乱辩论秩序，故法律不允许直接发问，必先声请审判长，求其代为发问，如审判长认为适当时，亦得许可当事人直接发问。此外，为使诉讼关系更加明了，《民事诉讼条例》第246条规定："法院因阐明或确定诉讼关系得为下列各款事宜：一、命当事人本人到场；二、命当事人提出图案、表册或外国语文书之译本；三、命将当事人提出之文书或其他物件于一定期限留置于书记科；四、依本条例第二编第一章第二节及第三节规定搜集或调查证据。"

在言词辩论中，法律赋予当事人及其他参与辩论人就审判人员之命令提出异议的权利。《民事诉讼条例》第245条规定："参与辩论人若以审判长关于指挥诉讼之裁决或审判长及陪审推事之发问或晓谕为违法提出异议者，法院应就其异议为裁判。"所谓参与辩论人，包括当事人、代理人、从参加人、诉讼辅佐人、证人或鉴定人。

（3）言词辩论笔录

北洋时期的民事诉讼，采言词主义。言词主义之优势在于能使诉讼速于进行且易得完全之裁判资料，然推事惟本其记忆以为裁判，则因时日之经过，若记忆稍有疏漏，则裁判即不能恰当，且下级法院之裁判资料无由使上级法院知之，此其缺点也。[2]因防止言辞注意之弊端，应设法保存言词辩论之结果，

---

[1] 参见《民事诉讼条例》第236—239条。
[2] 关于言词主义与书状主义之比较，详见石志泉著，解锟、张平、朱怡点校：《民事诉讼条例释义》，中国方正出版社2006年版，第105页。

因此《民事诉讼条例》在第 253 条第 1 款规定："法院书记官应作言词辩论笔录。"

言词辩论笔录应包括两个方面的内容，一是言词辩论之客观事项，二是言词辩论之内容要领。所谓客观事项，《民事诉讼条例》第 253 条第 2 款规定："笔录内应记明下列各款事项：一、辩论之处所及年、月、日；二、推事书记官及通译姓名；三、诉讼事件；四、到场当事人、法定代理人、诉讼代理人及辅佐人姓名；五、辩论之公开或不公开。"以上各项即为言词辩论之客观事项。关于言词辩论之要领，《民事诉讼条例》第 254 条规定："言词辩论笔录得只记明辩论进行之要领，但下列各款事项应记入笔录，令其明：一、诉讼标的之舍弃或认诺及自认；二、证据方法之声明或舍弃，及对于违背诉讼程序规定之异议；三、本条例定为应记明笔录之声明或陈述；四、证人或鉴定人之陈述，及勘验所得之结果；五、不作裁判书附卷之裁判，及裁判之宣告。除前项所揭外，当事人所为重要之声明或陈述，及经晓谕而不为声明或陈述之情形，审判长得命记明于笔录。"所谓辩论进行之要领，指辩论经过情形之大概而言。言词辩论笔录内，毋庸详细记明辩论之内容，只需记明辩论过程之大概情况即可。但是由于上述条款规定各事项事关诉讼之裁判，应详细记载，以防发生"记忆稍疏漏而裁判不恰当"之情况。言词辩论笔录记明后，根据规定，笔录所记明事项应当庭向关系人朗诵或令其阅览，并于笔录内附记其事由。由此可知，言词辩论笔录须于言词辩论时作之，不得事后补作。言词辩论笔录除由书记官作于法庭上之外，对于应当记入笔录之当事人声明或陈述，审判长得令当事人提出书状或依当事人之声明提出书状附于笔录，使其明确，但当事人将书状附于笔录之声明仅以当庭提出者为限。[1]笔录内引用附卷之文件或表示将该文件作为别录或附件者,其文件所记明之事项与记明笔录者有同一效力。[2]

对于笔录之效力,《民事诉讼条例》第260条规定:"笔录或与笔录有同一效力之文件所记事项,法院应依职权斟酌之。"第295条规定:"言词辩论程式之遵守,专以笔录证之。"所谓言词辩论之程式,系指推事及书记官之列席、检察官之莅庭、辩论是否公开、是否由当事人两造辩论及裁判之宣告等事项。辩论程式之遵守与否,以笔录或与笔录有同一效力之文件为唯一之证据方法,不许以其他证据证明之。正是由于言词辩论笔录之证明力,《民事诉讼条例》第257条规定:"审判长及法院书记官应于笔录内签名。审判长有故者,由资深陪席推事代行签名。若独任推事有故,得仅由书记官签名。"且该条例第258条规定:"笔录不得挖补或窜改文字。若有增加、删除,应盖印并记明字数。其删除处留存字迹,俾得辨认。"

9. 评议

《法院编制法》将审判分为独任审判和合议审判两种。根据《法院编制法》第5条之规定,地方审判厅在审理案件时,若诉讼案件系第一审者,以推事一员独任行之;若诉讼案件系第二审,则以推事三员之合议庭行之;诉讼案件系第一审而繁杂者,经当事人之请求或依审判衙门之职权,亦以推事三员之合议庭行之。该法第72条规定:"审判衙门合议庭判断案件,应照本法所定推事员数评议及决议之。"因此,地方审判厅在

---

[1] 参见《民事诉讼条例》第326条。
[2] 参见《民事诉讼条例》第255条。

审理第一审繁杂之民事案件时，由推事三人组成合议庭审理，此时案件之裁判需要合议庭评议。

案件之评议，由审判长总司其事。案件之评议概不公开，但候补推事及学习推事得准其入座旁听。此外，案件之评议判断之颠末[1]及各员之意见，均应严守秘密。

在案件的评议过程中，庭员须各陈述意见。其陈述意见之次序，以官资较浅者为始，资同以年少者为始，以审判长为终。案件评议之决议，以庭员过半数之意见定之。由于民事诉讼中多涉标的之价额，《法院编制法》专门规定："关于金额，若推事意见分三说以上不能得过半数者，将诸说排列以金额多寡为序，数至金额居中者为之，以该数作为过半数。"[2]

10. 裁判

所谓裁判，是指法院于诉讼案件中所为之中间或终局意思表示。《民事诉讼条例》第261条规定："裁判除依本条例应以判决行之者外，以裁决行之。"即法院之裁判包括判决和裁决两种。本书将就法院之判决与裁决分别予以考察。

（1）判决

根据《民事诉讼条例》第261条之规定，法院应为判决之情形，须由法律以明文规定。依据《民事诉讼条例》之规定，下列裁判应以判决行之：

①以诉为合法或无理由而驳斥之，及以诉为有理由而宣示被告败诉之裁判。[3]

---

[1] 所谓颠末，是指自始至终的经过情形。——编者注
[2] 以上关于案件评议之规定，见于《法院编制法》第九章第72条至第80条。
[3] 《民事诉讼条例》第290条、第451条、第452条、第455条、第456条、第457条、第577条、第650条、第739条、第273条。

第四章 北洋时期的民事司法审判程序研究

②以上诉为不合法或无理由而驳斥之,及以上诉为有理由而变更原判决或将事件发回原法院或发交原法院之同级法院裁判。[1]

③于终局判决前就独立之攻击或防御方法所为之裁判。[2]

④请求之原因及数额俱有争执时,以其原因为正当之裁判。[3]

⑤于公示催告后宣示除权或宣示亡故之裁判。[4]

⑥因迟误必要之言词辩论日期,或迟误上诉期限、再审之期限、不服除权判决或亡故宣示之诉之期限,及不服禁治产宣示或驳斥撤销禁治产之声请之诉之期限而声请回复原状时,法院关于其声请所为之裁判。[5]

⑦准许当事人脱离诉讼及宣示承受诉讼无效或无承受之裁判。[6]

⑧原告不提供诉讼担保或不赔偿前诉讼费用而宣示原告已将其诉或上诉撤回之裁判。[7]

⑨于判决时所为诉讼费用之裁判。[8]

⑩关于假执行之裁判。[9]

---

[1]《民事诉讼条例》第508条、第517条、第518条、第520条、第521条、第544条、第545条、第546条、第549条。
[2]《民事诉讼条例》第453条。
[3]《民事诉讼条例》第454条。
[4]《民事诉讼条例》第641条、第661条、第739条、第748条。
[5]《民事诉讼条例》第211条。
[6]《民事诉讼条例》第76条、第81条、第225条。
[7]《民事诉讼条例》第128条、第308条。
[8]《民事诉讼条例》第109条、第273条。
[9]《民事诉讼条例》第465条、第466条。

关于判决作出之依据，由于该时期之民事诉讼法律系采言词主义和直接审理主义，判决除法律有特别规定外，应本于当事人之言词辩论为之，未经言词辩论之攻击或防御方法，法院于判决时得不斟酌其意。推事非与于判决基础之言词辩论者，不得与于判决。[1]

判决之类型，《民事诉讼条例》规定有中间判决和终局判决之分。

第一，于某审级对于当事人两造或一造以终结诉讼全部或一部为目的之判决为终局判决。对于终局判决，法律规定，诉讼可为裁判时，法院应为终局判决，命合并辩论之数宗诉讼，其一可为裁判时亦同；诉讼标的之一部或以一诉主张之数项标的，其一可为裁判时，法院得为一部。终局判决者，除法律明文规定不得上诉者外，均得上诉。

第二，所谓中间判决，即非以终结诉讼全部或一部为目的之判决。各种独立之攻击、防御方法或中间之争点可为裁判时，法院得为中间判决。请求之原因及数额俱有争执，法院以其原因为正当者，得为中间判决。中间判决原则上不得上诉及再审，惟前项法院以原因为正当之中间判决之当事人得提起上诉或再审。

关于判决之宣告，法律坚持公开宣告原则。《法院编制法》第55条规定："诉讼之辩论及判断之宣告，均公开法庭行之。"第58条规定："公开法庭有应行停止公开者，应将其决议及理由宣示，然后使公众退庭，至宣告判决时仍应公开。"《民事诉讼条例》则于第263条规定："判决，应宣告

---

[1] 参见《民事诉讼条例》第262条。

之。但不经言词辩论之判决，不在此限。"判决应于言词辩论终结之日期宣告，或辩论终结时由审判长指定判决宣告日期。指定宣告日期，自辩论终结时起不得逾五日。判决宣告之程式，为审判长朗诵主文，判决之理由毋庸宣告，若认为应谕知判决之理由者，审判长并应朗诵理由或口述其要领。判决宣告后即对当事人及法院具有法律效力，而不问宣告判决时当事人是否在场。且当事人于宣告判决后，得不待送达，即可本于该判决为诉讼行为。[1]例如，终局判决宣告后，当事人得不待送达而上诉。且判决经宣告后，为该判决之法院受其羁束。[2]

关于判决之形式，《民事诉讼条例》第266条规定："判决应作判决书记明下列各款事项：一、当事人姓名、住址，若当事人为法人或其他团体，则其名称及事务所；二、当事人之法定代理人及诉讼代理人姓名、住址；三、判决主文；四、事实；五、理由；六、法院。事实项下应记明当事人在言词辩论所为之声明及其提出之攻击或防御方法，并调查证据所得结果之要领。理由项下应记明关于攻击或防御方法之意见及法律意见。"为判决之推事，应于判决书内签名。若推事中有因故不能签名者，由审判长附记其事由。审判长有故者，由资深陪席推事附记之。

关于判决书之送达，法律规定，判决原本应自宣告判决之日起于5日内交付法院书记官；书记官将判决书正本送达于当事人，送达于当事人之判决书正本应记明其为正本，并由法院

---

[1] 参见《民事诉讼条例》第263条至第265条。
[2] 参见《民事诉讼条例》第271条。

书记官签名,盖法院之印。[1]同时,法律规定,对于判决得为上诉或声请回复原状者,审判长应于判决书正本中记明其期限及提出上诉状或声请书之法院。[2]

判决书之正本、缮本与节本均由书记官为之,因劳动量巨大,或难免出现文笔疏漏。对此,《民事诉讼条例》第272条规定:"判决如有误写、误算或其他显然错误者,法院随时得依声请或依职权以裁决更正之,判决正本与原本不符者亦同。"且法院依当事人声请或依职权作出补正之裁决,应附记于判决原本及正本。若正本已经送达而不能附记者,应作该补正裁决之正本送达于当事人。

对于判决有脱漏者,法律亦规定其补充办法。所谓判决之脱漏,系法院关于应在判决主文裁判之事项全部或一部实际有未为裁判者。对此,《民事诉讼条例》第273条规定:"主请求、从请求或费用之全部或一部判决有脱漏者,法院应依声请以判决补充之……"补充判决者,须依当事人之声请为之。当事人声请补充判决之期限,为判决送达后10日内。补充判决之声请应否准许,法院应依职权调查之。当事人之声请不予准许者,法院应以裁决驳斥之。应予准许者,法院则视脱漏之部分是否经言词辩论:若脱漏之部分已经辩论终结者,法院应不行言词辩论即为补充判决,但其判决非与于前判决之推事不得为之,若推事有变更者,应更新辩论;若脱漏之部分尚未经

---

[1] 证书有原本、缮本、正本、节本等类别。根据石志泉先生之论述,另作之本全录原有证书之内容者,曰"缮本"。对于缮本,称原有之证书曰"原本"。缮本对于外部,与原本有同一之效力者,曰"正本"。节录原有证书内容之一部者,曰"节本"。参见石志泉著,解锟、张平、朱怡点校:《民事诉讼条例释义》,中国方正出版社2006年版,第283页。

[2] 参见《民事诉讼条例》第269条、第270条。

言词辩论,则审判长应即定言词辩论日期,适用前判决之程序为脱漏部分之言词辩论,再为补充判决。

(2) 裁决

法律规定法院应以判决为之行为外,应以裁决行之。不同于判决,民事诉讼法律对于裁决不采言词主义。《民事诉讼条例》第274条规定:"裁决,得不经言词辩论为之。"当然,除法律不许于裁决前讯问关系人者外,[1]法院或推事于裁决前得令关系人以书状或以言词陈述。该书状或言词陈述,性质为补充或阐明卷宗内已有之资料,故当事人虽不提交书状或于言词辩论日期不到场者,法院仍得专据卷宗而为裁决。

裁决之应宣告与否,应视其是否经言词辩论而定:经言词辩论之裁决,应宣告之;不宣告之裁决,应为送达,且已宣告之裁决得抗告者,亦应为送达。裁决之宣告程式、效力、送达之程序等与判决同。[2]根据《民事诉讼条例》第254条第1款第5项之规定,裁决得不作裁决书而将其记入言词辩论笔录,即使作裁决书者,亦不似判决书之必须记明事实与理由,只须记明其所为裁决之内容即可。然对于驳斥声明或就有争执之声明所为之裁决,应附理由。[3]

(二) 第一审简易程序

第一审简易程序之称谓,系指《民事诉讼条例》于第二编第二章专章规定"初级审判厅诉讼程序"。由于初级审判厅已于1914年悉数裁撤,民国十年(1921年)七月二十二日,

---

[1] 法律不许于裁决前讯问关系人者,见《民事诉讼条例》第50条、第601条之规定。
[2] 参见《民事诉讼条例》第279条。
[3] 参见《民事诉讼条例》第277条。

北洋政府以第二十七号教令公布《民事诉讼施行条例》，其第5条规定："在初级审判厅规复以前，本条例中关于初级审判厅之规定，于地方审判厅之简易庭或分庭适用之。"[1]嗣后，北洋政府的《民事简易程序暂行条例》规定，凡《民事诉讼条例》所定初级审判厅管辖之第一审案件，均由简易庭办理。由是，本书将"初级审判厅诉讼程序"定名为"第一审简易程序"。

诉讼事件属于初级审判厅之事物管辖者，或则轻微、或则简单、或则应速办结，其诉讼程序以便捷为要。且依据《法院编制法》第5条规定之意旨，[2]初级审判厅审理之案件大多由独任推事审判，故其程序不能与地方审判厅审理第一审案件之程序尽同。简易程序与普通程序不同之处，《民事诉讼条例》于第二编第二章定之，其他则准用地方审判厅审理第一审程序之规定。[3]本书考查第一审简易程序与第一审普通程序之差别如下。

1. 起诉

相比较于地方审判厅第一审诉讼程序以书状主义为原则，对于向初级审判厅提起之诉讼，得以言词为之。《民事诉讼条例》第477条规定："起诉及于言词辩论外，所得提出之其他

---

[1] 参见中华民国十年（1921年）七月二十二日教令第二三号：《民事诉讼条例施行条例》。

[2] 《法院编制法》第5条第1款："地方审判厅为折衷制，其审判权按照下列各款分别行之：（一）诉讼案件系第一审者，以推事一员独任行之；（二）诉讼案件系第二审，以推事三员之合议庭行之；（三）诉讼案件系第一审而繁杂者，经当事人之请求或依审判衙门之职权，亦以推事三员之合议庭行之。"

[3] 《民事诉讼条例》第476条规定："初级审判之诉讼程序，除因本章特别规定及初级审判厅之编制有不同者外，准用地方审判厅诉讼程序之规定。"

声明或陈述得以言词为之。"因此,当事人得自由选择以言词或书状形式向初级审判厅起诉。

《民事诉讼条例》第478条规定:"以言词起诉,除由律师为送代理人者外,于推事前为之。前项情形,推事就当事人应陈述之事项及陈述之疵累,应为必要之指示,但经指示后,当事人仍求将其申述记明笔录者,不得拒绝之。"该条之规定目的在于保障缺乏法律知识者之诉讼权利。缺乏法律知识之原告,于推事前为起诉,以便推事就原告所应陈述之事项及其陈述之疵累为必要之指示。所谓原告应陈述之事项,乃第一审普通诉讼程序之起诉状所应记明之事项,包括当事人、诉讼标的、应受判决事项之声明以及法院,此外,准备言词辩论之事项亦应于起诉时予以说明。此处推事之指示并非裁判性质,仅为帮助缺乏法律知识之原告,因此,原告对于推事之指示得拒绝之,且该条规定不适用于由律师为诉讼代理人之情形。

2. 受理及送达

法院对于第一审简易程序之受理,适用第一审普通程序之规定。惟送达之程序,若原告以言词起诉者,由于无起诉之书状,法院应将记明言词起诉之笔录与言词辩论日期之传票一并送达被告。

被告之就审期间,第一审普通程序应自诉讼传票送达起不少于10日,由于第一审简易程序之事项相对简单,就审期间定为至少3日,但遇有急迫情形者不在至少3日之限。[1]

3. 言词辩论之准备

在地方审判厅,诉讼程序当事人应于言词辩论日期前提出

---

[1] 参见《民事诉讼条例》第479条。

准备书状于法院，并由法院送达于他造当事人。而第一审普通程序则无上述要求。《民事诉讼条例》第 480 条规定："言词辩论日期之传票，应记明当事人务于辩论日期携带所用证书之原本或勘验之标的物及偕同所举证人到场。"记明原告言词起诉之笔录或诉状及言词辩论日期之传票一并送达被告后，并无被告于未逾就审期间之二分之一日期内提出答辩状之规定，因此，被告之准备书状可以于言词辩论日期直接提出于法院。

当然，对于第一审简易程序之言词辩论，当事人亦得以书状或笔录准备之。当事人于其声明或主张之事实或证据方法，认他造当事人非有准备不能陈述者，得于言词辩论前直接通知他造。[1] 当事人有准备书状者，得不经法院送达而以其他方法将准备辩论之事项，以自己遣人或邮政之形式直接通知他造。

4. 言词辩论及判决

关于第一审简易程序之言词辩论，《民事诉讼条例》于第 483 条规定："关于财产权之诉讼，其诉讼标的之金额或价额未逾五十元者，适用第四百八十四条至第四百九十二条之规定。"因此，标的之金额或价额已逾 50 元者，其言词辩论之程序依照第一审普通程序之规定行之；惟未逾 50 元者，事更轻微且简单，宜从速办结，乃适用更为简便之程序。

《民事诉讼条例》第 484 条规定："定日期及期限时，应主义令诉讼得速终结。"且当事人于言词辩论所为之声明及陈述，本应记明于言词辩论笔录，盖因事至简，在第一审简易程序中，除法院认为必要者外，毋庸记明于笔录。[2]

除有特别情形者外，言词辩论应以一次日期终结，并即时

---

[1] 参见《民事诉讼条例》第 481 条。
[2] 参见《民事诉讼条例》第 485 条。

宣告判决。且判决书内之事实及理由仅记明要领即可。《民事诉讼条例》第491条规定："送达当事人之判决正本，除当事人有特别声明外，毋庸录载事实及理由。"

5. 诉之变更、追加及反诉

关于简易程序之原告追加或变更原诉，或被告提起反诉者，应视变更或追加后之新诉或反诉是否逾50元而定。

第一，变更或追加后之新诉或反诉已逾50元者，《民事诉讼条例》第492条第1款规定："因诉之变更致诉讼标的之金额或价额逾第四百八十三条所定数额而仍属初级审判厅管辖者，其辩论及裁判应依初级审判厅通常程序之规定。"原有之诉其标的之金额或价额未逾50元者，嗣后原告变更其诉，新诉标的之金额或价额逾50元者，如仍属于初级审判厅之事物管辖者，则应依照初级审判厅之通常程序办理，不得适用第484条至第491条之规定；若新诉标的之金额或价额逾50元者，应属地方审判厅之事物管辖者，则初级审判厅应以其为不合法而驳斥之，其原有之诉除已经由原告撤回外，仍适用上述之特别规定为辩论及裁判。

第二，变更或追加后之新诉或反诉未逾50元者，根据《民事诉讼条例》第492条第2款之规定，追加之新诉或反诉，其诉讼标的之金额或价额逾50元者，若以原有之诉与之合并，辩论及裁判应依初级审判厅通常程序之规定。当然，若新诉或反诉已不属于初级审判厅之事物管辖者，应以其为不合法而驳斥之。

6. 简易程序之和解

由于简易程序之事实简单、金额或价额较小，法律特别规定以和解贯穿简易程序之始终。《民事诉讼条例》第488条规定："法院应于言词辩论随时劝谕和解。"

为鼓励当事人之和解，根据该法第493条、494条之规定，无论当事人是否有起诉之意，在未起诉前得专为试行和解声请法院传唤他造当事人于指定之日期到场。和解不成立者，当事人得即时起诉并为诉讼之言词辩论。和解不成立者，其费用视作诉讼费用之一部分。

(三) 第二审程序

对第一审或第二审声明不服以要求废弃裁判或变更裁判之方法，称为上诉。第二审程序，乃对于第一审之判决提起上诉而开始。关于第二审程序之性质，学界有三种不同学说：其一，复审制，即第二审法院可不问第一审法院之判决如何，而作为新诉讼事件来审理，第一审中的一切诉讼资料于第二审无效，第二审法院应重新收集、调查诉讼资料，并在此基础上作出裁判；其二，事后审制，第二审法院乃只调查下级法院能否据当事人所提出之诉讼资料而为正当之裁判，第二审法院只能以当事人在第一审中提出之诉讼资料为根据，不许当事人于第二审中提出新诉讼资料；其三，续审制，即第二审法院应续行第一审判决之言词辩论，并许诉讼资料之补充及变更，调查第一审之判决是否正当，此时当事人在第一审中提出之诉讼资料，于第二审继续有效，当事人在第一审中未提出之诉讼资料，于第二审中可提出。[1]综合上面三种学说，复审制于第一审法院之所有诉讼资料不加利用，有浪费司法劳力与事件之虞，事后审制不许当事人再提出新诉讼资料，于保护当事人之利益无

---

[1] 参见金绂著、康志点校：《民事诉讼条例详解》，载邓继好主编：《中国民事诉讼法制百年进程》(民国初期·第一卷)，中国法制出版社2009年版，第444页；齐树洁主编：《民事程序法》(第五版)，厦门大学出版社2006年版，第155—156页。

益，惟续审制无上述两者之缺点，《民事诉讼条例》取续审制。

北洋时期之民事诉讼，一直坚持"三审制"的审级制度，故第二审程序与第三审程序统称为上诉审程序。而关于上诉审程序之名称，《各级审判厅试办章程》与《民事诉讼条例》之规定不尽相同。《各级审判厅试办章程》第58条规定："上诉之方法如左：一、控诉，凡不服第一审之判决于第二审审判厅上诉者曰控诉；二、上告，凡不服第二审之判决于终审审判厅上诉曰上告；三、抗告，凡不服审判厅之决定或命令，依法律于该管上级审判厅上诉者曰抗告。"而《民事诉讼条例》则在第三编"上诉审程序"中直接使用第二审程序、第三审程序之称谓。为符合现代民事诉讼习惯，本书虽考察《各级审判厅试办章程》关于上诉之规定，仍将统一使用第二审程序、第三审程序之说法以代替"控诉""上告"等称谓。

1. 上诉之提起

（1）上诉理由

《民事诉讼条例》第495条规定："对于第一审之终局判决或视作终局判决之中间判决，得上诉于管辖第二审之法院。"因此，得提出独立上诉者，唯终局判决及视作终局判决之中间判决是也。终局判决者，不问其为全部判决或一部判决，抑或对席判决或缺席判决。[1] 所谓视作终局判决之中间判决，则是指有关于上诉视同终局判决之中间判决，该类中间判决由法律以明文规定，例如，《民事诉讼条例》第454条之规定："请求之原因及数额俱有争执，法院以其原因为正当者，得为中间判决。前项中间判决，关于上诉及再审，视与终局判决同。"

---

[1] 全部判决与一部判决，以及缺席判决之规定，详见《民事诉讼条例》第451条、第452条、第457条。

除此类中间判决外，其余中间判决均不可提起独立上诉。

当事人对于终局判决及视作终局判决之中间判决提起上诉者，由于该判决前所为之中间判决及裁决，或为该终局判决之理由，《民事诉讼条例》第 496 条规定："前条判决前之裁判牵涉该判决者，并受第二审法院之审判。但依本条例不得声明不服或得以抗告声明不服之裁判，不在此限。"关于独立之攻击、防御方法，或中间争点之中间判决，及诉讼程序进行中所为之裁判，凡于终局判决有影响者，皆得随同对于终局判决之上诉，声明不服，以求并受第二审法院之裁判也。需要注意的是，法律规定不得声明不服或得以抗告声明不服之裁判，不得随同终局判决之上诉而上诉，类似规定以法律明文规定之。法律规定不得声明不服者，如《民事诉讼条例》第 37 条："指定管辖之裁决，不得声明不服。"得以抗告声明不服者，如《民事诉讼条例》第 47 条："声请推事回避，经裁决驳斥者，得于裁决送达后五日之不变期限内抗告。其以声请为正当者，不得声明不服。"此外，《民事诉讼条例》第 497 条规定："对于地方审判厅之判决，不得以该事件应属初级审判厅之事物管辖为理由而上诉。"法律为此规定者，盖因地方审判厅之诉讼程序较初级审判厅更为郑重，应认其判决亦较正确，使用此条规定，以关于事物管辖为限，在土地管辖及职务管辖中并不适用。

根据石志泉先生论述，提起上诉须主张原判决于上诉人不利且属不当，以为上诉理由。故上诉人如在第一审全部胜诉，于原判决并无不服，而仅为在第二审行诉之变更、追加或提起反诉因而提起上诉者，不应准许之。[1]

---

[1] 石志泉著，解锟、张平、朱怡点校：《民事诉讼条例释义》，中国方正出版社 2006 年版，第 357 页。

(2) 上诉权及其行使

上诉权，即在法定期限内对第一审判决声明不服以要求第二审法院废弃第一审裁判或变更裁判之权利。上诉权之行使，须依照法律规定之形式及期限。

关于上诉期限，根据《各级审判厅试办章程》第60条及第61条之规定，民事上诉应自宣示判词之日始于10内提起。[1]同时，该章程第65条规定："凡逾上诉期限而不上诉者，其原判词即为确定，但因天灾或意外事变之障碍，准其声明于原检察厅，查无虚伪，仍许上诉。"民国二年（1913年）九月三十日司法部公布《修正各级审判厅试办章程三条》规定，凡民事上诉自送达判词之日始，限于二十日内呈请原审判衙门移送上级审判衙门；凡逾上诉期限而不上诉者，其原审判词即为确定，但因天灾或意外事变之障碍，民事准向原审判厅声明，查无虚伪，仍许上诉。[2]后公布之《又修正各级审判厅试办章程一条》规定："各省民刑上诉期限准用原章第六十条及第六十一条并六十五条修正之规定，但应依道里远近，除去在途之日计算。"

而《民事诉讼条例》对于上诉期限之规定更为详尽，其第500条规定："提起上诉，应于第一审判决送达后二十日之不变期限内为之。但第一审判决宣告后送达前之上诉，亦有效力。"因此，上诉期限为20日之不变期限，以第一审判决送达开始计算，对于当事人两造分别进行。故对于两造送达之日期

---

[1]《各级审判厅试办章程》第60条："凡刑事上诉，自宣示判词之日始于五日内呈请原检察移送上级检察厅。"第61条："凡民事上诉准用前条之规定，但其期限以十日为限。"

[2] 参见中华民国二年（1913年）九月三十日：《修正各级审判厅试办章程三条并司法部呈文》。

有先后者，其上诉期限之届满亦有先后。上诉期限为不变期限，根据《民事诉讼条例》第 197 条之规定，若当事人不在法院所在地居住者，计算法定期限应扣除其在途之期间，但当事人有诉讼代理人居住法院所在地者，不在此限。[1]于上诉期满提起上诉者，依据《民事诉讼条例》第 504 条、508 条之规定，法院应以裁决驳斥之。[2]此处值得注意的是，《民事诉讼条例》第 504 条规定："向原第一审法院提起上诉，若逾上诉期限者，第一审法院应以裁决驳斥之。"上诉虽向第一审法院提起，然而关于上诉之调查裁决，为第二审法院之应为。但确认上诉逾期与否，实属简单，故法律允许原第一审法院径以裁决驳斥已逾期之上诉。上诉有其他不合法之情形者，无论其情形如何明显，原第一审法院无驳斥之权。

提出上诉之形式，法律规定原则上应以书状形式，以言词上诉为例外。《各级审判厅试办章程》于第 64 条规定了上诉状应记明之内容，包括上诉人姓名、籍贯、年龄、住所、职业，原审判厅，原审判厅之判词，不服之理由以及赴诉之审判厅。《民事诉讼条例》第 502 条规定："提起上诉应以上诉状表明下列各款事项，提出于原第一审法院或第二审法院为之：

---

[1] 该条第 3 款还规定："应扣除之在途期间，以司法部命令定之。"根据民国十年（1921 年）八月二十六日之司法部令，在途期间扣除之一般标准应依当事人居住地与法院所在地距离之远近。每水陆路 50 里扣除一日，其不满 50 里而在十里以上者亦同。海路每一海里作三里半计算。在通行火车、轮船之地，应依车行或船行期间定其全部或一部之在途期间，其车行或船行不满一日者，亦作一日计算。——编者注

[2]《民事诉讼条例》第 504 条规定："向原第一审法院提起上诉，若逾上诉期限者，第一审法院应以裁决驳斥之。"第 508 条规定："审判长于定言词辩论日期前，认有下列各款情形之一者，应不定日期，求法院之判决；一、上诉不合程式，或已逾期……"

一、当事人；二、第一审判决及对于该判决上诉之陈述；三、对于第一审判决不服之程度，及求如何废弃或变更之声明。上诉状内应记明新事实及证据方法，并其他准备言词辩论之事项。"上诉权人可以选择向原第一审法院或第二审法院提起上诉，上诉状一经提出，即为已有上诉。上诉权人对第一审判决不服之程度，即对于第一审判决系全部不服，抑或一部不服，须于上诉状内表明。此声明为定第二审辩论之权限，亦以定变更第一审判决之权限。[1]由于该时期之民事诉讼程序法采续审制，当事人在第一审中未提出之诉讼资料，于第二审中可提出，第二审有新事实及证据方法者，得以上诉状内记明。除以书状形式提起上诉外，《民事诉讼条例》第503条规定了例外情况："对于初级审判厅之判决提起上诉，得于原第一审法院以言词为之。"当然，以言词上诉者，应遵守言词起诉之规定，除由律师为诉讼代理人者外，须于推事前为之。推事就上诉人应陈述之事项及陈述之疵累，应为必要之指示，但经指示后，上诉人仍求将其陈述记明笔录者，不得拒绝之。[2]上诉未合程式者，法院得驳斥之。

关于上诉权之舍弃，《民事诉讼条例》第498条规定："当事人于第一审判决宣告或送达后，不问有无他造同意，得舍弃上诉权。于宣告判决时，以言词舍弃上诉权者，应记明于言词辩论笔录。若他造当事人不在场，应将笔录送达。"所谓舍弃上诉权，系当事人表示对第一审判决不声明不服之意思。为上诉权之舍弃，必待第一审判决宣告后，不宣告者，在其送达后为之。上诉权之舍弃为诉讼法上之一方法律行为，应对于

---

[1] 参见《民事诉讼条例》第511条、第518条。
[2] 参见《民事诉讼条例》第478条。

法院行使，毋庸经他造当事人之同意。上诉权之舍弃，产生丧失上诉权之效果，若于舍弃上诉权后提起上诉者，其上诉应不准许，法院应以其为不合法而驳斥之。[1]

所谓上诉人，系有权提起上诉之人。依《民事诉讼条例》之规定，如下人员得为提起上诉。

第一，第一审之当事人有上诉权，自不待言。

第二，《民事诉讼条例》第73条规定："参加人得视参加时之诉讼程度辅助当事人为一切诉讼行为。但其行为与该当事人之行为抵触者，不生效力。"所谓参加人，即就两造之诉讼有法律上利害关系之第三人为辅助一造期间，得参加于该诉讼。[2]因此，参加人于其所辅助之当事人所应遵守之上诉期限内，亦得为上诉。但由于参加人之行为不得与其所辅助之当事人之行为抵触，如其所辅助之当事人已舍弃上诉权者，参加人不得提起上诉。

第三，普通共同诉讼人，各得独立提起上诉，其一人所提起之上诉，于他人无影响。[3]而必要共同诉讼人中，其一人提起上诉者，他人皆为上诉人。

第四，《民事诉讼条例》第213条规定："当事人亡故者，

---

〔1〕 石志泉著，解锟、张平、朱怡点校：《民事诉讼条例释义》，中国方正出版社2006年版，第359页。

〔2〕 参见《民事诉讼条例》第69条。

〔3〕 《民事诉讼条例》并无普通共同诉讼人和必要共同诉讼人之称呼，本书出于符合现代诉讼法习惯起见作此称谓。《民事诉讼条例》第66条规定："共同诉讼人内一人之行为，及他造当事人对于共同诉讼人内一人之行为或关于其一人所生之事项，除本条例及其他法令有特别规定外，其利害不及于他共同诉讼人。"第67条规定："诉讼标的于法律上对于共同诉讼之各人必须合一确定，或其各人必须一同起诉或一同被诉者，使用下列各款规定：……二、他造当事人对于共同诉讼人内一人所为之行为，视与对全体所为者同。"

诉讼程序于其继承人承受诉讼前中断。但有诉讼代理人代为诉讼者，不在此限。前项规定，于法人消灭而有包括承继权利义务之人者准用之。"第297条规定："诉讼拘束发生后，诉讼之标的虽有让与，于诉讼无影响。让受人若经诉讼之他造当事人同意，得代当事人担当诉讼或依第三十一条规定起诉。"因此，除第一审之当事人及其参加人外，其承受诉讼或担当诉讼之承继人亦有权提起上诉。

第五，《民事诉讼条例》第214条规定："当事人受破产之宣告者，关于破产财团之诉讼程序于依破产法有诉讼之承受或破产程序终结前中断。"因此，当事人受破产之宣告，依《破产法》承受诉讼之人得为上诉。

2. 上诉之受理

关于上诉之程序，《民事诉讼条例》第499条规定："除本章有特别规定外，地方审判厅第一审程序之规定，于第二审程序准用之。"因此，第一审普通程序之规定，部分亦应适用于上诉之第二审。

关于上诉之受理法院，本书已经在前文事物管辖部分予以详细考察。第二审程序之管辖法院，依据《法院编制法》《各级审判厅试办章程》及《民事诉讼条例》等法律之规定如下：其一，不服初级审判法庭判决而上诉之案件，由地方审判厅管辖；其二，不服地方审判厅管辖第一审案件之判决者，由高等审判厅管辖其第二审案件。

上诉人之上诉，向第一审法院提起与向第二审法院提起是有区别的：

上诉人之上诉向第一审法院提起者，根据《民事诉讼条例》第505条之规定，上诉人之上诉未逾上诉期限者，第一审法院书记官应速将上诉状或代上诉之笔录送达被上诉人。待各当事人之上诉期限均届满或各上诉人均提起上诉后,第一审法院书记官应速将上诉状或代上诉状之笔录,及被上诉人提出之书状,连同诉讼卷宗,送交第二审法院。若上诉人对第一审法院之一部判决或请求原因为正当之中间判决[1]不服而提起上诉,此时,该案之诉讼仍系属于第一审法院,若此时诉讼卷宗仍为续行第一审之辩论所需要,仍然应当将该卷宗送交第二审法院,而第一审法院自备该卷宗之缮本或节本自用。

若上诉人向管辖之第二审法院提起上诉,根据《民事诉讼条例》第506条之规定,第二审法院书记官应速求第一审法院之书记官送交诉讼卷宗。若此时诉讼仍系属于第一审法院,则适用《民事诉讼条例》第505条第3项之规定,第一审法院书记官仍需将诉讼卷宗送交第二审法院,而自备该卷宗之缮本或节本。

第二审法院收到上诉资料后,对于上诉是否合于程式,是否逾期(上诉人逾期向第一审法院提交上诉状被第一审法院驳斥者除外),及是否为法律上所应准许,应当依职权予以调查。第二审法院应予调查之事项如下:其一,上诉是否可以独立上述之终局判决或视为终局判决之中间判决;其二,上诉人是否主张原判决于上诉人不利且属不当;其三,上诉系有上诉权之人对于被上诉人为之;其四,上诉人有无舍弃上诉权或撤回上诉。当然,上诉合法要件之欠缺而可以补正者,依照第一审普通程序之规定于第二审判决前得补正之。[2]

---

[1] 参见《民事诉讼条例》第454条。
[2] 参见《民事诉讼条例》第61条、第92条、第147条。

3. 上诉之审理

民事诉讼之第二审程序采径行判决与言词辩论两种审理方式。

（1）径行判决

该时期之民事诉讼系采言词主义原则，程序之判决原应本于言词辩论为之，[1]然而部分违反诉讼程序规定之上诉，通常无行言词辩论之必要，为节省诉讼劳费及时间，《民事诉讼条例》第508条第1款规定，审判长于定言词辩论日期前，认为有下列情形之一者，应不定言词辩论日期，而径行判决：

①上诉不合程式，或已逾期限，或法律上不应准许者，但其情形可以补正者，审判长应定期限先命补正；

②该法院无第二审管辖权者；

③上诉主张第一审于应依职权调查之事项忽于调查，而有理由者；

④第一审言词辩论日期未到场之当事人以并无迟误为理由，对于所受判决上诉而有理由者；

⑤对于不关本案之判决上诉者；

⑥声请回复原状之当事人，对于驳斥声请之判决上诉者；

⑦审判长认为第一审之诉讼程序有重要之疵累，应将事件发还或驳斥原告之诉者。

上述情形均属于诉讼程序之问题，通常并无开言词辩论之必要，因此审判长可以径行判决。当然，法院之径行判决并不是绝对的，第508条第2款同时规定："法院于判决前认有讯问当事人之必要者，得命当事人以书状或以言词陈述。"第3

---

[1] 参见《民事诉讼条例》第262条。

款规定："法院认为应开言词辩论者，应定言词辩论日期。"

（2）言词辩论

根据《民事诉讼条例》第 508 条之规定，对于没有理由得为径行判决的第二审案件，审判长应定言词辩论日期。由于第二审案件之审理可能因第一审案件尚未完结等原因而与第一审案件有牵涉，第二审案件之言词辩论日期有不同于第一审普通程序之独特规则。

由于第二审程序之启动系上诉人对第一审之终局判决或视作终局判决之中间判决不服，若上诉人系对第一审求为补充判决而提起上诉，此时案件仍系属于第一审法院。第一审法院尚未为终局判决之时，第二审中间判决之上诉程序已经进行，难免出现裁判之抵触情形。因此，《民事诉讼条例》于第 509 条第 1 款规定："对于一部判决上诉，或第二百七十三条之补充程序，现系属于第一审法院者，得依声请变更或延展上诉至言词辩论日期，至他部判决或补充判决确定或有上诉到第二审法院为止。"对于此种情形，法院是否准许当事人之声请变更或延展日期，应于该两造上诉有无合并辩论之利益及防裁判抵触之必要，加以斟酌。若无此必要者，法院得不准许上诉人变更或延展第二审言词辩论日期之声请。

上诉系上诉人认为第一审之判决于己不利，若第一审之判决于原告及被告均不利者，两造得独立上诉。该两造上诉仍为同一诉讼事件，故其上诉原则上应同时辩论并同时裁判。《民事诉讼条例》于第 509 条第 2 款规定："于言词辩论日期，被上诉人之上诉期限未满或其上诉未到第二审法院者，应依声请变更或延展上诉之言词辩论日期，至期满或其上诉到第二审法院为止。"法律作此规定系出于两个考虑：一为节省司法之劳力时间，二为防止两造对裁判结果之抵触。由是，出现该情形时，法院应当合并辩论，无容法院自由意见之余地。

根据《民事诉讼条例》第499条规定："除本章有特别规定外，地方审判厅第一审程序之规定，于第二审程序准用之。"因此，审判长定第二审言词辩论日期后，由法院书记官将传票送达当事人两造。上诉状之缮本除已经由第一审法院书记官送达被上诉人外，上诉状应与传票一并送达被上诉人。其送达与言词辩论日期之间，应留10日以上之就审期间，有急迫情形者不在此限。被上诉人因准备言词辩论，应于未逾就审期间二分之一以前提出答辩状。[1]

当事人在第二审应于上诉声明之范围内，更为诉讼之辩论。[2]所谓上诉声明者，系指上诉人求将第一审判决如何废弃或变更之声明。提起上诉者，应于上诉状中记明上诉声明之范围。第一审之诉讼资料及判决，为第二审辩论之基础。上诉当事人之辩论应本于第一审之诉讼资料及判决，因此，当事人因使上诉之声明，及所不服之裁判之当否，审判长应注意令当事人为正确、完全之陈述，如有必要，得令庭员或书记官朗诵第一审判决笔录或其他卷内文书。如其陈述有不明确、不完全者，审判长或陪席推事应注意令其更正或补充之。[3]

该时期之民事诉讼法律采续审制，将第二审程序定为续行第一审判决之言词辩论，并许诉讼资料之补充及变更，调查第一审之判决是否正当，此时当事人在第一审中提出之诉讼资

---

[1] 此处系准用民事诉讼第一审普通程序之规定，详见《民事诉讼条例》第二编第一章"地方审判厅诉讼程序"。

[2] 参见《民事诉讼条例》第511条。

[3] 参见《民事诉讼条例》第243条、第512条。

料，于第二审继续有效，当事人在第一审中未提出之诉讼资料，于第二审中可提出。具体而言，包含两个方面内容。

第一，当事人于第二审中得提出新攻击或防御方法。攻击方法，指原告因维持其诉之声明而提出之诉讼资料或提出此项资料之行为。防御方法，指被告因维持其对于原告诉之声明所为之声明而提出之诉讼资料或提出此诉讼资料之行为。故，凡当事人因图自己利益所提出之事实，对于他造事实主张之陈述、证据方法、证据抗辩及法律上之意见与诉讼程序上之声明、声请等，皆为攻击或防御方法。[1]所谓新攻击与防御方法，系当事人在第一审未经提出或提出而未经斟酌之事实及证据方法。法律允许当事人提出新攻击或防御方法，不问其事实系生于第一审言词辩论终结之前或终结后，均得在第二审中任意提出。

第二，当事人在第一审就事实或证据未为或曾拒绝之陈述，得于第二审追加陈述。法律规定第一审言辞辩论中，各当事人对于他造提出之事实及证据方法应为陈述，[2]许于第二审追加陈述之。

《民事诉讼条例》第561条规定："在第一审所为之自认，于第二审亦有效力。"此处所谓自认，应专指诉讼上之自认也，系该法第330条规定之"当事人主张之事实经他造于准备书状或言词辩论，或在受命推事或受托推事前自认者"。当事人在第一审中所谓之诉讼上自认，于第二审中仍保持其效力，故其事实在第二审毋庸举证。

---

〔1〕 石志泉著，解锟、张平、朱怡点校：《民事诉讼条例释义》，中国方正出版社2006年版，第5页。

〔2〕 参见《民事诉讼条例》第238条。

4. 上诉之判决

第二审法院对于上诉人之声请,得为三种处理:一为驳斥上诉,二为变更第一审之判决,三则发回重审。

(1) 驳斥上诉

《民事诉讼条例》第 517 条规定:"第二审法院认上诉为不合法或无理由者,应为驳斥上诉之判决。"当事人之上诉不合法或无理由二者有其一者,法院应驳斥其上诉。

所谓上诉为合法,系上诉之形式要件,即上诉合于程式,未逾上诉期限,为法律上所应准许,并且该法院有第二审管辖权。满足上述形式要件者,则上诉为合法。所谓上诉有理由,系上诉之实质要件,即由事实上及法律上调查第一审判决是否于上诉人不利并属不当。若当事人之上诉系不合法者,在指定言词辩论日期前即得判决驳斥。关于上诉无理由之判决驳斥,则通常应为言词辩论后为之,当然,依照《民事诉讼条例》第 508 条法院得径行判决者,也可不开言词辩论而直接判决驳斥。

(2) 变更第一审判决

第二审法院就上诉人之上诉,而直接变更第一审法院之判决者,包括两种情形。

第一,应当变更第一审判决之情形。根据《民事诉讼条例》第 518 条之规定:"第二审法院认上诉为有理由者,以当事人求变更之部分为限,应为变更第一审判决之判决。"

第二,可以变更第一审判决之情形。《民事诉讼条例》第 521 条规定之第一审诉讼程序有重要之疵累者,得废弃第一审判决及诉讼程序有疵累之部分,将该事件发回原第一审法院重审;若经两造合意,第二审法院应就事件自为判决。

（3）发回重审

《民事诉讼条例》第 520 条规定："若有下列各款情形之一，应将事件发回原第一审法院：

一、对于无关本案之判决上诉而有理由者；

二、第一审言辩论日期未到场之当事人，以并无迟误为理由，对于所受判决上诉而有理由者；

三、声请回复原状之当事人，对于驳斥声请之判决上诉而有理由者；

四、请求之原因及数额俱有争执时，对于以原因为不当之判决上诉而有理由者。"

上述四种情形者，为法院必须发回原第一审法院之规定，无容法院自由意见之余地。此外，根据《民事诉讼条例》第 521 条之规定，第一审之诉讼程序有重要之疵累者，第二审法院得废弃第一审判决及诉讼程序有疵累之部分，将该事件发回原第一审法院；若经两造合意，第二审法院应就事件自为判决。此种情形下，法院可以选择将事件发回原第一审法院重审。

根据《民事诉讼条例》第 522 条之规定，判决书内应记之事实，得引用第一审普通之规定，记明：一、当事人姓名、住址，若当事人为法人或其他团体，则其名称及事务所；二、当事人之法定代理人及诉讼代理人姓名、住址；三、判决主文；四、事实；五、理由；六、法院。其中，事实项下应记明当事人在言词辩论所为之声明及其提出之攻击或防御方法，并调查证据所得结果之要领；理由项下应记明关于攻击或防御方法之意见及法律意见。

《高等审判厅办事章程》第 114 条亦规定："案经判决或

决定确定后,应速将正本连同卷宗发交原审衙门。"《民事诉讼条例》第529条规定,上诉因判决而终结者,第二审法院书记官应于判决确定后,速将判决正本附入卷宗,送交第一审法院。上诉因撤回、和解等而终结者,亦应将卷宗送交第一审法院。此外,《民事诉讼条例》第549条规定,第二审程序之规定于第三审程序准用之,因此,第二审法院判决后,若当事人上诉第三审法院,应由第二审法院书记官将卷宗送交第三审法院。

5. 上诉之撤回及附带上诉

(1) 上诉之撤回

所谓上诉之撤回,系上诉人于提起上诉后,表示取消上诉不求第二审法院判决之意思。

《各级审判厅试办章程》规定了上诉撤回之两种形式:其一,上诉人除检察官外,准其呈请注销上诉状;其二,上诉人经两次传案不到者,其上诉状即行撤销。[1]

《民事诉讼条例》第526条规定,上诉人于言词辩论终结前,得将上诉撤回。

撤回上诉之行为,发生丧失上诉权之效力,因此,上诉人如曾撤回上诉,以后不得更行提起上诉。若上诉之撤回系于言词辩论时为之,则书记官应将该事项记明于言词辩论笔录,若他造当事人不在场者,应将笔录送达。

(2) 附带上诉

两造当事人对于第一审判决均不服者,本得各自独立提起上诉。若一方当事人提起上诉,另一方不为,上诉人得于第二

---

[1] 参见《各级审判厅试办章程》第66条、第67条。

审中任意提出新攻击或防御方法，且得自由扩张其不服声明之范围，于被上诉人不利，因此，为平衡两造当事人之诉讼权利，应使被上诉人亦得于第二审程序随时对第一审判决声明不服，以求利己之判决。由是，《民事诉讼条例》第527条规定："被上诉人于言词辩论日期之传票送达后，言词辩论终结前，得为附带上诉。"出于保护被上诉人之利益考虑，虽然上诉期已经届满，或曾舍弃上诉权，或曾撤回上诉，被上诉人亦得为附带上诉。

附带上诉须满足如下条件，方得为之：

第一，须有可以附带之上诉。即他造当事人已经就第一审事件提起上诉。由是，若他造当事人已经撤回上诉或因上诉不合法被驳斥者，不得提起附带上诉，已提起者，附带上诉失其效力。[1]当然，若附带上诉系于被上诉人之上诉期内被提起，前述情形下，该附带上诉视为独立之上诉。

第二，须由被上诉人对于上诉人提起。

第三，附带上诉之提起，须在关于上诉至言词辩论日期之传票送达后，言词辩论终结前为之。

附带上诉之提起，得以书状形式，亦得于言词辩论时以言词提起。于言词辩论所为之附带上诉，应记明于言词辩论笔录。若他造当事人不在场，应将笔录送达。

（四）第三审程序

民事诉讼之第三审程序，是指当事人对于第二审法院之未确定判决，以违背法令为理由声明不服而提起之程序。[2]当

---

〔1〕 参见《民事诉讼条例》第528条。

〔2〕《民事诉讼条例》第533条规定："对于第二审判决上诉，非以其裁判违背法令为理由，不得为之。"

事人就同一诉讼事件，受第一审及第二审法院之裁判，多数可达到保护权利之目的。对于第二审判决，本不应予其声明不服之权利，恐案件无确定之日，使公益与私利均不免受时日拖延之妨害。然若第一审及第二审两级法院均为违反法令之裁判，则当事人之权利无从保护。因此，法律设第三审上诉，专就法律上之问题调查第二审法院判决之当否，而不涉及事实问题。

关于第三审上诉之性质，金绶先生认为，第三审非续行第二审法院之辩论，而是第二审判决之延长，是以第二审法院所确定之事实，为第三审法院裁判之标准。原则上，不允许当事人提出新事实及新证据。[1]

1. 上诉之提起与受理

（1）上诉权与及上诉之受理

第三审之上诉权，即在法定期限内对第二审判决声明不服以要求第三审法院废弃裁判或变更裁判之权利。《民事诉讼条例》第530条规定："对于第二审之终局判决，或视作终局判决之中间判决，得上诉于管辖第三审之法院。"因此，同第二审上诉，当事人对前审之终局判决或视作终局判决之中间判决不服者，可以提起上诉。第三审所指之终局判决及得上诉之中间判决，同第二审程序。值得注意的是，第二审将事件发回第一审法院之判决，亦属终局判决，故得对之提起上诉。[2]对于第二审判决提起上诉者，亦须主张原判决于上诉人不利且属不当，以为上诉之理由。有权提起第三审上诉之人，同第二审。

---

[1] 参见金绶著，康志点校：《民事诉讼条例详解》，载邓继好主编：《中国民事诉讼法制百年进程》（民国初期·第一卷），中国法制出版社2009年版，第458页。

[2] 参见《民事诉讼条例》第520条、第521条。

第三审上诉权之行使,亦须依照法律规定之期限及形式。

关于管辖第三审之法院,《各级审判厅试办章程》于第二章审判通则第一节审级制度中规定:凡民事刑事案件,由初级审判厅起诉者,经该厅判决后如有不服,准赴地方审判厅控诉;判决后如再不服,准赴高等审判厅上告。凡民事刑事案件,除属大理院及初级审判厅管辖者外,皆由地方审判厅起诉,经该厅判决后如有不服,准赴高等审判厅控诉;判决后如再不服,赴大理院上告。《法院编制法》第 27 条、32 条亦作此规定。由是,管辖第三审之法院为高等审判厅或大理院。

提起第三审上诉之期限,《民事诉讼条例》第 536 条规定:"提起上诉,应于第二审判决送达后二十日之不变期限内为之。但第二审判决宣告后送达前之上诉,亦有效力。"提起上诉,须于上诉期限届满前为之。上诉期限为 20 日之不变期限,以第二审判决送达始,对于当事人两造分别计算。若上诉人于上诉期限已经届满后提起上诉,应以其为不合法而驳斥之,而第二审判决即于上诉期限届满时确定。[1]

提起第三审上诉之形式,仅限于书状形式。《民事诉讼条例》第 537 条规定:"提起上诉,应以上诉状表明下列各款事项,提出于原第二审法院或第三审法院为之:一、当事人;二、第二审判决,及对于该判决上诉之陈述;三、对于第二审判决不服之程序,及求如何废弃或变更之声明;四、上诉之理由,及关于上诉理由之证据方法。上诉状内应并记明,依第五百三十一条规定,得为上诉之利益。"上诉之提起,可向原第二审法院,亦可向有管辖权之第三审法院提起。根据《民事

---

[1] 参见《民事诉讼条例》第 772 条。

诉讼条例》第 549 条"除本章有特别规定者外，第二审程序之规定，于第三审程序准用"之规定，上诉人向原第二审法院提起上诉者，法院应依职权调查上诉是否逾期，逾期上诉者，第二审法院应驳斥之；若未逾上诉期限，则第二审法院书记官应速将上诉状送达被上诉人。各当事人之上诉期限均届满或各当事人均提起上诉后，第二审法院书记官应即将上诉状及被上诉人提出之书状，连同诉讼卷宗，送交第三审法院。如上诉人直接向第三审法院提起者，该法院书记官应速求第二审法院书记官送交诉讼卷宗。应送交之卷宗，若为续行第二审辩论之所需者，第二审法院应自备该卷宗之誊本或节本。〔1〕

上诉状由第二审或第三审法院送达后，被上诉人得于上诉状送达后 15 日内，提出答辩状。〔2〕被上诉人未提出或逾期提出者，应承担迟误该诉讼行为之不利后果，即第三审法院应不斟酌被上诉人逾期提出之答辩意见。〔3〕

（2）上诉理由

同第二审之上诉状不同，法律规定第三审之上诉状须记明上诉之理由，及关于上诉理由之证据方法。上诉理由者，即不服第二审判决之理由，用以明其判决之不当及于上诉人不利者。法律虽未明确上诉理由应如何记明，但依据《民事诉讼条例》第 533 条"对于第二审判决之上诉，非以其裁判违背法令为理由，不得为之"之规定，上诉人应举第二审裁判违背之法令以及第二审法院违背该法令之事实。

---

〔1〕 关于上诉人提起第三审上诉之处理，同提起第二审上诉。此处系参照第二审上诉之程序。

〔2〕 参见《民事诉讼条例》第 539 条。

〔3〕《民事诉讼条例》第 203 条规定："迟误诉讼行为者，除本条例有特别规定外，不得为该诉讼行为。"

所谓"违背法令",包括两种情况,一为第二审法院为不适用法则或适用不当之裁判;[1]二为第二审法院之裁判违背程序。《民事诉讼条例》于第534条及第535条列举了裁判违背法令之情形,其中第一条为不适用法则或适用不当,其余各条为违背诉讼程序之情形:

①裁判不适用法则或适用不当,为违背法令。由于该时期之法律,系参照大陆法系而制定,注重对于法律规则之遵守,而法官之自由裁量权相当有限。法则者,泛指一国之法规而言,无论为成文法,抑或习惯法;为实体法,抑或诉讼法;为公法,抑或私法,关于诉讼事件有规定者,均应恰当适用之。

②判决法院之编制不合法者。所谓编制不合法者,例如,无推事资格之人参与辩论或裁判、参与辩论裁判之推事不足法定员额、未参与言词辩论之推事参与裁判等情形。[2]

③应自行回避之推事,参与裁判者。根据《民事诉讼条例》第42条之规定,推事有该条列举之7种情形者,应自行回避,不得执行职务。

④推事经当事人声请回避,已有以声请为正当之裁决,而仍参与裁判者。推事有《民事诉讼条例》第42条规定之情形而不自行回避者,当事人得不问诉讼程度如何随时声请推事回避。[3]法院或其直接上级法院应就当事人声请回避之事件为裁决。

⑤法院于权限或管辖之有无,辨别不当者。所谓权限辨别

---

[1] 参见《民事诉讼条例》第534条。
[2] 上诉违背法令之情形,参照《法院编制法》第5条、第6条,《民事诉讼条例》第262条第2款。
[3] 参见《民事诉讼条例》第43条至第48条。

不当,即第二审法院就当事人以为诉讼标的之法律关系,是否属于民事诉讼之范畴辨别不当;其管辖之辨别,不问其为事物管辖、土地管辖抑或职务管辖。

⑥当事人于诉讼未经合法代理者。当事人无诉讼能力,而未由其法定代理人代理;或其法定代理人无代理权;或未受必要之允许;又或当事人之诉讼代理人无代理权者,均所谓诉讼未经合法代理也。此等欠缺,若依《民事诉讼条例》第60条、61条之规定于期限内补正者,不在此限。

⑦违背言词辩论公开之规定而为裁判者。《法院编制法》第55条规定:"诉讼之辩论及判断之宣告,均公开法庭行之。"言词辩论公开者,对于裁判之公平、法院之权威以及防止当事人、证人、鉴定人等为不实陈述有益,违背公开主义所为之裁判,当属违背法令。

⑧裁判不备理由者。根据《民事诉讼条例》第266条之规定,判决书中应记明裁判之理由,且理由项下应记明关于攻击或防御方法之意见及法律意见。若裁判不备理由,或理由不明了,理由相抵触,以及理由空虚致使不能以该理由推知判决系正当者,皆属裁判不备理由。

除上述列举之违背法令之情形外,《民事诉讼条例》又列举两条不得上诉之情形,即所谓第三审上诉之消极限制:

①对于财产权上诉讼之第二审判决,若因上诉所应受利益不逾百元者,不得上诉。[1]关于财产权之诉讼,若对于第二审判决上诉,其因诉讼而可受利益较少者,因减轻讼累起见,宜限制其上诉,故设本条规定。不得上诉者,仅限财产权上之

---

〔1〕 本条系《民事诉讼条例》第531条之规定。

诉讼，在非财产权上之诉讼，符合上述情形者，则一律得对其提起上诉。

②对于第一审判决或其一部，未经向第二审法院上诉；或附带上诉之当事人，对于维持该判决之第二审判决，不得上诉。[1]第一审判决之全部或一部，当事人两造均未声明不服者，判决即生效，第二审法院不得就其为判决。既未经第二审判决者，向第三审法院为上诉有悖于审级制度，故不得上诉。附带上诉之当事人，乃未对第一审判决独立声请不服，则对于内容相同之第二审判决亦应无不服也，故附带上诉之当事人，对于维持该判决之第二审判决，不得上诉。

除上述得上诉或不得上诉之理由外，《民事诉讼条例》亦规定了附带上诉之禁止。第539条第2款规定："被上诉人不得为附带上诉。"

2. 上诉之审理

第三审法院，乃专就法律上之问题调查第二审法院判决是否正当，而不涉及事实问题，通常无行言词辩论之必要，因此，第三审之判决应不经言词辩论而专据卷宗为之，以期节省劳力与时间。《民事诉讼条例》第540条第1款规定："第三审之判决，不经言词辩论为之。"当然，不开言词辩论并非绝对，根据该条第2款之规定，法院认为必要时，得于判决前，命当事人以书状或以言词陈述，并得命行言词辩论。此法院命行之言词辩论，目的在于补充或阐明卷宗内已有之资料，第三审法院仍应以卷宗资料为判决，以当事人之言词辩论为补充。

在第三审法院，首先应依职权调查上诉人之上诉是否合

---

[1] 本条系《民事诉讼条例》第532条之规定。

法，即上诉是否合于程式、是否逾期、是否为法律上所准许及该法院是否有该案之管辖权。确认该上诉系合法后，应即调查该上诉是否有理由，即第二审判决是否于上诉人不利且不适用法令或适用不当。第三审法院之调查，应受上诉声明范围之拘束，上诉未对第二审判决提及之部分，第三审法院不应调查。前文规定，第三审上诉人之上诉，应于上诉状中记明上诉之理由。上诉之理由者，即第二审法院之判决如何因违背法令而不当。然适用法令系法院之职务，因此，第三审法院调查第二审法院之裁判有无违背法令者，应不受上诉人上诉状中所记明之上诉理由之拘束，而应依照职权，于上诉声明之范围内，自为调查第二审判决有无违背法令之处。[1]

关于上诉声明之范围，第三审不同于第二审之处在于，第二审之声明一定条件下得声明扩张或变更，第三审则不然。[2]《民事诉讼条例》第538条规定："上诉之声明，不得变更或扩张之。"法律为此规定者，系由于第三审之判决，原则上不经言词辩论，且因使其调查易于进行，诉讼得速终结，自不应准许变更或扩张上诉之声明范围。然由于上诉声明之减缩不会对已有上诉之审理产生不利影响，第三审上诉声明之减缩，原则上得任意为之。

第三审之职务，专于调查法律问题，而不及于事实。根据《民事诉讼条例》第542条第1款之规定，第三审法院，应以第二审判决确定之事实为判决基础。因此，第三审为判决基础之事实，应以第二审法院判决确定之事实为之。然上诉人以第

---

〔1〕 参见《民事诉讼条例》第541条。
〔2〕 关于第二审诉讼声明之变更及扩张，详见《民事诉讼条例》第513条之规定。

二审裁判违背诉讼程序之规定为上诉理由时,其所举之第二审法院违背诉讼程序之事实,第三审法院应斟酌之。而上诉人以第二审法院违背法令而确定事实、遗漏事实为上诉理由者,其所举之事实,第三审法院亦应斟酌之,方能保护上诉人之诉讼权益。[1]

3. 第三审上诉之判决

第三审法院以第二审判决确定之事实调查第二审判决是否合于法律后,应作如下判决。

(1) 驳斥上诉

第三审法院为驳斥当事人之第三审上诉者,系出于以下原因:

第一,第三审之上诉不合法,或其上诉无理由。法律未对第三审程序作特别规定者,应适用第二审程序之规定。依据《民事诉讼条例》第517条之规定,第二审法院认上诉为不合法或无理由者,应为驳斥之判决。所谓上诉不合法,即上诉逾期、上诉不合程式、上诉为法律上所不准许或受诉法院无管辖权。所谓上诉无理由者,即第二审判决于上诉人并无不利或于法律上并无不当。

第二,《民事诉讼条例》第534条规定:"第二审之裁判,依其理由,虽属违背法令,而依其他理由为正当者,应为驳斥之判决。"该条意即虽上诉人之上诉合法且有理由,且依其理由第二审法院之判确属违背法令,但若第二审法院判决不违法,结局亦应为同一之裁判者,仍应为驳斥上诉之判决。

---

[1] 参见《民事诉讼条例》第542条第2款。

(2) 废弃原判，发回或发交重审

第二审法院之判决于上诉人不利并因违背法令而为不当，则该部分判决应予废弃。若第二审法院之裁判系因违背诉讼程序而不当，应并废弃其违背之诉讼程序。原判决为第三审法院废弃后，应将事件发回原第二审法院或发交第二审法院之同级法院重新审理。[1]所以将案件发回原第二审法院，使其更为辩论及裁判者，系该案尚有确定事实之必要，而事实之调查不宜由第三审法院为之。而发交第二审法院之同级法院者，系恐原第二审法院不肯变更其原有之意见及裁判之故。

原第二审法院或同级法院受发回或发交后，于更行辩论及裁判中，应以第三审法院为废弃理由之法律上判断为其判决之基础。[2]法律作此规定者，系受发回或发交之法院所重新为第二审之判决，当事人得更向第三审法院上诉，若不以第三审法院之判断为基础，势必被再次发回或发交，不但增加两级法院之讼累，且于当事人之权益及社会公共利益之保护无益。

第三审法院判决将案件发回或发交下级法院者，第三审法院书记官应速将卷宗送交受发回或发交之法院。此卷宗应包含三级审判中所有诉讼资料及判决正本。[3]

(3) 自为判决

《民事诉讼条例》第546条规定："下列各款情形，第三审法院应就事件自为判决：一、因其于确定之事实不适用法则或适用不当，废弃原判决，而事件已可为裁判者；二、因事件不属法院之权限或管辖而废弃原判决者。第三审法院就事件为

---

[1] 参见《民事诉讼条例》第544条、第545条之规定。
[2] 参见《民事诉讼条例》第545条第2款。
[3] 参见《民事诉讼条例》第547条。

判决,若适用第五百二十条规定者,应将事件发回第一审法院。"

首先,若第二审法院确定事实之程序,并无违背法令之处,而仅因对已经确定之事实适用法则不当者,出于适用法则乃法院职权之故,下级法院适用法则不当者,上级法院可直接变更。此时,若事件已可为裁判,则第三审法院应就事件自为判决,而无容选择发回或发交下级法院之意见。

其次,无论当事人抗辩与否,若第三审法院认为该事件不属于法院之权限或管辖者,应以诉为不合法而驳斥之,第一审及第二审之判决亦应同时废弃。若第一审管辖合法,仅第二审管辖不合法者,应以对于第二审判决之上诉为不合法而驳斥之,而不得驳回原告之诉。

最后,若第三审法院废弃第二审法院之判决后,自为判决之时,认为事件应适用《民事诉讼条例》第520条之规定者,则亦应将事件发回第一审法院,令更为辩论及裁判。如第一审及第二审法院均认为诉不合法,为驳斥之判决者,而第三审法院认为诉为合法,则应废弃第一审判决,而将事件发回原第一审法院更为辩论及判决。将案件发回原第一审法院者,亦应按照《民事诉讼条例》第547条之规定,由书记官将三级审判之所有诉讼资料及判决正本送交第一审法院。

4. 滥用上诉权之处罚

法律设第三审者,系出于维护当事人之正当法律权益之考虑。第三审之审判,除系第二审法院确实违背法令者外,上诉至第三审法院实有增加法院讼累及当事人负担之弊端。因此,对于滥用诉讼权利提起第三审之上诉者,法律亦规定对上诉人及其律师之处罚。《民事诉讼条例》第548条规定:"意图妨碍诉讼终结而对于第二审判决上诉者,第三审法院得以裁决,科上诉人以五百元以下之罚锾。为显然无益之上诉者,第三审法院得以裁决,对于上诉状内签名之律师,科以五百元以下之罚锾。"法律为此规定,意使诉讼得速终结,使当事人少受诉讼之拖累,并减轻第三审法院之负担。

(五)抗告程序

所谓抗告,系对于裁决声明不服之方法。对于诉讼案件之终局判决或视作终局判决之中间判决欲声明不服,有上诉之办法以资遵守。然对于判决外之裁决仅依《民事诉讼条例》第496条及第549条之规定,于上诉审中请求法院调查此等裁决之当否,[1] 势必会导致调查裁决之程序繁杂,且当事人不能就裁决立即求法院裁决其当否,为当事人之权益保护不利。因此,法律设抗告程序,使当事人专就裁决之当否可为上告。

1. 抗告之提起与受理

《民事诉讼条例》第550条规定:对于裁决,得为抗告。抗告之提起,需要合法且有理由。所谓合法者,即抗告人之抗告合于程式,未逾期限,及该抗告乃为法律上所应准许,该等条件,可称为抗告之合法要件。所谓抗告有理由,同上诉之有理由,即其所抗告之裁决,于抗告人不利且属不当。

(1)提起抗告之形式

关于抗告之提起形式,原则上应以书状提出。《民事诉讼条例》第556条第1款规定:"提起抗告,应向为裁决之原法

---

[1]《民事诉讼条例》第496条规定:"前条判决(指可为上诉之第一审终局判决或视作终局判决之中间判决)前之裁判牵涉该判决者,并受第二审法院之审判。但依本条例不得声明不服或得以抗告声明不服之裁判,不在此限。"第549条规定:"除本章有特别规定外,第二审程序之规定,于第三审程序准用之。"

院或原审判长所属法院提出抗告状为之。"然法律并未对抗告状须记明之事项进行规定，参照前文之起诉状及上诉状之规则，于抗告状中，抗告人应记明如下事实：①当事人；②其所不服之裁决及对于该裁决为抗告之陈述；③对于原裁决不服之程度，以及求如何裁判之声明；④抗告理由及其证据方法等。抗告状除应记明上述内容外，缘于《民事诉讼条例》第558条"抗告，得提出新事实及证据方法"之规定，若抗告人有在所不服之裁决前未经提出或提出而未经斟酌之事实及证据方法者，应于抗告状中一并记明。

除以抗告状提起抗告之原则外，法律尚有以言词为之例外。《民事诉讼条例》第556条第2款规定："关于现系属或曾系属于初级审判厅之事件，或关于诉讼救助提起抗告，及由证人、鉴定人或执有证物之第三人提起抗告者，得以言词为之。"所谓言词为之，即请求法院书记官依其陈述作成笔录，以代替抗告状。关于现系属或曾系属于初级审判厅之事件得以言词为抗告者，系由于向初级审判厅起诉可以言词为之，则对于诉讼之裁决抗告者，当然亦可以言词形式提起。

（2）提起之程式

关于抗告之提起，原则上应向为裁决之原法院或原审判长所属法院提出抗告状为之，若有急迫情形者，可径向抗告法院提出。

《民事诉讼条例》之所以于第550条中规定抗告"应向为裁决之原法院或原审判长所属法院提出"，系出于减少讼累，节约司法劳力之考虑。该法第559条第1款、2款规定："原法院或审判长认抗告为有理由者，应更正原裁决，但以不受该裁决之羁束者为限。提起抗告，已逾期限，或系对于不得抗告之裁决抗告者,原法院或审判长应驳斥之。"原法院或审判长对于抗告之权限仅限于更正其原裁决或驳斥已逾期限或对于不得抗告之裁决提起抗告者。由于为裁决之原法院或审判长对于抗告之案情有相当了解,直接向原法院或原审判长提出者,若抗告合法且有理由,则可直接更正之,将原裁决予以撤销或变更,毋庸将抗告事件送交抗告法院,可节约司法劳力并减少当事人之讼累;若抗告为不合法者,原法院或审判长应驳斥之,亦毋庸上级法院之参与。惟原法院或审判长认为抗告之全部或一部为无理由者,则应将事件送交抗告法院。对此,《民事诉讼条例》于第559条第3款规定:"原法院或审判长不为前二项裁决者,〔1〕应添具理由书,速将抗告事件送交抗告法院。若认为必要时,并将诉讼卷宗送交。"当然,若诉讼卷宗尚为下级法院之诉讼程序所需,则下级法院应自备该卷宗之缮本或节本。

《民事诉讼条例》第557条规定:"提起抗告,若有急迫情形,亦得径向抗告法院提出抗告状。前项情形,若抗告法院认为并非急迫,应将抗告事件送交为裁决之原法院或审判长,并通知抗告人。"对于径向抗告法院提出抗告状,法院应依自由意见确定是否属于急迫情形。经认为有急迫情形者,抗告法院得求下级法院送交诉讼卷宗,〔2〕就抗告为裁判;若认为无急迫之情形者,则应将抗告事件送交为裁决之原法院或审判长,使其先依照该法第559条之规定处置。若抗告为不合法者,则应由原法院或审判长驳斥之,抗告法院无权为驳斥之裁

---

〔1〕 即《民事诉讼条例》第559条第1款、第2款规定的更正裁决或驳斥抗告之情形。

〔2〕 参见《民事诉讼条例》第560条。

决。若抗告人于法律规定之抗告期限内径向抗告法院提起抗告，但情形非急迫者，抗告法院将事件送交原法院或审判长时，已逾抗告之期限者，亦应认抗告人系在期限内提起抗告，原法院或审判长不得径以抗告为不合法而驳斥之。

（3）抗告期限

关于提起抗告之期限，《民事诉讼条例》于第555条规定："提起抗告，除本条例有特别规定外，应于裁决送达后十日之不变期限内为之。但送达前之抗告，亦有效力。"提起抗告，须于抗告期限未满前为之，抗告期限届满后为之抗告，法院应以其为不合法而驳斥之，而原裁决即于抗告期限届满时确定。抗告期限行之为不变期限，其期限不得伸缩，但应适用关于扣除在途期间之规定。[1]而《民事诉讼条例》关于抗告期限之特殊规定，即第47条驳斥声请回避之裁决、第392条第2项以拒绝鉴定人声明为不当之裁决，以及第459条第1项驳斥当事人于言词辩论日期不到场而嗣后声请回复原状之裁决。

（4）抗告理由

所谓提起抗告之理由，应同上诉之理由相同，即当事人所抗告之裁决，于抗告人不利且属不当。除此之外，《民事诉讼条例》于第551条至第553条列举了部分不得抗告之情形，总结如下：

第一，诉讼程序进行中所为之裁决，除有特别规定外，不得抗告。抗告程序进行中所为之裁决，例如，指挥诉讼之裁决者，不得独立抗告。

第二，诉讼事件终审法院及第483条事件之第二审法院所

---

[1] 参见《民事诉讼条例》第197条。

为裁决，不得抗告。诉讼事件终审法院所为之判决，因其居于终审法院地位，无由上诉，就其裁决亦无得抗告。第483条事件即诉讼标的之金额未逾50元者由二审法院终审之规定，此情形下二审法院居于终审地位，亦不得对其裁决抗告。

第三，受命推事或受托推事所为之裁决，不得抗告。受命推事或受托推事，通常仅能行使受诉法院所委任之权限及职务，而受其委任之约束。故对于受命推事或受托推事所为之裁决，不许径向上级法院抗告，而应先向受诉法院提出异议，由受诉法院就其裁决是否正当予以裁判；经受诉法院予以裁决后，如有不服者，始得依一般规定，对于该法院之裁决为抗告。

2. 抗告之审查与处理

对于抗告之管辖法院，《民事诉讼条例》第554条第1款规定："抗告，由直接上级法院裁决。"直接上级法院者，系原为裁决法院之上级事物管辖法院。

抗告是否合于程式，未逾期限，及为法律所应准许，法院应依职权调查之。[1]抗告之程式、期限、法律准许等，属于抗告之法定要件，法定要件欠缺者，则法院应驳斥抗告。但是，抗告之法定要件虽欠缺但可以补正者，抗告法院得于抗告为裁判前，命抗告人补正。[2]若抗告之形式要件均无欠缺，则应实质上调查其有无理由，即事实上及法律上调查原裁决是否于抗告人不利且属不当。抗告法院，认为抗告为不合法或无理由者，应为驳斥抗告之裁决。认为抗告为有理由者，应废弃原裁决，自为裁决或命原法院或审判长更为裁决。[3]

---

[1] 参见《民事诉讼条例》第562条。
[2] 参见《民事诉讼条例》第61条、第92条、第147条。
[3] 参见《民事诉讼条例》第563条。

抗告法院为裁决后，书记官应速将裁决正本附入卷宗，送交原法院或原审判长所属法院。[1]

抗告法院就当事人抗告之裁决，若系以抗告为不合法而驳斥之或以抗告为有理由而变更原裁决者，对于该裁决得再为抗告，称为"再抗告"。抗告以两次为限，就再抗告所为之裁决，不得更为抗告。[2]

有抗告权之人，于裁决宣告或送达后，不问有无对手人之同意，得舍弃抗告权。《民事诉讼条例》第564条规定："关于舍弃上诉权及撤回上诉权之规定，于抗告准用之。"此处不再赘述。

3. 滥用抗告权之处罚

同上诉权一样，多数裁决经过一次抗告即可达到保护当事人诉讼权益之目的。然可能存在当事人或律师以妨碍诉讼终结或其他目的而为再抗告者。以不正当目的所为之再抗告，不仅会导致诉讼延滞而无法终结，当事人之诉讼权益亦无法保障，更于社会公共利益无益。因此，《民事诉讼条例》于第566条中对于滥为再抗告者规定与滥用上诉权之相同处罚："意图妨碍诉讼终结而为抗告者，再抗告法院得以裁决，科抗告人以五百元以下之罚锾。为显然无益之再抗告者，再抗告法院得以裁决，对于抗告状内签名之律师，科以五百元以下之罚锾。"

（六）再审程序

再审程序，系指法院对于已经发生法律效力之裁判或诉讼上之和解，认定其诉讼程序或判决基础确有重大疵累者，依照法律之规定再行审理之程序。通常情形下，民事案件经法院之

---

[1] 参见《民事诉讼条例》第565条。
[2] 参见《民事诉讼条例》第554条第2款、第3款。

第四章　北洋时期的民事司法审判程序研究

审理作出生效裁判或当事人为诉讼上之和解后，即最终确认当事人之权利义务关系。法院生效判决或和解协议对于当事人、法院及社会全体均有法律拘束力，任何人无权改变或撤销。惟法院于案件之审理过程中，因主观或客观原因，导致其裁判在认定事实或适用法律方面有错误或纰漏，导致诉讼程序或判决基础有重大疵累，此时若决不允许改变或撤销该项判决或和解，于当事人之诉讼权益及社会公共利益无益。由是，法律设再审程序，以图纠正诉讼程序或判决基础有重大疵累之生效裁判或诉讼上之和解。

再审之诉，系当事人对于判决或和解声明不服之方法，以除去已有之判决或和解为目的。再审之诉，其诉讼标的为诉讼法上得求除去确定判决之权利。其性质为形成之诉。形成之诉者，系求为形成判决之诉，形成判决即认原告有可致某法律上效果之权利而使生此项效果之判决。[1]《民事诉讼条例》专设第五编，为再审程序之规定。关于再审之程序，《民事诉讼条例》于第572条规定："诉讼程序之通常规定，除本编有特别规定外，于再审之诉讼程序，准用之。"因此，本部分仅就再审程序不同于通常程序之处为论述，本部分未论述部分，系同诉讼之通常程序。

1. 再审之提起

（1）再审之管辖法院

关于再审之管辖法院，《民事诉讼条例》确立了由原法院管辖原则，其第571条规定："再审之诉，专属为判决之原法院管辖。"该管辖性质为专属管辖。专属管辖应严格遵循法律

---

[1]　关于形成之诉，参见石志泉著，解锟、张平、朱怡点校：《民事诉讼条例释义》，中国方正出版社2006年版，第199页。

规定，不许因当事人变更管辖之合意或因被告不抗辩法院无管辖权而为本案辩论，使本无管辖权之法院亦有管辖权。[1]

除原法院专属管辖再审外，《民事诉讼条例》同时规定了两种专属于原第二审法院管辖之情形：

第一，对于同一事件之第一审及第二审判决，同时声明不服者，由原第二审法院管辖。诉讼事件经两级法院之审判，不问第二审法院就案件为何种判决，若当事人对于第一审法院之判决及第二审法院之判决均不服者，事件之再审由原第二审法院管辖。

第二，对于第三审法院之判决，本于第568条第8款至第12款理由，声明不服者。[2]

上述两种由原第二审法院管辖之规定亦属于专属管辖，无容当事人合意变更。

（2）再审提起之形式

再审之提起，应向管辖法院以诉状为之。《民事诉讼条例》于第574条规定："提起再审之诉，应以诉状表明下列各款事项，提出于管辖法院为之：一、当事人；二、声明不服之判决，及对于该判决提起再审之诉之陈述；三、求于如何程度废弃原判决，及就本案求为如何判决之声明；四、再审之理

---

[1] 参见《民事诉讼条例》第41条。
[2] 《民事诉讼条例》第568条规定："有下列各款情形之一者，得以再审之诉，对于确定之终局判决或视作终局判决之中间判决，声明不服……八、为判决基础之证书，系伪造或变造者；九、证人、鉴定人或通译，就为判决基础之证言、鉴定或通译，被处伪证之刑者；十、为判决基础之刑事上判决，依其他确定判决废弃者；十一、当事人发见同一诉讼标的在前之确定判决，或和解或得使用之者；十二、当事人发见未经斟酌之证据，或得使用之者，但以若经斟酌，可受较有利益之裁判者为限。"

由,及关于再审理由,并遵守不变期限之证据方法。再审诉状内,应并记明准备本案言词辩论之事项。"

以诉状记明上述各款事项,向管辖法院提出,是为提起再审之诉之法定形式。违反该法定程式之规定者,法院应为驳斥其再审之声请。当然,依据《民事诉讼条例》第 147 条之规定,再审之当事人书状不合程式者,允许其补正。[1]

(3) 再审期限

关于再审提起之期限,《民事诉讼条例》第 573 条规定:"再审之诉,应于三十日之不变期限内提起。前项期限,自判决确定时起算。但当事人于判决确定后,始知再审理由或得主张之者,自其知再审理由或得主张时起算。除以第五百六十八条第四款或第五款情形为理由者外,若判决确定后已逾五年者,不得提起再审之诉。于期限内提起再审之诉,因管辖错误被驳斥后,当事人自驳斥判决送达之日起,于十日内再向管辖法院提起者,视与遵守期限同。"

再审之诉,其 30 日之期限性质为不变期限。根据不变期限之意义,其期限不得伸缩,但应当适用关于扣除在途期间之规定。[2]因不能预见或不可避免之事故,迟误此期限者,得依声请准许回复原状。[3]

再审期限之日期,应自判决确定时起算。当事人于判决确定前已明了可提起再审之理由者,亦应于判决确定时起算。若当事人于判决确定时不明了其可提起再审之诉,则出于保护其

---

[1] 《民事诉讼条例》第 147 条:书状不合程式或有其他欠缺者,法院或审判长得定期限命其补正……于期限内有补正者,其补正之书状视与最初提出同。

[2] 关于扣除在途期间之规定,参见《民事诉讼条例》第 197 条至第 199 条。

[3] 参见《民事诉讼条例》第 205 条。

再审诉权之考虑，再审提起期限应自其知道再审理由或得主张时起算。此处所谓当事人提起再审之程序之明了，应系当事人有确实根据知道其可提起再审之诉，且其应知道再审之理由。

《民事诉讼条例》于第 573 条中规定，判决确定逾 5 年，不得提起再审之诉，系出于防止诉讼关系永不确定，从而导致相对人权益受损，且对社会公益及司法劳力之节约有害而无利。

前文提到，再审之法院管辖为专属管辖。法律关于专属管辖者，必须以法律条文明文规定之方可。因此，当事人提起再审，或由于法律知识之缺乏，易导致当事人向适用普通程序之土地管辖或事物管辖法院提起。因此，为保护当事人提起再审之权利，法律规定因管辖错误被驳斥后，自驳斥之判决送达时起，重新计算 10 日之再审期限。

当事人须于 10 日之再审期限内向管辖法院提起再审，方符合法律规定之程式。然当事人对于其已遵守不变期限之事实，往往不易证明。因此，《民事诉讼条例》于第 575 条规定："提起再审之诉未逾不变期限之事实，应释明之。" 释明者，乃对于证明而言，证明之目的在于使法院生确定之心证，而释明之目的则在于使法院生薄弱之心证即可。民事诉讼之程序中多数事实须当事人证明之，对于部分事实仅须当事人释明即可。根据《民事诉讼条例》第 335 条之规定，释明事实上之主张者，得用可使法院信其主张真实之一切证据方法，但不能即时调查者，不在此限。因此，释明事实之证据之调查，毋庸严格遵守程序上之规定，只须法院能就事实生薄弱之心证即可。提起再审之当事人只需释明其再审之诉未逾 10 日之不变期限即可，毋庸举证证明之。

第四章 北洋时期的民事司法审判程序研究

（4）再审理由

再审程序同起诉、上诉及抗告之程序，自当事人向管辖法院提起后，法院须经两个阶段之审查：第一阶段，法院应首先调查再审之诉是否合法，即是否合于程式，是否逾期，是否为法律上所准许等。第二阶段，确定再审之诉合法后，法院应调查其再审有无理由，有理由者，法院应判决将诉讼更为辩论、裁判；无理由者，则应为驳斥之判决。关于提起再审之诉之形式要件，前文已有论述，此处将考察法律关于再审理由之规定。

《民事诉讼条例》第 568 条规定："有下列各款情形之一者，得以再审之诉，对于确定之终局判决或视作终局判决之中间判决，声明不服：

一、判决法院之编制不合法者；

二、应自行回避之推事参与裁判者，但已依回避之声请或上诉主张回避之原因无效者，不在此限；

三、推事经当事人声请回避，已有以声请为正当之裁决，而仍参与裁判者；

四、当事人于诉讼未经合法代理者；

五、当事人知他造之居住而指为居住不明，将其牵入诉讼者，但他造已追认其诉讼程序者，不在此限；

六、参与裁判之推事，关于诉讼对当事人违背职务，犯刑事上之罪者；

七、当事人之代理人或他造当事人或其代理人，关于诉讼，有刑事上应罚之行为，影响于判决者；

八、为判决基础之证书，系伪造或编造者；

九、证人、鉴定人或通译，就为判决基础之证言、鉴定或通译，被处伪证之刑者；

十、为判决基础之刑事上判决,依其他确定判决废弃者;

十一、当事人发现同一诉讼标的在前之确定判决,或和解或得使用之者;

十二、当事人发现未经斟酌之证据,或得适用之者,但以若经斟酌,可受较有利益之裁判者为限。"

由以上规定可知,得提起再审之诉者,限于终局判决或视作终局判决之中间判决,当事人不得就法院之裁决或不可视作终局判决之中间判决提起再审之诉。此外,《民事诉讼条例》第582条规定:"对于诉讼上之和解声明不服,准用本编规定。"因此,民事诉讼程序中得提起再审之诉者有三:终局判决、视作终局判决之中间判决以及诉讼上之和解,非就此三种情形者,当事人不得提起再审之诉。

第568条第1款至第4款,同上诉程序中第三审法院认第二审裁判之违背法令情形。[1]同时,《民事诉讼条例》第569条对于在原诉讼程序进行中已能提起救济而未提起之当事人之再审权进行限制:"前条第一款、第三款及第六款至第十二款情形,若非当事人并无过失,不能于前诉讼程序主张之理由者,不得提起再审之诉。"意为对于上诉所揭情形,当事人与原诉讼程序中确知其可提起上诉或声请回复原状,而故意或因过失而未提起,应不准其提起再审之诉。

除上述限制外,《民事诉讼条例》于第570条规定:"判决前,该法院或下级法院所为之裁判,有再审之理由者,得本此理由,对于判决提起再审之诉,但以判决系本于该裁判而为者为限。"提起再审之诉,仅限于终局判决、视作终局判决之

---

[1] 参见《民事诉讼条例》第535条。

中间判决及诉讼上之和解，对于其他裁判不得为之。然诉讼中或可出现此种情形：终局判决或视作终局判决之中间判决作出前，法院所为之裁决符合《民事诉讼条例》第 568 条规定之再审理由，然本于此裁决之终局判决或视作终局判决之中间判决却未有再审之理由。对于此种情形，法律规定若事件之终局判决或视作终局判决之中间判决确实系本于该裁判所为，则可对于该不合再审理由之判决提起再审。所谓本于该裁判而为者，即其判决与该裁判之间有因果关系。因果关系之有无，应依法院之自由意见确认。

2. 再审之审理

当事人提起再审之诉者，同上诉及抗告一样，应认为原确定判决于自己不利，且原诉之诉讼程序或判决基础有《民事诉讼条例》第 568 条规定之疵累。当事人提起再审之诉后，法院应依职权调查再审之诉是否合于程式，未逾期限，及为法律上所应准许。[1]法院调查再审之诉为合法后，法院即应调查再审之诉是否有理由。关于再审之审理，民事诉讼法律不采言词主义原则，再审法院得专就卷宗为判决，具体而言，包括两种方式。

（1）径行判决驳斥

对于再审之诉，审判长于定言词辩论日期前，若认为再审之诉不合法或显无再审理由者，应不定言词辩论日期，求法院以判决驳斥当事人之再审之诉。[2]当然，根据《民事诉讼条例》第 572 条及第 290 条之规定，对于再审之诉不合法之情形，审判长应定期限先命补正，若其情形不能补正，或当事人

---

[1] 参见《民事诉讼条例》第 576 条。
[2] 参见《民事诉讼条例》第 577 条。

不从补正之命者，审判长再求法院为驳斥之判决。对于上述两种审判长可求法院径为判决驳回之情形，若判决作出前，法院认为有讯问当事人之必要者，得命当事人以书状或以言词陈述。

（2）言词辩论

当事人再审之诉为合法且有理由者，由审判长定言词辩论日期，为本案之辩论及裁判。当然，本案之辩论及裁判，应以有再审理由部分为限。当事人申请再审之无再审理由部分，法院应不予斟酌。关于辩论之程序，原则上本案之辩论，应与再审之诉是否合法及有无再审理由之辩论同时进行。若法院认为有必要者，也可命当事人先为再审之诉是否合法及有无再审理由之辩论，确认再审之诉合法并有理由之后，再就如何废弃原判决及就本案为如何判决开行辩论。

由于民事诉讼奉行四级三审制的审级方式，民事案件可经过三审方可为确定之裁判。第三审之判决，乃专就法律上之问题调查第二审法院判决之当否，而不涉及事实问题，通常不经言词辩论为之。[1]然而，当事人之再审之诉由第三审法院专属管辖时，因定再审之诉是否合法及有理由，应使其得判断有争执之事实，因此，《民事诉讼条例》第579条规定："管辖再审之诉之第三审法院，因定再审之诉是否合法及有无再审理由，于必要时，应审判所争之事实。"

再审之诉判决作出后，不问其为驳斥之判决，抑或再审之新判决，均得依通常规定上诉。[2]所谓通常之规定，系参照民事诉讼普通程序及两级上诉程序之规定，对其判决声明上诉。然第三审法院所为之再审判决，应不可上诉。

---

〔1〕 参见《民事诉讼条例》第540条。
〔2〕 参见《民事诉讼条例》第580条。

3. 再审判决之效力

关于再审判决之效力，包括两个方面：

第一，若法院以再审之诉无理由而驳斥者，当事人能否再次提起再审之诉，法律并无明文规定。然依照确定诉讼事件之归属及节约司法劳力之考虑，此种情形下，事件之判决应永远确定，当事人不得再提起再审之诉。

第二，若法院以再审之诉为有理由而更为辩论及裁判者，生废弃原审判决之效力，且对于再审法院为之新判决，当事人得依通常之诉讼程序上诉。

根据《民事诉讼条例》第581条之规定，关于再审之诉之判决，于起诉前第三人以善意取得之权利无影响。再审法院废弃原判决者，该裁判之效力理应溯及既往，及当事人间之法律关系应回复于法院判决前之状态，而第三人之法律关系，亦会受其影响。若严格遵守溯及既往之原则，则使善意取得权利之第三人承担诉讼程序或基础实施疵累之不利后果，于条理不合，且危害交易安全，故法律为此规定。值得注意的是，该第三人权利之取得，应是在当事人起诉之前。若第三人于起诉后取得权利，应不属于善意之范畴，不受本条规定之保护。

二、证据制度

《民事诉讼条例》于总则编"言词辩论"一节中规定："当事人应就诉讼关系为事实上及法律上之陈述。当事人有举证之责任者，应依本条例第二编第一章第三节规定声明所用之证据方法。各当事人对于他造提出之事实及证据方法应为陈述。"[1]

---

[1] 参见《民事诉讼条例》第236条至第238条。

由此可以看出，言词辩论系当事人就案件事实及法律关系所为之陈述，而其陈述之基础应为证据方法。证据系言词辩论之核心，而法院判决之作出又应本于言词辩论。因此，证据制度实为诉讼程序之核心。

民事诉讼证据，系指在民事诉讼中用以查明和认定案件事实之根据，即凡能够证明案件真实情况之材料，均属于证据。[1] 所谓证据方法，包括两方面含义：其一，可供证据之材料，谓之证据方法，如证人、鉴定人、证书及勘验之标的物，即现代诉讼法上所称证据材料；其二，发现证据之手段亦谓之证据方法，如讯问证人或鉴定人、检察勘验等。证据方法尚未经法院调查，不得作为认定事实及法律关系之依据。法院调查其依职权收集或当事人提出之证据方法，以确认诉讼案件之真实与否，谓之调查证据。证据方法得为证据之能力大小，谓之证据力。

前文曾提到，北洋政府于1922年施行之《民事诉讼条例》为北洋政府后期最为完备之民事诉讼法律。除此之外，《法院编制法》《各级审判厅试办章程》及《县知事审理诉讼暂行章程》等于民国成立后被援用或自为之法律条例亦有其独特价值。因此，关于民事诉讼之证据制度，本书仍将以《民事诉讼条例》为基础，其他法律条例有规定者，本书将一并考察。

（一）举证责任

1. 举证责任概述

当事人为得有利于己方之裁判，计于法律上有提出证据方

---

[1] 参见［美］布莱克法律词典对于"Evidence"（证据）之解释，Bryan A. Garner, *Black's Law Dictionary*, 7th ed., West Group, 1999, p.576.

法，使法院就某事理得生心证之必要，谓之举证责任。[1]《民事诉讼条例》第 328 条规定："当事人主张有利于己之事实者，就其事实有举证之责任。"此规定为民事诉讼程序举证之原则。大理院三年上字第 195 号判例要旨指出："各当事人就其主张有利于己之事实，均应负举证之责任。"民事诉讼法律采辩论主义，故当事人为取得有利于己方之判决，须主张对己方有利之事实，并就其事实声明必要之证据。若承担举证责任之当事人不能尽其证据或证据之证明力薄弱者，则其应承担此相应后果。例如，原告对于被告诉求 1000 元之支付，则原告应证明其债务之存在；被告抗辩所借 1000 元业已偿还，则被告应证明其已经偿还之事实。若原告举证不能或被告举证不能，则应分别承担法院判决赋予之相应后果。大理院五年上字第 40 号判例指出："当事人不能尽举证责任，审判衙门得衡情认其主张之非真正。"

2. 举证责任之分配

举证责任之分配规则，起源于罗马法中两条著名法则：其一，原告有举证之义务。该规则在形式上体现了主观证明责任，即原告如不负证明责任或虽已举证，但仍不能充分证明其主张的，裁判者应当作出有利于被告之裁判；其二，为主张之人有证明义务，为否定之人无此义务，该法则成为大陆法系"主张消极事实的人不负证明责任"学说之基础。关于主张事实之举证责任，应本于公允之原则，合理分配于当事人两造。其分配之标准，法律未作具体规定。此处将依民事诉讼法律之

---

[1] 参见石志泉著，解锟、张平、朱怡点校：《民事诉讼条例释义》，中国方正出版社 2006 年版，第 238 页。

一般理论为举证责任分配之探讨。

凡法律上效果发生之事实，或为其一般要件，或为其特别要件，一般要件与特别要件须完全具备又无妨害其发生之事实后，法律上之效果始发生。一般要件者，诸如当事人有权利能力或行为能力之事实、当事人两造之契约不违反法令及社会公益等，均属一般要件。而特别要件者，系对于案情之内容，如关于买卖合同纠纷，买方已经支付价款或卖方已经将货物交付于买方之事实，属于特别要件。依照法理，事实发生之一般要件、特殊要件、无妨害法律关系发生之事实等，均应由提起诉讼之原告负举证责任，然未免太过严苛。因此，为公允起见，各国之民事诉讼理论与司法实践以如下标准定举证责任之分配：主张法律上效果存在之原告应仅就属于法律关系发生之特别要件负举证责任，而被告应就法律关系发生之一般要件不具备或有妨害其发生之障碍，或主张其法律上效果已经消灭或变更之事实，承担举证责任；若为消极确认之诉，则主张法律上效果不存在之原告应就其一般要件不存在或妨害法律关系发生或使其变更或消灭之事实存在，而被告应就法律关系发生之特别要件负举证责任。

3. 毋庸举证情形

所谓毋庸举证，系法律规定于某些情形下，免除当事人之举证责任，直接认事实之存在或不存在。毋庸举证情形应有法律明文规定。依据《民事诉讼条例》第329条至第333条之规定，民事诉讼中当事人毋庸举证情形如下。

第一，事实于法院显著或为其职务上所已知者，毋庸举证。所谓事实于法院显著，系其事实为一般社会所周知，例如，市镇之位置远近等信息为一般社会公众所周知，推事亦应知晓。事实于职务上所已知者,例如,该事实曾于本法院提起诉讼,且已为确定判决者。对于该项事实,即使未经当事人提出,法院亦应斟酌之。大理院二年上字第141号判例要旨指出:"于审判衙门显著及职权上已认知之事实或有自认之事实,不依证据,得认定之。"但法院于斟酌之前应令当事人就其事实有辩论之机会。如不予当事人辩论机会者,其裁判谓之有疵累。

第二,审判上自认之事实,毋庸举证。大理院五年上字第94号判例要旨指出:"审判上自认之事实,相对人毋庸举证。"当事人一方所主张之事实于他造当事人不利,而他造当事人于诉讼上承认此事实者,谓之审判上之自认,亦称诉讼上之自认。自认之事实,有拘束法院之效力,经当事人自认之事实,法院不待证据,亦作心证,应认其事实为真,并以之为裁判之基础。

审判上之自认,限于审判上为之,即须于言词辩论日期或在受命推事或受托推事前以言词陈述,或于向法院提出之准备书状中陈述,始成立诉讼上之自认。对于在他案件上之陈述,不得以自认论。于诉讼开始前当事人所为之自认仅能作证据使用,而不能产生免除举证责任之效力。[1]但当事人于自认有所附加或限制者,应否视有自认与自认之撤销及于自认效力之影响,法院应详审一切情形定之。具体而言,若当事人于他造主张之事实关系承认其一部而争执其他部分者,则法院应以当事人两造陈述一致之部分认为自认;若当事人于承认他造所主张之事实时附加独立之攻击或防御方法者,此其所承认者仍为

---

[1] 大理院三年上字第863号判例要旨指出:"审判外之自认得为证据。"

审判上之完全自认。例如，被告一方面如原告所述有向原告借款之事，另一方面主张其所借款项业已清偿者，则法院应认被告于借款事实有完全之自认。

第三，当事人对于他造主张之事实已受应为陈述之晓谕而不争执，并不能因他项陈述显其争执意思者，视与自认同，毋庸举证。依照《民事诉讼条例》第238条及第243条之规定，各当事人对于他造提出之事实及证据方法应为陈述。当事人不为陈述时，审判长应向当事人发问或者晓谕，令为声明或陈述。若当事人受晓谕后仍不争执，并且该当事人所为之他项陈述，亦不能表明其有争执之意思者，则该当事人虽未为审判上之自认，亦以自认论，他造当事人对于该事实毋庸举证。视为自认之情形，须两个要件：其一，当事人受晓谕而不争执；其二，当事人为他项之陈述，亦不显其争执之意思。同时，法律还规定，当事人对于他造主张之事实为不知或不记忆之陈述者，应否视同自认，法院应详审一切情形定之。

第四，法律上推定之事实在有反证前，毋庸举证。法律上之推定，系法律明文规定，本于某事实应认他事实之法律规定。例如，《民事诉讼条例》第298条规定："……被告于诉之变更或追加并无异议而为本案之言词辩论者，视与同意变更或追加同。"第421条规定："证书依其程式及意旨得认作公证书者，推定为真正。"第422条规定："外国之公证书，其真伪法院应斟酌一切情形断定之。但经驻扎该国之中国公使或领事证明者，推定其为真正。"上述规定均为法律上之推定，在有反证前，就法律上推定之事实，当事人毋庸举证。然若当事人一造就推定之事实提出反证者，则他造之当事人仍应举证。

第五，法院得依已明之他事实推定应证事实之真伪。事实之真伪，本非调查证明不能明了，故法院对当事人主张之事实必先举证而后确认之。然对于已经证明之他事实而引以推定应证之事实，而免调查举证之烦，真伪又能确定，故法律设此条规定。

4. 释明

民事诉讼之举证责任者，系当事人应承担证明其所主张事实之责任，不能证明或证明力薄弱者，当事人应承担举证不能之不利后果。然民事诉讼中部分事实由于其特殊性质而举证困难，此时令当事人为证明该事实亦难称公允。例如，若当事人声请推事回避，则应举证证明推事与该案件当事人之亲密关系，而该关系之证明实为困难。因此，《民事诉讼条例》第45条第2款规定，对于声请回避之原因，应释明之。民事诉讼程序法采自由心证主义，事实之真伪由法院依心证认定。证明之目的在于使法院生强固之心证，而对于不易证明者，则令当事人释明之，即使法院生薄弱之心证，信为大概如此即可。释明者，须于法律以明文规定之，法律未规定释明之事实，应予证明。[1]

关于释明方法，《民事诉讼条例》第335条规定："释明事实上之主张者，得用可使法院信其主张真实之一切证据方法，但不能即时调查者，不在此限。"为释明方法者，毋庸遵守形式上之证据程序，凡可使法院信其主张真实之一切证据方法皆得为之。

5. 当事人之特殊举证责任

关于举证责任，除上述举证责任之通常规定外，《民事诉

---

[1] 关于释明之规定，参见《民事诉讼条例》第45条、第115条、第193条、第198条、第207条、第282条、第321条、第348条、第409条、第575条、第628条、第656条等。

讼条例》第 334 条规定："习惯法、自治法及外国现行法为法院所不知者，当事人有举证之责任，但不问当事人举证与否，法院得依职权为必要之调查。"

法律为法院职务上所应知，故若推事不知某法律，其应于诉讼外自行调查之。法律条文之规定，亦不可由当事人负举证责任。然对于习惯法、自治法及外国法，同区域、行业、国籍等有相当紧密之联系，非法院或推事所能完全知晓，故当事人应负举证责任。法律为此规定，实为使其辅助法院之调查。因此，不问当事人举证与否，法院仍得依职权就习惯法、自治法及外国之现行法为必要之调查。

(二) 调查证据

1. 即时调查

前文提到，受诉法院调查其依职权收集或当事人提出之证据方法，以确认事实之真实与否，谓之调查证据。证据方法之来源有二：一为负举证责任之当事人提供；二为法院依职权调查。某证据方法是否实际能为证据，非调查后未能知之。《民事诉讼条例》第 337 条规定："调查证据除本条例有特别规定外，于受诉法院之言词辩论行之。"该时期之民事诉讼法律采直接审理主义，即推事应以其自行认识所得之资料为裁判之基础。直接审理主义包含两方面内容：其一，推事非与于为裁判之基础辩论者，不得与于裁判；[1]其二，调查证据应于受诉法院之言词辩论行之，言词辩论终结后调查之证据，不得为判决之基础。[2]调查证据，通例应由受诉法院为直接自行调查，

---

[1] 参见《民事诉讼条例》第 262 条、第 279 条。
[2] 参见大理院四年上字第 312 号判例要旨："不得于辩论终结后调查证据以为判决。"

第四章 北洋时期的民事司法审判程序研究

若当事人之证据方法得于言词辩论中为之,则法院应即行言词辩论,以心证事实及法律关系之存在与否。如当事人在言词辩论提出证书或证人偕同当事人到场时,法院应即为调查证据。

2. 证据裁决

根据法律规定,调查证据以法院即时调查为原则。而非于当事人辩论后为之,或使受命推事或受托推事调查证据或应于外国调查证据者,法院应为证据裁决。[1]

证据裁决之性质,为指挥诉讼之裁决。裁决可分为指挥诉讼之裁决及其他裁决两类。指挥诉讼者,系法院(或审判长、受命推事或受托推事)关于诉讼进行之行为或于诉讼资料有影响之行为而言,如中止诉讼或撤销中止之裁决[2]审判长指挥言词辩论所为之裁决、[3],以及证据裁决等均属于指挥诉讼之裁决。根据《民事诉讼条例》第275条之规定,经言词辩论之裁决,应宣告之。因此,证据裁决应予宣告。证据裁决者,可不必作裁决书,而由法院书记官记入言词辩论笔录即可。[4]根据《民事诉讼条例》第338条之规定,证据裁决应表明如下事项:①当事人,此处应表明之当事人,宜系表明举证者为何人;②应调查之证据方法,例如,应讯问证人或鉴定人者,宜表明证人或鉴定人之姓名、居住、职业等事项;③应证之事实,即待证之特定事实也。

法院不能当庭即时调查证据,须为证据裁决者,包括三种情形:①延展日期调查证据;②为方便及减少诉讼迟滞起见,

---

[1] 参见《民事诉讼条例》第338条。
[2] 参见《民事诉讼条例》第218条至第223条、第228条。
[3] 参见《民事诉讼条例》第242条至第252条。
[4] 参见《民事诉讼条例》第254条第1款第5项之规定。

命受命推事或受托推事为证据调查；③因证据方法于外国者，命于外国调查证据。

（1）延展日期调查证据

证据不能于言词辩论时即时为之者，法院作证据裁决，因调查证据延展日期者，审判长应指定其日期为言词辩论之续行日期。[1]

（2）命受命推事或受托推事为证据调查

证据裁决命由受命推事调查证据者，应由审判长于庭员中指定该推事。受命推事于宣告证据裁决时指定者，应与证据裁决并行宣告；若于其后指定者，则应将裁决送达于当事人。原受命推事有窒碍者，由审判长于庭员中另行指定受命推事之人选。证据裁决命受托推事调查证据者，应由审判长发嘱托之文书。根据《法院编制法》第154条"审判衙门办理诉讼事宜，应相互辅助"之规定，受托推事除认为受嘱托之调查不能为之者外，有应其嘱托而为证据调查之义务。此所谓受嘱托之调查不能为之者，诸如该证据方法非在自己所属法院之管辖区域等情形。

对于调查证据之日期及处所，则由受命推事或受托推事定之。受命推事或受托推事调查证据时，若发生争议致不得续行调查并不能自行裁判其争议者，受诉法院应就该争议为裁判。[2]受命推事或受托推事调查证据时，若当事人或第三人产生争议，则必先解决其争议，而后再行证据调查。若受命推事或受托推事就争议事项有裁决之权，则应径自裁决；若推事无裁决职权，则应送请受诉法院裁判之。

---

[1] 参见《民事诉讼条例》第350条。
[2] 参见《民事诉讼条例》第341条、第343条。

受命推事或受托推事于证据调查中，发现有应由其他法院辅助调查证据者，诸如证人嗣后迁至他法院管内居住等情形，此时受命推事或受托推事得将其事由通知受诉法院及当事人，并得径由自己嘱托该法院为证据调查。若遇有急迫等情形，受命推事或受托推事认为适当时，也可径自于管辖区域外调查证据。径自于管辖区域外调查证据者，应将其事由通知应受嘱托之法院。[1]

而受诉法院认为适当时，得于管辖区域外调查证据。[2]凡法院职务上之行为，职能在其管辖区域内行之。如有某行为应于他法院之管辖区域内行之者，应嘱托他法院为之。然实际上为诉讼之需要，可逾越本法院之管辖区域，而于他法院区域内为调查证据。例如，因情势急迫，须立即调查该证据方法者，抑或不动产跨连两法院之管辖区域者。法院于管辖区域外直接调查证据者，应通知该法院。

（3）于外国调查证据

证据方法存在于外国者，通常不便或不能由受诉法院为证据调查。遇有此等情形者，审判长得嘱托证据方法所在国之管辖官厅为证据调查，或嘱托中国驻该国之公使或领事代为调查。能否直接嘱托外国管辖官厅调查者，应依国际惯例、条约或中国与该国之条约定之。

嘱托外国官厅调查证据者，法院亦可不自发嘱托之文书，而将该文书委托举证人交付于外国官厅。或者受诉法院不为调查证据之嘱托，而由举证人自己申请外国管辖官厅协助调查证

---

[1] 参见《民事诉讼条例》第344条、第345条第2款、第3款。
[2] 参见《民事诉讼条例》第345条。

据。[1]

于外国调查所得证据之效力，应由受诉法院依自由心证原则认定之。而外国官厅调查证据，虽违背该国之法律，若于中国法律无违背者，不得主张异议。[2]诉讼行为之程式，依行为地之法律。故由外国官厅调查证据者，其合法与否应依该国法律定之。如其调查证据合于该国法律者，则虽不合中国法律，亦应认定其行为有效。而其调查证据之结果能否作为诉讼上之证据及其证明力之强弱，由受诉法院依中国法律定之。[3]而于外国之证据调查有悖于外国法律，但不违背中国法律者，证据调查之结果应按照中国法律予以认可，当事人不得指其为不合法而主张异议。

上述证据裁决中由受命推事或受托推事调查证据或于外国调查证据者，其证据调查结束后，审判证应指定言词辩论之续行日期。上述调查证据之情况，法院书记官应作调查笔录。[4]

3. 补充或再行证据调查

《民事诉讼条例》第349条规定："法院认为必要时，得命补充或再行调查证据。"证据调查结束后，若受诉法院认为调查证据之结果不完整或不明了时，可以有补充或再行调查之必要，而随时命行之。

(三) 证据之审核原则

所谓证据之审核，系法院对于其依职权收集或当事人提出

---

[1] 参见《民事诉讼条例》第346条。
[2] 参见《民事诉讼条例》第347条。
[3] 参见石志泉著，解锟、张平、朱怡点校：《民事诉讼条例释义》，中国方正出版社2006年版，第252页。
[4] 参见《民事诉讼条例》第342条、第350条第2款。

之证据方法之审查，以确定其能否作为确定本案事实之证据，以及其证明力之强弱如何。法律规定，关于证据审核采自由心证原则。《民事诉讼条例》第327条规定："法院应斟酌全辩论意旨及调查证据之结果，依其自由心证判断事实之真伪，但法律有特别规定者，不在此限。"

所谓自由心证，系指一切证据证明力之大小以及证据之取舍及运用，法律不预先作出规定，而是由法官根据自己的良心、理性自由判断，并根据形成的内心确信认定案件事实的一种证据制度。[1]自由心证主义，系相对于法定证据主义而言。法定证据主义者，关于证据方法之种类及其证明力之强弱等均以法律明文规定为之，法院判断事实之真伪与否，必须依照此规定办理。而自由心证主义中法院对于证据予以审核时，无法律规定之程式。故调查证据得出证据方法后，于其证明力之有无、强弱等，完全依照法院之主观确信而决定之。且自由心证主义不要求法院专以调查证据之结果为裁判之基础，所有言词辩论之全体意旨，法院均应加以斟酌。故当事人之陈述、对于审判之态度等均可由法院于判决时考虑在内。

法院作自由心证之标准，并非审判官任意为之，而应以已知事实及经验法则为标准。所谓经验法则，即人们从生活经验中归纳获得关于事物因果关系或属性状态之法则。诸如心理学、数学、化学、商事习惯等均得为经验法则。

此外，《民事诉讼条例》虽采自由心证主义为原则，仍以明文规定了该原则之例外。该法第40条第1款规定："管辖之合意应以文书证之。"第259条规定："言词辩论程式之遵守，

---

[1] 参见卞建林主编：《证据法学》，中国政法大学出版社2000年版，第32页。

专以笔录证之。"第400条规定："官吏或公吏于职务上按定式作成之文书，从下列各款就其所记载事项有完全之证据力，但仍许反证：……"第401条规定："私证书经作成文书之人签名或有法院或公证人之认证者，就作成人曾为该文书内所揭陈述有完全之证据力，但仍许反证。"上述四条，均系明文规定证书之证明力，以拘束法院之自由心证。此外，为防止法院滥用自由心证原则，法律规定心证之理由应记明于判决。故法院所为判决究以如何事项为基础，如以辩论意旨为基础者，系如何之意旨；以调查证据为基础者，系如何之结果等情形必须记明于判决书之理由项下。

（四）证据种类及其规则

证据种类即法律明确规定的证据的不同表现形式。诉讼程序中作为起诉与定案根据之证据，须符合法律规定之证明形式及要求。

证据种类与证据分类常被混淆。证据分类，即证据之于学理上之划分，系根据证据来源、作用及特征，按照不同标准将证据在理论上划分为不同类别。证据种类与证据分类区别如下：其一，证据分类属于学理上作理论研究之划分，证据种类系依据法律规定作为裁判基础之划分；其二，证据分类不具有法律效力，仅仅为学理上之解释，而证据种类系法律之明文规定，具有法律效力，不具备法定之表现形式者一般不得作为裁判基础；其三，证据分类系按照某一标准而为"二分法"划分所得之结果，[1]而证据种类则系依照单一标准进行划分所

---

[1] 例如，以证据之来源为标准，证据可划分为原始证据和传来证据；以证据内容与待证事实之关系为标准，可以划分为直接证据和间接证据；以证据对当事人双方所主张事实是否成立为标准，划分为本证和反证等。——编者注

得之类别。

《民事诉讼条例》对于民事证据之种类,明文规定有四种:人证、鉴定、书证及勘验。本书将就该四类证据一一详述之。

1. 人证

人证,是指除当事人以外了解诉讼事件情况之第三人,依照法院之命令,于诉讼程序中陈述自己所知关于诉讼事件之情况。人证所作供证据用之陈述,系就自己观察事实之结果为陈述,以自己关于某项事实之经历报告法院,以利于法院确定事实。此处所谓观察,不以目击为限,故于诉讼程序中第三人陈述其听闻之事实者,亦可为证人证言。

凡证人者,须为当事人以外之第三人,故当事人及应与当事人同视之法定代理人关于该诉讼不得为证人。

由于民事诉讼法律对于证据采自由心证主义,证人之陈述,即其证言之可信与否,自有法院之判断,毋庸有限制证人能力之规定,因此,理论上凡自然人均有为证人之能力,无论其人之年龄、智力、精神状态及与当事人之关系如何,均得为诉讼案件之证人。惟上述区别对于证明力有所影响。诸如当事人之亲戚所为证言之证明力应小于陌生人所为证言之证明力。当然,民事诉讼条例对于证人有无具结之能力进行规定,系上述不限证人能力之例外。[1]

(1) 作证义务

诉讼事件发生时,通常能为当事人外之第三人所感知。在当事人因诉讼事件涉讼后,法院向知情之第三人了解其所感知

---

[1] 关于民事诉讼中人证具结之规定,参见《民事诉讼条例》第371条。

之事件情况，是查明案件事实、适用法律实现正义之重要途径之一。因此，《民事诉讼条例》第352条规定："不问何人，于他人之诉讼有为证人之义务。"凡服从中国法权之人均有为证人之义务，因此，负作证义务者，并非限于中国人，外国人在中国领土内者，亦有为证人之义务，但有治外法权者不在此限。

证人不履行作证之义务，法院得于两次罚锾后拘提之。《民事诉讼条例》第358条规定："证人受合法之传唤并无正当理由而不到场者，法院应以裁决科以百元以下之罚锾，并命赔偿因不到场所生之费用。证人已受前项裁决仍不遵传到场者，应再科以二百元以下之罚锾，并命赔偿费用。应受前项裁决之证人得拘提之。"

（2）作证原因

所谓作证原因，系证人缘何须负有出庭作证之义务。作证之原因有二：

第一，当事人声明人证。《民事诉讼条例》第353条规定："声明人证应表明证人及讯问之事项。"当事人向法院声请讯问证人，谓之声明人证。当事人声明人证，系举证责任分配之表现。当事人声明人证者，应提供证人之足够信息，至法院能够确定证人之程度，如证人之姓名、职业、居住等。

第二，法院认为必要时，得依职权讯问证人。《民事诉讼条例》第354条规定："法院依当事人之陈述调查证据之结果或诉讼上他项情事，认为讯问证人于阐明或确定诉讼关系为必要者，得依职权命行讯问。"除当事人声明人证外，法院为查明诉讼事件之真实事实，以利于作出公正之裁判，可依职权讯问证人。

（3）拒绝作证之情形

知晓诉讼事件之第三人，均负有作证义务。然而，对于与当事人有特殊关系之第三人,或从事特殊职业之第三人,或有其他情形不宜就该诉讼案件作证者,得拒绝证言。根据《民事诉讼条例》第 364 条及第 365 条之规定,有下列情形者,证人得拒绝证言:

①证人为当事人之配偶、未婚配偶或亲属者。然有此关系者,若诉讼案件系同居或曾同居人之出生、亡故、婚姻或其他身份上之事项,以及诉讼关系系因亲属关系或婚姻关系所生财产上之事项者,上述证人不得拒绝证言。

②证人所为证言于证人或与证人有前款关系之人,足生财产上之直接损害者。

③证人所为证言足至证人或与证人有第一款关系,或有养亲、养子或监护、保佐关系之人受刑事上诉追或蒙耻辱者,在配偶或亲属其婚姻或亲属关系消灭后亦同。

④证人就其职务上或业务上有秘密义务之事项应讯问者。对于该情形之证人,若不许其拒绝证言,无异于强令证人违背其保守秘密之义务,殊属不合,故设本规定。然若保守秘密之事项已公然暴露或其保守秘密之义务已经免除,则证人不得拒绝其证言。

⑤证人非泄露其技术上或职业上之秘密不能为证言者,得拒绝证言者,审判长应于讯问前或知有前项情形时告之。

证人拒绝证言者,应于讯问日期前或讯问日期以书状或言词呈明拒绝之原因、事实。证人应就其拒绝证言之原因、事实进行释明,但法院酌量情形,得命证人具结担保其真实,以代释明。法院书记官应将证人拒绝证言之事由通知当事人。[1]

---

[1] 参见《民事诉讼条例》第 366 条。

对于证人拒绝证言之恰当与否，应讯问到场之当事人，后由受诉法院裁决之。对于该项裁决，当事人及证人均可为抗告，抗告中应停止执行该裁决。[1]

证人不呈明拒绝之原因、事实而拒绝证言，或者以拒绝为不当之裁决已经确定后仍拒绝证言者，法院应以裁决科以百元以下之罚锾，并命赔偿因拒绝证言所生之费用。对于法院科以罚锾及命赔偿费用之裁决，证人得为抗告，抗告中应停止执行该项裁决。[2]

（4）证人之传唤

证人履行作证义务，除不能到场或不宜到场之情形外，应到场作证。到场作证，除证人自动偕当事人到场外，法院应以传票传唤之。根据《民事诉讼条例》第355条之规定，传唤证人应于传票记明下列各款事项：①证人及当事人；②证人应到场之日时及处所；③证人不到场时应受之制裁；④证人请求旅费及日费之权利；⑤法院。除上述情形外，若审判长认为证人非有准备不能为证者，应于传票记明讯问事项。

除普通证人之传唤，对于现役军人或在监人为证人之情形，法律有其特殊规定：

第一，传唤现役之军人或军属为证人者，除按照上述一般之规定以传票传唤外，审判长应并通知该官长，求其允许到场。若被传唤之人碍难到场，该官长应通知其事由于法院。[3]

第二，传唤在监人为证人者，除按照上述一般之规定以传票传唤在监者外，审判长应并通知该监狱长官，求其解送到

---

[1] 参见《民事诉讼条例》第367条。
[2] 参见《民事诉讼条例》第368条。
[3] 参见《民事诉讼条例》第336条。

场。若在监人实难到场者,该监狱长官应通知其事由于法院。

证人受合法传唤后,应按传票之事项按时到场为陈述。对于不能到场者,应以书状和言词为不到场理由之呈报。对于证人受合法传唤而无正当理由不到场者,经两次罚锾后,法院得为拘提之裁决。大理院三年上字第302号判例要旨指出:"证人受传不到者,应勒令到庭,不得径予舍弃。"对于强制证人到场之罚锾及拘提之裁决,当事人得为抗告,抗告中应停止执行上述裁决。[1]所谓正当理由者,系依照此理由,可认定其不到场为非违背义务,例如,证人患病、出外或非因过失不知送达之事项等。有正当理由,则证人无到场之义务,法院不得对其加以制裁。

(5)使受命推事或受托推事讯问证人之规定

对于证人之作证义务,除以传票传唤其到场外,部分情形下,法院得使受命推事或受托推事讯问证人。依据《民事诉讼条例》第362条之规定,下列四种情形下,受诉法院得使受命推事或受托推事讯问证人:①因发现真实有当场讯问证人之必要者,如证人为陈述时,须现场指认某处事物等情形;②于受诉法院讯问证人有重大之窒碍者;③证人不能到受诉法院者,如证人衰老患病或有其他持续之原因导致未来长时间不能到法院作证;④证人若到受诉法院须多费时间及费用者。

除上述情形外,对于某些特殊身份之证人,亦得使受命推事或受托推事讯问之。《民事诉讼条例》第360条规定:"大总统为证人者,应由受命推事或受托推事就其所在讯问之。"大总统为一国之元首,应免其到场之义务以示尊崇。然免除到

---

[1] 参见《民事诉讼条例》第358条。

场之义务并不能免除其作证义务，遇有应以大总统为证人之情形，应由受命推事或受托推事就其所在讯问之，该项规定无容法院变更之余地。由于对大总统应就其所在为讯问，不得以传票传唤之。

《民事诉讼条例》第 361 条规定："国务员或地方最高行政长官为证人者，应于其官署所在地讯问之。若驻在他处，则于其所驻地问之。国会议员为证人者，若开会期内滞留于国会所在地，应于国会所在地讯问之。官署或国会所在地或证人所在地与受诉法院所在地不同者，应由受命推事或受托推事讯问之。"

除上述情形外，为保守公务上之秘密起见，《民事诉讼条例》于第 363 条规定："以官吏、公吏之人为证人，而就其职务上应秘密之事项为讯问者，应该得监督长官之允许。若以最高长官为证人，应得大总统之允许。以国会议员或曾为国会议员之人为证人，而就秘密会议之事项为讯问者，应得国会之允许。"

(6) 证人之具结

具结者，原意为有权机关责令违法者以书状形式保证悔改之轻微处罚方式。法律对于证人之所谓具结，系命证人以书状作愿意就本人之行为承担法律责任之表示。

《民事诉讼条例》第 369 条规定："审判长应命证人各别具结，但其应否具结有疑义者，得于讯问后行之。"具结之目的在于强制证人为真实之陈述。除法律规定毋庸具结之情形外，法院不得以其他原因免除证人具结之义务。若应具结之证人未具结者，法院不得斟酌其证言。证人于具结前，审判长应告之刑律所定伪证之处罚，以使证人明白真实陈述之必要。

具结原则上应于讯问证人前为之,但对于应否具结有疑义者,得于讯问后为之。证人于讯问前具结者,结文内应记明必为真实之陈述,决无匿饰、增损等语。证人于讯问后为具结者,结文内则应记明已为真实之陈述,并无匿饰、增损等语。结文完成后,法院书记官应当场朗诵结语,于必要时并应说明其意义。证人应于结文内签名,不能签名者,由书记官代书,并由证人画押或盖指摹。[1]

证人之具结,须证人明了具结之意义及效果所在,而对于因年龄或认知问题导致不能具结者,当然无具结之必要,而对于部分不宜具结者,亦可免其具结之义务。《民事诉讼条例》于第371条规定了不得令证人具结及酌量可不令证人具结之情形:

第一,未满十五岁之人或因精神障碍不解具结意义及效果之人为证人而讯问者。由于其无具结之能力,令其具结者,徒增司法讼累,不得令其具结。

第二,具有以下情形之人为证人而讯问者,法院酌量情形,得不令其具结:①有第364条第1款第1项至第3款情形而不拒绝证言者;②当事人之雇人或同居一家之人;③就诉讼之结果有直接之利害关系者。

证人并无拒绝具结之权,其拒绝具结者,不问呈明原因与否,法院均应以裁决科以百元以下之罚锾,并命赔偿因拒绝所生之费用。对于科以罚锾及赔偿之裁决,证人得为抗告,抗告中应停止执行该项裁决。[2]

---

[1] 参见《民事诉讼条例》第370条。
[2] 参见《民事诉讼条例》第372条、第368条。

(7) 证人之讯问及发问[1]

证人具结后,应进入讯问证人之程序。为避免证人附和其他证人之证言或与他证言雷同,法律规定,讯问证人者,应与他人隔别行之。但于必要时得命证人对质,例如,两证人之陈述互相抵触时,应命其对质。

审判长对于证人首先应讯问其姓名、年龄、身份、职业及居住。于必要时,并应讯问证人与当事人之关系及其他关于证言信用之事项。证人之基本信息明了后,审判长应命证人连续陈述关于讯问事项所知之始末。因此,证人之陈述过程中不得采用一问一答之形式,更不可以引导性言语提示证人之陈述。证人之陈述通常不得朗诵文件或用笔记代之,但经审判长许可者,不在此限。

审判长有指挥诉讼之权,因此,证人参与诉讼之程序亦由审判长指挥。审判长因使证人之陈述明了完整,或推究证人得知事实之原因,得为必要之发问。陪席推事告明审判长后,得对证人发问。当事人不得自由对证人发问,如有发问之必要时,应请求审判长对证人为必要之发问,审判长亦得许可当事人直接对证人发问。关于当事人对证人之间接或直接发问应否许可,由法院酌量情形为裁判。

法院调查证据时应令当事人到场,使其直接得知调查证据之结果,并得随时主张自己之利益,因此,所有调查证据日期均须于日期前相当之时期告知于两造当事人。[2]讯问证人时本应令当事人在场,然不排除证人在当事人面前有所顾虑,致

---

[1] 关于证人之讯问及发问事项,参见《民事诉讼条例》第373条至第378条之规定。

[2] 参见《民事诉讼条例》第190条关于言词辩论送达传票之规定。

使不能为完整陈述之情况。因此,法院认为证人在当事人前不能尽其陈述者,得于陈述中命当事人退庭。但为保障当事人直接得知证据调查之结果并主张自己利益之权,证人陈述完毕后,审判长应命当事人入庭,告知以证人陈述之事项。

(8) 人证之舍弃

所谓人证之舍弃,系指声明人证之当事人,向法院表示舍弃人证之意思。《民事诉讼条例》第380条规定:"当事人得舍弃其所声明之人证。前项情形,他造当事人得求讯问到场之证人或求续行讯问。"声明人证之当事人,不问他造是否同意,得舍弃该人证。舍弃人证之意思表示应于该人证在受诉法院讯问完毕前为之。若该人证已经讯问完毕,则无舍弃之余地。

当事人所声明舍弃之人证,经其舍弃后即不得讯问之。然为避免再传同一证人之劳烦及使诉讼程序迅速进行,对于被一造当事人舍弃之同一人证,他造当事人得请求法院讯问者,仍应讯问之。

(9) 证人之费用保障

诉讼事件本与证人之利益无关,然证人之到场亦需花费,如若不予证人之花费以保障,殊属不当。因此,《民事诉讼条例》第381条规定:"证人得请求法定之日费及旅费。"

证人请求费用者,应于讯问完毕后10日内声明。关于请求准许与否,或请求之数额,均由法院裁决。对于该事项之裁决,得为抗告。对于因无力垫付旅费而不能履行其证人之义务者,证人可声请法院预支给相当之数额。[1]

---

[1] 参见《民事诉讼条例》第381条。

2. 鉴定

所谓鉴定人，系第三人依照法院之命令，于诉讼程序中陈述关于法律或特别经验法则之意见。鉴定人于诉讼程序中，系以自己之特别智识或技能为法院事实上或法律上之判断提供辅助。

明了法律本为法院职务上之要求，然习惯法、自治法等法律，数目繁多却仅通行于部分区域，法院当然有不知者。一般经验法则者，凡有常识之人均可知晓。但特别经验法则，非有特别经验或智识之人不能知之。遇有此种法律或经验法则者，法院则有请鉴定人为鉴定之必要。

然鉴定人之陈述与证人之陈述目的不同。鉴定人之陈述乃系利用其特别之智识或技能为法院判断之辅助，而证人之陈述系以证人对诉讼事件之观察为陈述。除目的外，鉴定人与证人同系对于法院陈述自己判断之第三人，因此，《民事诉讼条例》于第382条规定："鉴定除本目有特别规定外，准用关于人证之规定。"

（1）鉴定义务

关于鉴定之义务，《民事诉讼条例》第383条规定："下列各款之人对于他人之诉讼有为鉴定人之义务：一、经官委任为鉴定人者；二、从事于鉴定所需之学术、技艺或职业者。"不同于一切知晓诉讼事件情况之人均须为证人，有鉴定义务者，仅以本条规定之人为限：经官委任为鉴定人者，如检验吏；从事鉴定所需之学术、技艺或职业者，如学者、医师、技师等。

除上述法律规定之自然人外，法院得依职权嘱托相当之官署、公署或法人陈述鉴定意见或审查鉴定意见。例如，嘱托商会陈述商事习惯,或嘱托医院或医校陈述医学上之意见等。[1]

(2) 鉴定之原因

鉴定之原因,基本同人证之原因,即当事人声请或法院因阐明或确定诉讼关系,而依职权命行鉴定。[2]由于鉴定人系法院选任,当事人声请鉴定者,仅表明鉴定之事项即可。

(3) 鉴定人之选任

以何人为鉴定人,以及鉴定人应为一人或数人,均由受诉法院依职权定之。对于已经选任之鉴定人,其不能胜任或有窒碍而不能继续担任鉴定人者,法院得自由撤换之。若法院不宜或不易选任鉴定人者,可命当事人指定应选任之鉴定人。当然,当事人指定之鉴定人应经法院之许可方具有鉴定人之身份。[3]

若使受命推事或受托推事为证据调查者,需选任鉴定人时,法院得委该推事选任鉴定人。推事选任鉴定人者,亦应遵守上述选任之规定。[4]

不同于证人不到场之处罚规定,《民事诉讼条例》第388条规定:"鉴定人虽不遵传到场,不得拘提。"鉴定人无故拒绝鉴定者,法院应准用处罚证人无故不到场之规定,对鉴定人处罚锾并命赔偿费用。然得为鉴定人者,并不以特定之某一人为限,因此,已选任之鉴定人拒不到场者,不得拘提。

---

[1] 参见《民事诉讼条例》第399条。
[2] 参见《民事诉讼条例》第384条。
[3] 参见《民事诉讼条例》第386条。
[4] 参见《民事诉讼条例》第387条。

(4) 鉴定之拒却[1]

鉴定之拒绝,包括两种情形:其一,鉴定人拒绝鉴定;其二,当事人声明拒却。鉴定人拒绝鉴定之理由,由受诉法院裁决其当否,如鉴定人具有证人拒绝证言之理由,抑或鉴定人不能胜任等理由者,法院均应以其拒绝理由为正当。此处对于当事人声明拒却,予以重点考察。

当事人声明拒却,系指当事人对于选任之鉴定人有异议,认为其鉴定有偏颇之虞,向法院声明拒却该鉴定人之鉴定。关于当事人声请拒却之理由,《民事诉讼条例》第390条规定:"当事人得依声请推事回避之原因拒却鉴定人,但不得以鉴定人于该事件曾为证人或鉴定人为拒却之原因。"[2]当事人对于拒却之原因,应向法院释明之。

当事人声明拒却者,应于鉴定人已就鉴定事项有所陈述或已提出鉴定书前为之,若于其后为拒却之声明,则法院应裁决驳斥之。然拒却之原因发生在后或当事人未知有此原因者,不受该时间之限制。

关于当事人声明拒却及鉴定人拒绝鉴定之原因是否恰当,应由选任鉴定人之法院或推事裁决之。

(5) 鉴定之程式[3]

鉴定人为鉴定时,亦应具结,记明其必为公正诚实之鉴定。该具结须于鉴定前为之,不得于鉴定后为补充。

---

[1] 关于当事人声明拒却,参见《民事诉讼条例》第389条至第392条之规定。

[2] 关于推事之回避原因,参见《民事诉讼条例》第42条之规定。

[3] 关于鉴定程式之规定,参见《民事诉讼条例》第393条至第396条之规定。

鉴定所须资料在法院者,法院应告明鉴定人,并准许其利用之。由于鉴定人非熟知鉴定基础之事实者,因此,鉴定人因行鉴定,得声请调取物证或讯问证人,或鉴定人经许可后并得对于证人或当事人直接发问。

关于诉讼案件,或可出现一人身兼鉴定人与证人之双重身份者。法律规定,讯问依特别之智识得知已往事实之人者,适用关于人证之规定。对于此种情形,由法院视实际情况而定其身份。如以曾经检查房屋工程之技师为证人,讯问该房屋倒塌前之建筑状况者,应对其适用证人之程式;而技师报告房屋建筑状况后,法院咨询其此项建筑是否合于建筑规程,而令其陈述意见时,则其身份为鉴定人,自应依照鉴定人之程式为之。

(6) 鉴定人之费用

关于鉴定人之费用,《民事诉讼条例》第397条规定:"鉴定人得于法定之日费、旅费外,请求鉴定垫款及相当之报酬。鉴定所需费用,得依鉴定人之声请预行支给相当之额。"

3. 书证

书证者,系以普通使用之文字、符号或图画等表达思想或记载内容来证明有关诉讼案件事实之书面文件或其他物品。书证之本质系以其记载之内容来证明诉讼案件之事实,因此,书证之形式在所不问,不论其为竹木、金石或书籍,亦不问其制作方法为写录、雕刻或印刷等,凡以普通使用之记号记载意思或思想者,均得为书证。[1]关于书证,《民事诉讼条例》明确规定了其分类、证明力、提出义务以及真伪之认定等。此处将一一考察。

---

[1]《民事诉讼条例》第430条规定:"本目规定,于文书外之物件而有证书之效用者,准用之。"

(1) 书证之法定分类及证据力

第一，公证书。《民事诉讼条例》第 400 条规定："官吏或公吏于职务上按定式作成之文书，从下列各款就其所记载事项有完全之证据力，但仍许反证：一、记明官吏、公吏之命令、处分或裁判之文书，证其有此命令、处分或裁判；二、记明在官吏、公吏前陈述之文书，证其有此陈述；三、记明前二款以外事项之文书，以官吏、公吏直接所知者为限，证其为真实。"

认定为公证书者，须具备三个要件：其一，为官吏或公吏所制作；其二，系具备上述身份之人于职务上所为之；其三，如有规定之程式者，须按照该程式作成。以上公证书之三要件，须完全具备，方能依据本条认定其证据力。

本条关于公证书证据力之规定，系自由心证原则之例外。公证书无论对于何人，从本条规定之事项有完全之证据力，即法院判断该公证书之证据力时，应受此等规定之拘束，不得行其自由心证。本条规定对于公证书之反证，系指当事人得举证证明该证书非为公证书，即不具备成为公证书之三个要件，而不得举证证明证书所记载之事项无完全之证据力。具备上述三要件之证书，任何人不得质疑其证据力。

第二，私证书。《民事诉讼条例》第 401 条规定："私证书经作成文书之人签名或有法院或公证人之认证者，就作成人曾为该文书内所揭陈述有完全之证据力，但仍许反证。"

凡非公证书之证书，均为私证书。凡公证书之外以普通使用之记号记载意思或思想者，均为私证书。私证书作成人之签名或有法院或公证人之人证，非私证书之成立要件，仅为其证据力之规定。该条亦为自由心证原则之例外，即有作成人之签名或有法院或公证人之人证者，法院应直接认定其内容之证据力，无容自由心证之余地。惟不具备上述认证之私证书，其证据力如何，全由法院依自由心证原则判断之。

本条所谓私证书之反证者，同公证书之反证，系质疑私证书作成人之签名或有法院或公证人认证之真实性，而非质疑具备该认证之私证书之证据力。

证书有公证书及私证书之分，而私证书又有经作成之人签名或有法院或公证人之认证与否之区别。然不论是公证书抑或私证书，根据《民事诉讼条例》第402条之规定，其有增加或删除文字或其他疵累者，法院应依其自由心证断定该证书之证据力。真实之公证书或有经作成之人签名或有法院或公证人之认证之私证书，均排除法院之自由心证，应直接认定其证据力。然若公证书或私证书有增删、涂改、挖补及损毁字迹等外形上之疵累者，不论该疵累产生于作证书之时，或证书作成之后，由于其真实性存疑，均不得适用《民事诉讼条例》第400条及第401条之规定，而应由法院依自由心证原则断定该证书之证据力。

（2）书证之提出途径

关于书证之提出途径，法律规定有二：一为法院依职权命证书持有者提出；二为当事人声明书证。

第一，法院依职权命提出证书。法院依职权命提出证书之对象，包括当事人、证人以及保管或执掌该证书之官厅。

《民事诉讼条例》第406条规定："法院因阐明或确定诉讼关系，得依职权命当事人提出证书，但以依当事人之陈述或调查证据之结果知该证书为其所执者为限。"调查证书在辩论主义之下通常应依照当事人之声明行之，然法院依当事人之陈述或调查他证据之结果,知有某证书为某当事人所执有者,得因阐明或确定诉讼关系起见,依职权以裁决命该当事人提出。

关于当事人提出证书之义务,《民事诉讼条例》第407条规定:"当事人有提出下列各款证书之义务:一、于准备书状或于言词辩论引用为证据方法之文书;二、他造当事人依法律之规定,得求交付或阅览之文书;三、为举证人之利益而作之文书;四、就当事人间之法律关系所作之文书;五、商业账簿。"

当事人无正当理由而不履行证书义务者,法律并无规定强制之方法。法院仅得对于无正当理由不履行证书义务之当事人,依照《民事诉讼条例》第327条规定之自由心证断定此项情形及于裁判之影响,以及是否应认定他造当事人关于该证书之主张为正当。[1]

除当事人外,法院可依职权命证人及保管或执掌之官厅提出或调取证书。《民事诉讼条例》第411条规定:"法院若知于事件有关系之证书为证人所执者,得依职权命证人提出。"第415条规定:"官署、公署所保管或官吏、公吏所执掌之证书,不问其有无提出之义务,法院因阐明或确定诉讼关系,得依职权调取之。"

第二,声明书证。举证人声请法院调查证据者,称为声明书证。声明书证者,不论该书证为自己所持,或他造当事人,或第三人所执,均得为之。

证书在举证人之手者,声明书证应即时提出证书于法院。若声明书证而提出证书,法院应不斟酌其声明。举证人于言词

---

[1] 参见《民事诉讼条例》第408条。

辩论日期不能即时提出证书者,法院得命延展日期。

证书为他造当事人所执,举证人意欲利用者,应声请法院命该当事人提出证书。求法院命他造当事人提出证书之声请应表明下列事项:①求命提出之证书;②依该证书应证之事实;③证书之内容;④证书为他造当事人所执之事由;⑤他造当事人有提出证书义务之原因。上述事项者,举证人均应证明之。对于举证人之声请,法院认应证之事实重要,且举证人之声请正当者,应以裁决命他造当事人提出证书。若举证人之声请为不当者,法院得驳斥之。他造当事人确实执有该证书而拒不提出者,法律未规定强制之方法,但法院可依自由心证之原则断定此项情形及于裁判之影响。[1]

证书于第三人所执有者,举证人意欲利用之,应声请法院命第三人提出,或定举证人自行提出证书之期限,令其自行取到该证书。声请法院令第三人提出者,亦应表明如下事项:①求命提出之证书;②依该证书应证之事实;③证书之内容;④证书为他造当事人所执之事由;⑤他造当事人有提出证书义务之原因。惟对于证书为第三人所执之事由及第三人有提出义务之原因,毋庸证明,仅需释明之即可。法院认应证之事实重要且举证人之声请正当者,应以裁决命第三人提出证书或定举证人提出证书之期限。反之,则应驳斥举证人之声请。[2]

第三人无正当理由,不从法院提出证书之命令者,举证人可对第三人提起交付证书之诉,法院亦得径自以裁决科以百元以下之罚锾及命赔偿因不提出证书所生之费用,于认为适当时并得命为强制处分。对于法院之裁决,第三人得为抗告,抗告

---

[1] 参见《民事诉讼条例》第404条、第405条。
[2] 参见《民事诉讼条例》第409条、第410条。

中应停止执行该裁决。当然,诉讼本于第三人无涉,而第三人提出证书者,或需有所花费,因此,第三人得请求提出证书之费用。该项请求,应于提出书证后 10 日内声明,或声请法院预支给相当之数额。[1]

(3) 书证之审查认定

关于公证书及私证书之审查认定,法律规定不尽相同。

第一,公证书之审查认定。公证书应提出其原本,当事人对于证书之成立并无异议,仅对证书内容之效力或解释有争执时,举证人得提出其缮本。[2]证书之原本或缮本已在法院者,举证人得引用之,以代提出。

法院应命举证人或第三人提出公证书之原本,惟不能提出原本而提出缮本时,应命释明不能提出之事由。若法院认为其理由正当者,则应认定该缮本与原本具有同一之证据力,自适用《民事诉讼条例》第 400 条关于公证书证据力认定之规定。举证人或第三人不能提出原本且不释明者,法院则应依自由心证断定该缮本之证据力。

证书原则上应交于受诉法院。然因恐散佚、毁损或有重大窒碍不能提出证书于受诉法院者,受诉法院得命其在受命推事或受托推事前提出。是否有散佚、毁损之虞或有重大之窒碍,应由法院依其自由意见定之。例如,证书系日常营业所需之商业账簿,不便交于法院审查,则得由受诉法院命其推事前提出。有该项情形者,受命推事或受托推事应于笔录内记明该事项,并得命将证书之缮本或节本附于笔录。

证书必其真正成立方能有证据力,对于公证书,法律规

---

[1] 参见《民事诉讼条例》第 413 条、第 414 条、第 416 条之规定。
[2] 参见《民事诉讼条例》第 417 条。

定，证书依其程式及意旨得认作公证书者，推定为真正。证书之真伪有可疑者，法院得求作成名义之官吏或公吏陈述其真伪。而对于外观上及制作方法等与中国之公证书不同者，法院殊难辩其真伪，因此，外国法院之公证书，其真伪法院应斟酌一切情形断定之。但经驻扎该国之中国公使或领事证明者，推定其为真正。

第二，私证书之审查认定。对于私证书之提交，法律规定应提出其原本，但当事人对证书之真伪无异议，只因证书之效力或解释有争执者，得提出缮本。同公证书，举证人不能提出私证书之原本而提出缮本者，应释明不能提出之事由，否则法院得依其自由心证断定该缮本之证据力。私证书之原本或缮本已经在法院者，举证人得引用之，以代提出。对于私证书因恐散佚、毁损或有重大窒碍不能提出证书于受诉法院者，受诉法院得命其在受命推事或受托推事前提出。相关情况亦应记明于笔录。

关于私证书之真伪，应由举证人就其真实性举证。但他造当事人认为举证人之私证书为真实者，得毋庸举证。对于私证书之真伪，法理上一切方法均得用之。核对笔迹系其方法之一。

核对笔迹者，即将证书内之笔迹与同一人在他文书内所书之笔迹相比较，以视其是否相符。核对笔迹，无论就私证书之文本或就签名画押，均得为之。若无适当之笔迹可供核对者，法院得指定文字，命证书之作成名义人书写，以视其是否相符。证书之作成名义人无正当理由不从法院之命令者，法院得对其科以罚锾并命赔偿，并得依自由心证断定此项情形及于判决之影响。法院对于笔迹相符与否之认定，得依其自由心证以断定之，但必要时也可命行鉴定。[1]

核对笔迹之证据调查方法，亦当然为核定公证书之真伪所用。

对于举证人提出之公私证书，本于调查完毕后，应当即将证书原物发还。然法院疑为伪造或变造者，因防止毁灭或变更期间，于诉讼未终结前，应由书记科保管，但应交付他官署者，不在此限。

鉴于证书之证明诉讼案件事实之客观性质，或存在当事人故意毁坏证书之虞。因此，法律规定，无论证书为当事人或第三人执有，当事人因妨他造适用，故意将证书隐匿、毁坏或致令不堪使用者，法院得认他造关于证书性质及内容之主张为正当。

4. 勘验[2]

勘验，系指法院于诉讼程序内为观察某事实而查验某事物之行为。其查验之事物，即勘验之标的物。勘验之标的物可为涉案之场所、物品等。

勘验与鉴定均系法定证据种类之一，二者之最大不同之处在于其主体。勘验之主体限于法院及司法工作人员，鉴定人之参与仅为辅助；鉴定则以鉴定人为中心而展开。

（1）勘验之原因

勘验，得依当事人声请或法院依职权启动之。

声请勘验，应表明勘验之标的物及应勘验之事项。所谓表明勘验之标的物，若举证人可提出标的物者，则应即时提出；

---

[1] 参见大理院五年上字第1025号判例要旨："书据之真伪自行核对笔迹已足判别者，毋庸命行鉴定。"

[2] 关于勘验之规定，参见《民事诉讼条例》第431条至第436条之规定。

举证人不能提出者，应表明该标的物之方位或为何人所执。

法院因阐明或确定诉讼关系，虽无当事人之声请，亦得依职权命行勘验。

（2）勘验之程式

《民事诉讼条例》第191条规定："日期于法院内开之，但于法院内所不能为或为之而不适当者，不在此限。"对于因标的物之性质或有重大窒碍不能于法院内勘验时，法院得使受命推事或受托推事行之。例如，对于建筑之勘验等。受诉法院、受命推事或受托推事于法院外之处所行勘验者，谓之履勘。

受诉法院、受命推事或受托推事于勘验时，得命鉴定人参与。法律为此项规定者，意在使鉴定人提供勘验所需之智识，或使其观察应为鉴定基础之事实。

勘验所得之结果，应记明于笔录。有必要时，并应以图画或照片附于笔录中。

凡服从中国法权之人，无论为当事人抑或第三人，均有提出勘验标的物以及允许法院勘验之义务。该义务与证人义务属于相同之性质。若系当事人无正当理由而违背该义务者，法院得依其自由心证断定此项情形及于裁判之影响，以及是否应认定他造关于该证书之主张为正当。若系第三人无正当理由而违反勘验义务者，法院得裁决对该第三人科以罚锾，并命其赔偿。当然，第三人得请求因提出勘验标的物或容许勘验所产生之费用。

（五）证据保全

调查证据，本应于诉讼拘束产生后，并言词辩论开始后有调查之必要时为之。然对于部分情形下，需要于诉讼拘束产生前或尚未有调查证据之必要时即为预先调查，以保全其证据。

1. 证据保全之原因

根据《民事诉讼条例》第 437 条之规定，当事人起诉后或起诉前有如下情形之一者，得向法院申请证据保全。

第一，证据方法有灭失或碍难使用之虞。例如，证人或鉴定人年老或患病，恐俟后不能为证人；或其应为勘验标的物之证据材料鲜活易腐或有其他毁灭或变更之虞。

第二，他造当事人同意保全证据者，得向法院申请证据保全。如两造之当事人均欲俟后迅速结案，为防止俟后取证之困难及劳烦，同意预先保全证据。

第三，当事人因物或工作之疵累，得向他造主张权利而确定其疵累者。

第四，让受人通知物之疵累于让与人，或因物之疵累拒绝收受而让与人确定其物之状态者。

第五，定作人通知工作之疵累于承揽人，或因工作之疵累拒绝收受而承揽人确定其工作之状态者。

上述第三、第四、第五项之情形者，因民事法律对该项情形之责任承担有相当之规定，因此，为便于俟后诉讼之迅速了结，当事人可声请对证据予以保全。

2. 证据保全之声请及裁决

证据保全之管辖法院，因当事人是否提起诉讼而不同。《民事诉讼条例》第 438 条规定："声请证据保全于起诉后，向受诉法院为之；于起诉前，向受讯问人居所或证物所在地之初级审判厅为之。遇有急迫情形，于起诉后，亦得向前项初级审判厅声请证据保全。"

当事人声请证据保全，得选择以书状或言词为之。证据保全之声请应表明下列事项：①他造当事人，若不能指定他造当事人者，应表明其不能指定之理由；②应调查证据之事实；③证据方法，如证人、鉴定人之姓名、居所，证物为何人所执等；④求证据保全之理由，如证据有灭失之虞，或俟后恐难取得等。对于上述应表明之事项，必要时应释明之。[1]

证据保全之声请，应由受声请之法院裁决之。受声请法院之裁决，应就证据保全之要件、该法院有无管辖权以及声请是否合于程式为之，而不问应证事实之重要与否。法院以为声请正当者，应为命调查证据之裁决，该裁决应表明调查证据之日期、证据方法及应调查证据之事实。法院以为证据保全之声请非正当者，应驳斥当事人之声请。驳斥证据保全声请之裁决，得为抗告。[2]

3. 调查证据

调查证据之日期，应传唤声请人，并应于日期前将声请书或笔录缮本及裁决送达于他造当事人以传唤之。然他造当事人不明，或调查证据日期不及传唤他造当事人者，法院得因保护该当事人关于调查证据之权利而选任特别代理人。是否应为他造当事人选任特别代理人，依法院之意见自由定之。特别代理人之选任，适用无诉讼能力人选任特别代理人之规定。[3]

调查证据之程式，应依照普通诉讼程序之规定为之，不因

---

[1] 参见《民事诉讼条例》第439条。
[2] 参见《民事诉讼条例》第440条。
[3] 《民事诉讼条例》第62条规定："对于无诉讼能力人为诉讼行为，因其无法定代理人，恐久延致受损害，得声请受诉讼法院之审判长选任特别代理人。选任特别代理人之裁决并应送达于特别代理人。特别代理人于法定代理人或本人担当诉讼以前代理当事人一切诉讼行为，但不得为舍弃、认诺或和解。选任特别代理人所需费用及特别代理人代行诉讼所需费用，得命声请人垫付。"

系证据保全而有差别。调查证据笔录应由命调查证据之法院保管。

对于调查证据之结果，当事人均得利用之，包括声请人以及他造当事人。受诉法院得依声请或依职权命补充或再行调查证据，是否补充或再行调查，依法院之意见决定。

（六）伪证之处罚

民事诉讼证据，系用以查明和认定案件事实之根据，凡能够证明案件真实情况之材料，均属于证据。证据之法定种类有人证、鉴定、书证及勘验四种。若当事人或证人有对于诉讼程序不诚实之行为，则不利于诉讼事实之明了，法院据此作出错误裁判亦在所难免，对于他造当事人之权益保护及司法之权威均有重大窒碍。因此，法律有必要对于当事人以及证人之不诚实行为予以一定程度之处罚，以强制其履行诚实之诉讼义务。

法律对于当事人之诚实义务规定于《民事诉讼条例》第239条："当事人故意陈述虚伪之事实，或对于他造提出之事实或证据方法故意妄为争执者，法院得以裁决科以三百元以下之罚锾。"该处罚以当事人之故意为要件，即明知虚伪而陈述或妄为争执者，方依该条之规定处罚。

三、裁判根据

裁判根据，亦可称为法律渊源，即法院为判决或裁决时之依据。北洋时期之民事司法制度，主要系继承清末修律之成果以及移植西方法律而成。中国近代法律改革主要遵循"远师德法，近仿东瀛"之路径，制定法自然称为最主要的法律渊源，这也同中华法系延续数千年之成文法传统相契合。然这一时期之中国，军阀混战，政局动荡，自无力颁行完整之成文法，导致制定法远远不能满足司法实践之需要。因此，在该时期之司法实践中，作为审判依据的法律渊源纷繁复杂，既有国家制定之特别法，亦有援用清末之法律；既有民事习惯法，亦有大理院颁行之判决例与解释例。此外，民事法理有时亦得称为审判之依据。

根据黄源盛先生的论述，民国初期民事纷争的审判法源，系由《大清现行刑律》中的"民事有效部分"、民事特别法、习惯以及包含判例、民法草案、外国立法例、学说见解等所组成的法理。[1]本书将分别就作为审判法源之成文法、习惯法、法理、大理院判例与解释例为论述。

(一) 成文法

成文法，系国家有权机关依据法定程序制定发布的法律文件的总称。成文法作为大陆法系国家审判适用之主要法律渊源，自不待言。在该时期之民事审判中，成文法相对于习惯法及法理等，系头等重要之法律渊源。大理院四年上字第22号判例指出："法律无明文规定者，从习惯；无习惯者，从条理；故苟有明文足资根据，则习惯及通常条理即不得援用。"北洋时期之民事司法审判佑于其客观条件，适用之成文法主要包括两部分：清末旧律与单行法。

1. 民国适用之清末旧律

1912年3月11日，袁世凯就任临时大总统次日，即颁布《临时大总统宣告暂行援用前清法律及〈暂行新刑律〉令文》，命令："现在民国法律未经议定颁布，所有从前施行之法律及新刑律，除与民国国体抵触各条应失效力外，余均暂行援用，

---

[1] 参见黄源盛：《中国法史导论》，广西师范大学出版社2014年版，第409页。

以资遵守。"

晚清变法修律时，曾于宣统三年（1911年）制定完成的《大清民律草案》系中国历史上第一部民法典。然该法尚未颁布施行，清廷即灭亡。中华民国成立后，政府曾咨请参议院同意以该草案作为民事审判之法源依据，然参议院决议："鉴于现在国体既更，所有前清之各种法规已归无效，但中华民国之法律未能仓促一时规定颁行，而当此新旧递嬗之交，又不可不设补救之法，以为临时适用之资。此次政府交议，当新法律未经规定颁行以前，暂酌用旧有法律，自属可行。所用前清时规定之法院编制法、商律、违警律，以及宣统三年颁布之新刑律、刑事民事诉讼律草案，并先后颁布之禁烟条例、国籍条例等，除与民主国体抵触之处，应行废止外，其余均准暂时适用。惟民律草案，前清时并未颁布，无从援用。嗣后凡关民事案件，应仍照前清现行律（大清现行刑律）中规定各条办理。"[1]

大理院于判例中亦坚持以《大清现行刑律》之民事有效部分为审判依据。大理院三年上字第304号判决中指出："前清现行律关于民事各件，除与本国及嗣后颁行成文法相抵触之部分外，仍应认为继续有效。至前清现行律虽名为现行刑律，而除刑事部分外，关于民商事之规定，仍属不少，自不能以名称为刑律之故，即误会其已废。"

《大清现行刑律》中除去与民国政体相抵触者外，尚能够有效施行之部分诸如服制、户役、田宅、婚姻、犯奸、钱债等各例，凡有涉及民事之部分，均可以援引适用而作为审理民事案件之依据。

---

〔1〕 转引自黄源盛：《中国法史导论》，广西师范大学出版社2014年版，第409页。

2. 民国颁行之单行法

由于前清拟定之《大清民律草案》尚未施行且不甚完善，法律编查会在民国三年（1914年）开始对该草案展开修定与重新起草工作，并于次年完成民律亲属编草案七章（分别为通则、家制、婚姻、亲子、监护、亲属会与扶养之义务），共141条；民国七年（1918年），法律编查会重改为修订法律馆，民律草案继续起草与修改，直到民国十四年（1925年）年陆续完成总则、债、物权三编之重修工作，并对亲属编完成二次增修；民国十五年（1926年），修订法律馆完成民律继承编之修正，至此，民律草案全部修正。因此，北洋政府存续期间（1912—1928年），民律草案成为民事审判之重要法源。

除即修即行之民律草案外，该时期在民商事法律方面先后拟定或颁行《商会法》《商事公断处章程》《著作权法》《强制执行律草案》《破产法》《公司法草案》《票据法》《清理不动产典当办法》《验契条例》《不动产登记条例》《商人通例》《公司条例》《公司注册规则》《商业注册规则》《证券交易所法》《商标法》等单行法律法规及条例。[1]

上述援用之清末旧律以及阶段性颁行之民事单行法十分有限，明显不能满足当时社会司法实践之需要。因此，这也解释了《大清新刑律》作为一部刑事规范，却被用于民事审判之怪象。

（二）习惯法

1. 习惯法概述

习惯法，系独立于国家制定法之外，而通行于一定区域、

---

[1] 参见那思陆：《中国审判制度史》，上海三联书店2009年版，第278页

一定行业或一定民族等小范围适用之法律渊源。北洋时期之中国，仍以农业为主，资本主义经济略有发展，因此，该时期之民事纠纷亦多与商事交易纠纷或农村纠纷为主。

中国具有悠久的农业历史，农村社会虽几经变迁，但其相传已久的习惯、人情、规约、民俗等一直得到生于斯、长于斯乡民的信仰与谨奉。农村生活中形成的习惯风俗等，代表或满足了一定区域内一定成员的法律需求，有其合理的价值和生存空间。[1]而商事习惯多本于诚信原则，对于商事习惯之遵守也是从事该行业的通例。基于以上基础，习惯法作为民事审判之依据有其重要的理论原因。在北洋时期大理院判决中，能够发现大理院多次将习惯作为民事审判之依据，并确立"判断民事案件应先依法律所规定，法律无明文者依习惯法，无习惯法者依条理"之原则。[2]

2. 习惯法适用之要件

习惯系在社会生活中经过长期实施而形成的为人们共同信守之行为规则，其在实践中被反复适用与遵循。实际上，习惯是一种古老而普遍的法律渊源，没有对于习惯的记录和吸收就不可能产生法律。[3]但是，并不是所有习惯均可为习惯法，习惯能为民事审判所适用，需满足一定的条件。下面将以一则大理院判例来阐述习惯法之构成要件。

---

[1] 湖南省高级人民法院课题组：《解析困扰人民法庭推进规则之治的冲突关系》，载《人民司法》2006年第9期。

[2] 关于适用该原则之判例，参见大理院二年上字第64号判例、三年上字第901号判例、四年上字第22号判例、四年上字第2354号判例等。

[3] 陈伯礼、许秀姿：《论民事习惯在我国民法典中的角色定位》，载《学术论坛》2005年第4期。

大理院民事判决
二年上字第三号[1]

判例要旨

凡习惯法成立之要件有四：（一）有内部要素，即人人有确信以为法之心；（二）有外部要素，即于一定期间内就同一事项反复为同一之行为；（三）系法令所未规定之事项；（四）无背于公共之秩序及利益。

判决

上告人：穆金佈，吉林双城府旗人，打磨城中间荣塞栈，年二十六岁

代理人律师：徐际

被上告人：李臣忠，吉林双城人，西河沿宴宾旅馆，年三十九岁

代理人律师：曹汝霖

上告人对于中华民国元年十月十四日，吉林高等审判庭就上告人与李臣忠因买地纠葛一案，所为第二审判决声明上告，经本院审理，判决如左：

主文

本案上告驳回。

理由

上告人上告状及理由书中，开具不服吉林高等审判庭判决

---

[1] 本判决为作者根据原判例点校而成。

之理由，综计要旨不外三端：（一）主张吉林旧习惯土地买卖，本族、本旗、本屯有先买权，必此项人无力购买始得外卖。今李臣忠越界买地竟不通知上告人，是为越买，此种契约有悖善良之习惯，即不应认为有效。（二）主张上告人曾与案外人那永海于前宣统三年六月初旬订有先买特约，其将二十垧六亩地照交付于上告人即其铁证，故被上告人决不能夺购此地。（三）谓那永海确于卖十四垧地于上告人，而后始将其余十六垧地卖给被上告人，故上告人以上二种主张实为正当，此其凭证有四：（甲）卖给李臣忠契书，四月一号出卖系倒填月日，此种契据不足为凭。（乙）李臣忠新契界址有西至鲍姓一语，鲍为穆金佈之老姓，亦可见穆姓购地在先，李姓购地在后。（丙）吉林税契章程，凡买受地亩应于八个月内报知统税局投税，不逾期间即不以漏税论，穆金佈意欲于秋后买到十六垧一并投税，故投税稍迟，不得以投税之先后推定立契之先后。（丁）一地只有一照，那永海卖地时交给李臣忠之地照并非此地之照，而李臣忠实以其族叔之地照，影射原判漫不加察，竟据以为买此地之凭云云。

被上告人答辩理由称：（一）上告人谓习惯买卖田产先尽宗族、次邻右、再次外村旗制，各有管界，李某乃越界买地等语。查买卖田地为人民之自由，岂有何等地只以何等人方能购买之理？该段那永海地亩业经被上告人之叔李荣官于光绪三十四年间买得四十八垧二亩，荣官既可购买，何独不准被上告人购买？实无理由之可言。且查穆金佈、鲍赵氏在该处附近并无地亩，与那永海亦非宗族，住家距地该六十余里之遥，亦不得谓之近邻，故买地时更无通知之必要，总之双城八旗地亩互相买卖向无不准越界之说，该上告理由无论万不能成立。即使该

第四章 北洋时期的民事司法审判程序研究

处果有此惯习与本案事实亦不相类,又况此种习惯有害于公共秩序及利益,决不能认为习惯法则,被上告人即无受其约束之理。(二)对于上告人第二、第三论点之答辩:(甲)上告人称那永海于卖给上告人之后又卖给被上告人等语,查被上告人买得那永海之地十六垧系在宣统三年三月间,四月初一日立契当时并未知上告人与那永海有预约买地情节,且据上告人云,伊预约系在六月间,是已在卖给被上告人之后,被上告人买地于四月初一日立契,同年闰六月初五日税契,契有地媒、有地邻、有中证签字者共有十余人,那永海在第二审口供亦云卖地在三月间,其字契皆伊亲笔画押,并无讹错,乃该上告人竟谓该上告人系在六月买地,不知何所见而云。然又上告人谓虽以文契为凭,亦以中人为证,那某于照内商留十六垧中人皆知等语,该上告人既知以文契为凭,则所谓商留之预约即使属实,亦应以被上告人之文契为凭,更属显然。(乙)上告人谓地之至不符,何以西至鲍姓等语。查被上告人卖地契内注明东至本地、西至本地、南至道、北至道,印契具在,不难查验,并无西至鲍姓字样,所谓西界至鲍姓者不知何指。(丙)上告人谓若以投税在先即可证其买之在先,岂知李某早存诡谋,即时投税自应以立契之日为凭云云。查被上告人立契日期系宣统三年四月初一日,投税日期系同年闰六月初五日,先立契后税契,手续上毫无错误,何得诬为诡谋?且立契与税契相隔三月余,并无即时投税情事。(丁)上告人谓被上告人所余地照系老契地照,新照已交民手,而李某以族叔之照影射云云。查那永海在该段共有地九十余垧,有地照三张,光绪三十四年卖给被上告人之叔李荣官地四十八垧一亩,交出地照一张,后李荣官又买得七垧,余交出二十一亩零地照一张。李荣官以照浮于地,故劝被上告人买十六垧,即在该二十一垧零照上批分,故被上告人所执之照即为与族叔荣官同一地照,至穆金俰所执之照系二十垧零照一张,该两照给照之衙门与给照之年月日均属相同,号数又属连号,明系两照,何分新旧?且穆金俰所执之照若系三十垧,则既买十四垧,以所余十六垧预约续买先交地照,尚可谓事实上有反证之余地,乃该照亦系二十垧有零之照,竟强谓被上告人所买之十六垧不应属于族叔所执二十垧之地照,而应属于该上告人所执之二十垧之地照,不特与事实不符,且毫无理由之可言云云。

本院按,判决本案两造主张之是非,其一应解决之点,即吉林习惯对于本族、本旗、本屯人卖地时有先买之权,此种习惯是否可认为地方习惯法?凡习惯法成立之要件有四:(一)要有内部要素,即人人有法之确信心;(二)要有外部要素,即于一定期间内就同一事项反复为同一之行为;(三)要系法令所未规定之事项;(四)要无悖于公共秩序及利益。本案上告人所主张之旧惯,纵谓第一至第三要件皆备,而独第四要件不能无缺。盖此种习惯非仅为所有权处分作用限制,即于经济上流通与地方之发达均不无障碍,为公共秩序利益计,断难与以法之效力。则是上告人所称先买权即无可存在之理,该上告人第一主张实毫无正当理由。其二上告人于案外人那永海为先买之特约若认为真正事实,那永海对于上告人固应有卖地之义务,然被上告人仅立于第三人之地位,被上告人对于此项特约毫无闻知,上告人于辩论中亦既承认,即属两造不争之事实。夫欲以当事人间之债券契约关系对抗不知事实之第三人,使该善意第三人与债务者间所结之买卖契约作为无效,按诸法理,断不可许。上告人不知对于案外人那永海为法律上得为之请

第四章 北洋时期的民事司法审判程序研究

求,而以那永海与被上告人间之买地契约为无效为本案之诉讼,此项上告论旨亦不得谓有正当理由。其三据以上二理由,上告人对于被上告人既不能主张先买权,请求宣言被上告人与那永海间之卖地契约为无效,则被上告人买地事实是否较上告人在先,实无根究之必要。且即就第三上告论点言之:(甲)李臣忠买地月日在穆金俌之先,经原判衙门查验税契并取具案外人那永海契系亲笔所立云云之供词,已为确定事实,该上告人所主张不能遂认为是;(乙)李臣忠新契载明西至本地,并无西至鲍姓字样,是上告人之言又不足信;(丙)那永海卖地于李姓,原判衙门另据契据月日断定买卖在上告人之先,并非因李臣忠税契在先,即认为李臣忠有先买之理,上告人谓不得以投税之先后推定立契之先后一节,未免有所误会;(丁)查不动产在现行法例上因当事人之合意,生物权移转之效力,而买卖契据即为当事人意思表示之确证,故由公家发给之地照只生公证力,由双方写立之契据可生移转力。那永海与李臣忠所立之契据,那永海在原高等审判厅供认系属亲笔,又经亲自画押,则那永海十六垧地凭此契据已完全生移转所有权于被上告人之效力,是地照可无用问。及上告人谓原判衙门于地照漫不加察,竟据地契以为买地之凭云云,更属不当。总之此案那永海卖给被上告人十六垧之地,上告人依据习惯及特约主张其有先买权,请求宣言被上告人与那永海间之卖地契约为无效,此种主张既全不正当,则李臣忠自应完全取得该地之所有权,本院认上告人上告为无理由,应予驳回,特为判决如右。

中华民国二年二月一日
大理院民庭
审判长　推事　姚震

　　　　　　　　　　推事　胡詒榖

　　　　　　　　　　推事　朱献文

　　　　　　　　　　推事　林行规

　　　　　　　　　　推事　黄德章

　　　　　　　大理院书记官　汪乐宝

　　从该案例之判例要旨，可以推知习惯法之成立须具备如下要件。

　　第一，人人有认该习惯为法律之确信，即所谓习惯法之内部要素。该习惯在大部分地区应得到遵守，该习惯效力的普遍性得到承认。

　　第二，该习惯被反复适用，即其外部要素。

　　第三，该习惯之内容系法令所未规定之事项。由于法院坚持"判断民事案件应先依法律所规定，法律无明文者依习惯法，无习惯法者依条理"之原则，习惯所涉及行为在法律上应没有明文规定。

　　第四，该习惯应无悖于公共之秩序及利益。上述判例中，两造当事人对于本族、本旗、本屯人卖地时是否有先买之权有争议，上告人认为农民卖地时，本族、本旗、本屯人有优先购买之权，该习惯应作为习惯法予以遵守。然大理院以该习惯有碍经济流通与地方之发达为由，认定其不得作为审判之依据。

　　第五，该习惯应得到国家之认可。大理院四年上字第2354号判例要旨指出："当事人主张之习惯法则，经审判衙门调查属实，且可认为有法之效力者，自应援用之以为判断之准据，不能仍凭条理处断。"对于当事人主张为习惯法之事项，须经过审判衙门之调查者，方得作为习惯法以资遵守，以体现裁判之慎重以及利于裁判之公正。

3. 习惯法适用之价值

习惯法于民事审判中得作为仅次于成文法之法源，系有其独特价值。关于习惯法作为民事审判依据之价值，可归纳为以下几点。

第一，习惯法具有实用性。习惯根植于某区域或行业之实际，通过长时间的积累、净化得以传承、发展，凝聚着人们的心理、智力与情感。因此，习惯法有着高度的稳定性、延续性、群体认同性和权威性，事实上已经成为其领域中更为常用、更为容易接受的法律样式。[1]

第二，习惯法具有灵活性，能够补充成文法之空白。成文法之制定与修改，需要相当复杂的程序。因此，成文法并不能对社会生活面面俱到，且成文法对社会生活之规制是机械性的、不容置疑的，司法实践中不一定能完全适应纷繁复杂的现代生活。而习惯法则具有相对灵活性的特点，可以针对不同的需要变通适用。在法治建设中，成文法与习惯法应相互吸收对方之精要，以弥补己之薄弱。习惯法需要成文法为后盾，以彰显其权威性；而成文法难以达到的地方，则需要习惯法帮助其建立并规范秩序。

第三，习惯法之适用，能达到法律效果与社会效果之统一。相较于以成文法之规定机械地解决民事纠纷，习惯法由于具有强大的群体认同性、权威性和灵活性，其在一定程度上更能达到法律效果与社会效果的统一。

---

[1] 关于习惯法之实用功能，参见吴庆宝主编：《法律判断与裁判方法》，中国民主法制出版社2009年版，第265—266页。

(三) 法理

1. 法理概述

北洋时期民事诉讼法律制度的渊源，除上述成文法及习惯法之外，还"包含判例、民法草案、外国立法例、学说见解等所组成的法理"。宣统三年（1911年）颁布的《大清民律草案》第1条即规定："民事，本律所未规定者，依习惯法；无习惯法者，依条理。"关于何谓"条理"，草案总则编第一章按语中解释为："条理者，乃推定社交上必应之处置。例如：事君以忠，事亲以孝，及一切当然应尊奉者。"虽然该草案最终未能施行，但该立法原意为民国之大理院所采纳。大理院二年上字第64号判例要旨中指出："判断民事案件，应先依法律所规定，法律无明文者依习惯法，无习惯法者依条理。"此处判例之"条理"，应作为现代法学意义上之"法理"之意。

关于法理之定义，王泽鉴先生解释为："所谓法理，应系指自法律精神演绎而出之一般法律原则，为谋社会生活事物不可不然之立，与所谓条理、自然法、法律通常之原理，殆为同一事物之名称。"[1]法理，应包括法律理性、法律理念与法学理论三个部分。其一，法律理性，确切应是法律人的理性，即法官的个人理性和以法官的个人理性为基础的司法系统内的集体的理性。其二，法律理念，即蕴含于民众、权力机构和法律系统的法律"应然"的观点，是一种法律思想。其三，法学理论，即法律学者根据其自己的理性和经验对法律的应然和实然的精辟理解。

---

[1] 参见王泽鉴：《民法总则》，中国政法大学出版社2001年版，第29页。

第四章 北洋时期的民事司法审判程序研究

2. 法理适用之条件

下面将以一则大理院判例来阐述法理于民事裁判中之适用条件。

大理院民事判例
五年上字第八二零号[1]

判例要旨

民律未经颁布施行,关于财团法人之事项,尚无明文规定;除有习惯法则外,自应准据条理以为判断。

判决

上告人:易悠久堂(即易寿忠),广东合浦县人,住西新桥

韩聚吉堂(即韩如思),籍贯同上,住大石屯

周泰五堂(即周岳武),籍贯同上,住石湾团

王三多堂(即王受华),籍贯同上,住车沟底

岑选青堂(即岑嘉江),籍贯同上,住崩北口

王怡和堂

王余三堂

王成德堂

被上告人:善育堂[2]

---

[1] 本判例为作者根据原判例点校而成。
[2] 原判例中有"姜育堂"及"善育堂"两种称呼,查上下文之原意,本文章均采"善育堂"之称呼。——编者注

右代理人：李怀祖，广东合浦县人，住平田村，年四十一岁

右上告人等对于中华民国四年十二月一日，广东高等审判厅就上告人等与被上告人因钱债涉讼一案，所为第二审判决声明上告，本院审理，判决如左：

主文

本案上告驳回。

上告审讼费由上告人等负担。

理由

上告意旨略称：（一）凡法人之财产，其存在须由法人之机关为之处分，其解散亦必由清算机关为之经理，今善育堂系财团法人在辛亥秋间因兵变而解散，则其对于一切之钱债须有适法之清算人始能追讨，即欲恢复亦须有适法之机关成立，始能行使其债权。今被上告人既非清算人，复非法人机关，则民等之债权李怀祖无请求之权利，原判误于法律上之见解，判归被上告人具领，其违法一。（二）本案债权人之善育堂既经解散，是被上告人未经该法人委任代理，查诉讼记录可知。既无委任，则其诉讼上之行为自属无效。原判误为受理判决，其违法二。（三）真正之债权人为善育堂，此揭款自应交于善育堂，由善育堂具领方无流弊，原判一面判交合浦县存贮，一面判令李怀祖具领，法人之财产而可令他人领收，奇异莫甚，其违法三。（四）辛亥秋间广州兵变，洽和堂（即本案之债务人）已被劫无余，生理于以歇业，则所有利息允宜减免，原判循被上告人之意，断还四百八十千文置商银于弗，其违法四。（五）善育堂系财团法人，由众人捐助而成立，且一经捐

助,则其款非复捐助者之所有,生理甚明。何得以乃父曾经出资,遂可阳托恢复之名,阴吞没之计乎?善育堂基本共为二(万)两,当时规定各款年缴利息以为善育堂经费,不得轻为动用。今善育堂之法人解散,其章程未尝变更,又不能为何等之意思表示,被上告人所持之揭单,系乘兵乱之余强行盗取,而善育堂前董事王莘农尚在,本揭单又系向王莘农经受立约,即令偿还,亦只向王莘农履行,被上告人何得为越权之行为,其违法五。(六)被上告人立意持单择噬,一经交与,必饱私囊,设他日善育堂复兴,不承认有收领事情,复向上告人等追讨,上告人等即不能以履行错误而对抗善育堂,是上告人等将负两重之债务,其违法六各等语。

本院查民律未经颁布施行,关于财团法人之事项,尚无明文规定,除有习惯法则外,自应准据条理以为判断。我国现在至当之条理,凡财团法人之重要原施主,平日对于法人董事之处置产业,有监察之权利,即于目的事业之维持发达,亦当然可以过问,至于法人因目的不能遂行或其他事故归于解散者,若依原立规约须举人清理,或有董事担任清理,固听其结束残务,否则法人解散无人清理之时,原施主自得为法人为一切有益之行为,或为之结束残务禀官立案,或企图再兴以竟前志,要皆受官监督,不得稍涉偏私。本案查据诉讼记录,原审问上告人之代理人,洽和堂有揭单借人,两千串钱都要还?据答称:该善堂是善举的行之,民亦愿选,但现在善育堂经遭兵变,业已四散,如果将来善堂成立,当即如数归款。原审又问,当初李怀祖这一万银子是捐还是借?据答称:是捐(中略),民对于此善育堂之款本息俱愿还,但李怀祖初与王姓组织,不该李家一人出来讲话各等语(四年十一月一日供)。是上告人对于善育堂负有本案之债务，而该堂现经解散别无清理之人，且李怀祖实为该善堂重要原施主之一人，均已为上告人等所不争。按照上开说明，李怀祖以原施主之资格，以规复善堂为目的（见四年六月十八日之起诉状），为该善堂请求旅行那个债务藉立复旧基础，即系有权行为，本件请求毫无不合，其所持揭单无论如何到手，亦即无过问之必要。除此项债款仍应受该官官署严重之监督外，亦断非上告人等得再藉口于冒吞以为延宕履行之计。将来该善堂如有董事出而清理，上告人等亦自可以对抗，不至发生清偿无效之争执，上告意旨第一、二、三、五、六各点均不得认为正当。息金一节，查现行民事法例，凡金钱债务之清偿与以特定物为标的之债务不同，虽有不能归责于债务人之事由，在债务人亦自不能藉口于给付不能，主张减免。又查诉讼法例，当事人于审判上已明白表示承诺之意思者，即应受其拘束，不得无故撤销。本案上告人负欠善育堂款项，以广州兵变洽和堂被劫为理由，主张减免利息，核诸上开法例，殊为不合。况查诉讼记录，上告人在原审已供称愿还本息（见上四年十一月一日供），亦于上告审中复行翻异，尤属不当。上告意旨第四点亦难采用。

据以上论结，本案上告应认为无理由，予以驳回。两造仍应遵照原判办理，并依现行讼费则例，令上告人负担上告审讼费。又本上告系关于法律上见解，终应驳回之件，核与本院书面审理之事例相符，故即依书面审理之，特为判决如右。

中华民国五年七月十日
大理院民事第一庭
审判长 推事 姚震
推事 朱学曾

推事　石志泉
推事　张康培
推事　林鼎章
大理院书记官　黄懋榗

由上述判例可以看出，法理作为民事裁判依据的条件，必无法从其他法律渊源中找到裁判依据，即成文法就某一事项无明文规定，且该事项无习惯法予以规制。该情形也被部分学者称为"法律漏洞"。裁判依据的确立需要运用法律发现技术，而法律发现与法律渊源是相伴出现的。部分学者认为，法律发现，系适用法律者从现行法源中找出能够适用于当下案件的法规或解释性命题（法律原则），而当无法适用时要进行漏洞填补或自由造法的活动。[1]

除了存在法律漏洞时，法官得适用法理作为裁判依据，理论上，在适用现有法律规则或习惯导致极不公正后果时，即"依非法理法源得出不公正判决时"，法院亦得以法理作为裁判之根据。通常情况下，法院为裁判时，不得抛弃实体法或习惯而另行寻找裁判依据，因为"依法审判"既是宪政国家的基本原则，也是法官用法过程中的自律性准则。但是，当法官运用法律发现找到的作用于个案的法源不能为判决提供实质合法性的支撑时，需要将法理作为法源进行替代适用。

3. 法理适用之价值

关于司法裁判中适用法理之价值，与法理之适用条件有密切关系。具体来说，法理适用之价值，包括两个方面。

第一，填补法律漏洞，完善法律体系。人的理性是有限

---

[1] 参见刘治斌：《法律方法论》，山东人民出版社2007年版，第163页。

的，立法者于立法时并不能充分预见所有待调整之社会关系，因而法律生来就是有疏漏的。当法院运用法律发现之方法而出现无法可用之情形时，法律的这种不足即显现出来。而法官面对法律空白时，不能以法律未规定或者规定不明确为理由拒绝作出裁判，"法官不能选择逃避，必须运用自己的政治和法律指挥对此类新案件作出合理判决。"[1]因此，法院以法理作为裁判某问题之依据，在成文法及习惯法对该问题作出规定以前，可以有效地填补法律漏洞，并且势必对于嗣后法律对该问题之完善有重要的借鉴意义。

第二，确保个案正义，增强判决的可接受性。当法官适用现有成文法或习惯作某一事项之裁判时，可能由于立法的局限性而导致个案出现极不公正的后果。美国学者卡多佐指出："因为试图使每个案件都达到绝对的公正就不可能发展和保持一般规则；但是如果一个规则不断造成不公正的结果，那么它就最终将被重新塑造。"[2]由于适用实在法或习惯法时常带来不公正后果，应当允许法官在实现正义和维护实在法之间进行某种折衷和平衡，以此来实现个案的正义。法律作为一门社会科学，应该体现"法律效果与社会效果相统一"的司法理念。判决的作出不仅要严格依法裁判，还要注重判决与"听众"之间的理性商谈，注意通过审判活动实现法律之秩序、效益等价值，使判决结果更容易为当事人及社会所接受，这也是维护司法权威的需要。

---

[1] 参见[美]德沃金：《法律帝国》，李常青译，中国大百科全书出版社1996年版，第106页。

[2] [美]本杰明·卡多佐：《司法过程的性质》，苏力译，商务印书馆1997年版，第19页。

四、诉讼和解

广义之和解，系指当事人两造互相让步，达成止息诉讼之合意，从而消灭诉讼之行为。包括当事人两造之自行和解以及第三人参与之和解。此处所谓诉讼上之和解，系指法院为达到止息诉讼或诉讼之某争点之目的，而令当事人两造试行和解，以终结诉讼或诉讼之某争点之行为。因此，诉讼上之和解，系当代诉讼法意义上之法院调解。

（一）诉讼上和解之要件

关于诉讼上和解之成立，须具备如下要件。

第一，须于诉讼拘束中为之。诉讼上之和解须于诉讼拘束产生后，法院裁判作出前为之，方能产生诉讼法上之效果。

第二，须于受诉法院或受命推事、受托推事前为之。若非为法院或推事前为之，则和解之性质为民法上之和解，并不能产生诉讼法上之效果。

第三，诉讼上之和解，为当事人两造之合意，非法院与当事人之合意，因此法院不得强制当事人为诉讼上之和解。大理院四年上字第408号判决之判例要旨指出："和解以有当事人合致之意思表示为成立条件。"大理院十三年上字第610号判例要旨指出："胁迫和解之书状无效。"

（二）试行和解

关于和解之施行，受诉法院或受命推事、受托推事，在言词辩论开始以后，不问诉讼在如何程度，均得为之。受诉法院或推事得于言词辩论时，依声请或依职权就诉讼或诉讼之某争点试行和解。其试行和解，可即时为之，毋庸特为裁决。

而对于诉讼标的之金额或价额未逾 50 元之事件，法院应于言词辩论随时劝谕和解；对于离婚之诉及夫妻同居之诉，法院亦应于言词辩论时，随时劝谕和解。[1]

因试行和解，得命当事人本人到场。法院试行和解成立者，应记明于言词辩论笔录。由受命推事或受托推事试行和解而成立者，法院书记官应作和解笔录。和解笔录应比照言词辩论笔录之事项及程式制作。依法定程式所制作之和解笔录，系官吏或公吏于职务上按定式作成之文书，属于公证书之一种，除有反证外，和解笔录所记明之事项有完全之证据力。[2]大理院二年上字第 194 号判例要旨指出："和解笔录非证明其错误或伪造，有相当之证据力。"

(三) 诉讼上和解之效果

诉讼上之和解，系两造当事人合意于受诉法院或受命推事、受托推事前为之，其应产生两方面之效果。

第一，和解成立者，诉讼或该争点即时终结。大理院四年上字第 289 号判例要旨指出："审判上和解与判决有同一效力。"大理院二年声字第 3 号判例要旨指出："和解成立，毋庸当事人声请注销，该案件当然消灭。"当事人于诉讼上成立和解者，和解契约非经由审判衙门宣示无效或撤销后，当事人应受拘束，双方应履行和解协议所确定之义务。依照民国九年（1920 年）八月三日颁布之《民事诉讼执行规则》第 4 条之规定，民事案件在审判衙门和解终结者，民事执行处得依声请实施强制执行。

第二，和解成立者，当事人不得就该法律关系更行起诉。

---

〔1〕 参见《民事诉讼条例》第 488 条、第 677 条。
〔2〕 参见《民事诉讼条例》第 447 条至第 448 条之规定。

大理院当事人两造成立诉讼上之和解，应认为具有同法院之终局判决相同之效力，不许当事人以原诉讼之当事人及诉讼事项更行提起诉讼。若更行提起诉讼者，法院应依职权以起诉为不合法而驳斥之。[1]大理院四年抗字第170号判例要旨指出："和解成立，审判衙门不得就其事件再行审理。"

（四）诉讼上之和解与民法上之和解

所谓民法上之和解，亦称审判外和解，系指当事人两造于诉讼外，达成解决纠纷之合意，以定分止争之行为。

诉讼上之和解与民法上之和解，虽同属于当事人两造互相让步，达成止息纠纷合意之性质，但在诉讼法上有不同效果。诉讼法上之和解，毋庸当事人为撤回诉讼之行为，即当然产生终结诉讼或诉讼之某争点之效果；而民法上之和解不产生终结诉讼或诉讼某争点之效果。大理院八年抗字第38号判例要旨指出："审判外和解须于审判上已表示者，乃可消灭诉讼。"故民法上之和解成立后，当事人欲终结诉讼，应更为诉讼上之和解或诉之撤回。

《民事诉讼条例》第493条规定："当事人于起诉前得表明诉讼标的，声请传唤他造当事人试行和解。前项声请，应向他造当事人普通审判籍所在地之初级审判厅为之。"该条规定当事人可向初级审判厅声请试行和解，虽有法院之参与，但由于此时尚未起诉，不符合诉讼上和解之要件，仍属于民法上和解之性质。

---

[1] 参见《民事诉讼条例》第450条、第290条。

第五章
结　语

一、外国在华领事裁判权的废除

关于领事裁判权，本书第一部分已经有所提及。清末进行司法改革的最直接目的即是改良司法，"一俟查悉中国律例情形及其审断办法及一切相关事宜臻妥善""即允弃治外法权"。

自英国最先在华取得领事裁判权之后，各国纷纷效仿。截至1918年，在华取得领事裁判权的国家数量达到19个之多。领事裁判权使"外国人不独消极的回避中国法律管辖，亦且积极的干涉中国之司法，不独消极的不受中国法院之审判，且积极的审判中国人民矣。因之中国司法权，为之严重破坏，国家主权，亦随而毁损，中国人民与外国人民之间，交易往来，更不复有平等地位，国计民生两方面，皆受致命的打击。"[1]

而领事裁判权之废除，绝非易事。北洋政府除了继续完善国内司法制度外，还抓住国际局势上的有利时机，做了大量外交努力。但是随着巴黎和会、华盛顿会议以及法权会议等中国外交的一次次失败，1926年9月16日之《调查法权委员会报

---

[1] 参见汪楫宝：《民国司法志》，商务印书馆2013年版，第19页。

告书》将北洋政府收回领事裁判权的努力彻底化为泡影。[1]《调查法权委员会报告书》批评中国司法有四大缺点：①法典不完备；②新式法院监所太少；③司法经费无保障；④军人干涉司法。这实际上也表明了帝国主义列强对于中国收回领事裁判权的态度。从表 5-1 中可见一斑。

表 5-1　各国取得及废除在华领事裁判权文件表[2]

序号	国别	取得时间（年）	最初取得领事裁判权条约	废除时间（年）	最终废除领事裁判权条约文件
1	英国	1843	《中英五口通商章程》	1943	《关于取消英国在华治外法权及其有关特权条约》
2	美国	1844	《中美望厦条约》	1943	《关于取消美国在华治外法权及处理有关问题之条约》
3	法国	1844	《中法黄埔条约》	1946	《关于法国放弃在华治外法权及其有关特权条约》

---

〔1〕 关于北洋政府收回领事裁判权的外交努力，参见汪楫宝：《民国司法志》，商务印书馆 2013 年版，第 18—21 页；参见李启成：《治外法权与中国司法近代化之关系——调查法权委员会个案研究》，载《现代法学》2006 年第 4 期；参见杨丹伟：《法权交涉的历史考察——以民国北京政府为例》，载《江海月刊》2000 年第 6 期。

〔2〕 根据王铁崖编写的《中外旧约章汇编》，生活·读书·新知三联书店出版社 1957 年版第一册、1959 年第二册、1962 年第三册整理。

续表

序号	国别	取得时间（年）	最初取得领事裁判权条约	废除时间（年）	最终废除领事裁判权条约文件
4	挪威	1847	《中瑞、中挪五口通商章程》	1943	《中挪为废除在中国治外法权及处理有关事件条约》
5	瑞典	1847	《中瑞、中挪五口通商章程》	1945	《中瑞关于取消瑞典在华治外法权及其有关特权条约》
6	俄国	1858	《中俄天津条约》	1924	《中苏解决悬案大纲协定》
7	德国	1861	《中德通商条约》	1921	《中德协约》
8	葡萄牙	1862	《中葡和好贸易条约》	1947	《中葡关于取消葡萄牙在华领事裁判权及处理其他事项之换文》
9	荷兰	1863	《中荷天津条约》	1945	《中荷关于放弃荷兰在华治外法权及处理有关问题条约》
10	丹麦	1863	《中丹天津条约》	1946	《中华民国与丹麦王国关于取消丹麦在华治外法权及有关问题条约之换文》
11	西班牙	1864	《中西和好贸易条约》	1928	《中西友好通商条约》

续表

序号	国别	取得时间（年）	最初取得领事裁判权条约	废除时间（年）	最终废除领事裁判权条约文件
12	比利时	1865	《中比通商条约》	1943	《中比为废除在中国治外法权及处理有关事件条约》
13	意大利	1866	《中意通商条约》	1941	《中华民国政府对德意宣战布告》[1]
14	奥匈帝国	1869	《中奥北京条约》	1925	《中奥通商条约》
15	秘鲁	1874	《中秘通商条约》		
16	巴西	1881	《中巴和好通商条约》	1943	《中巴友好条约》
17	日本	1896	《中日通商行船条约》	1941	《中华民国政府对日宣战布告》
18	墨西哥	1900	《中墨通商条约》	1944	《中华民国墨西哥合众国友好条约》
19	瑞士	1918	《中瑞通好条约》	1946	《中瑞（士）关于瑞士放弃在华领事裁判权及其有关特权换文》

通过表5-1可以看出，外国在华领事裁判权于北京政府时期废除者，仅有德国、俄国、奥匈帝国、西班牙国四国。而

---

[1] 参见复旦大学历史系中国近代史教研组：《中国近代对外关系史资料选辑》（1840—1949）（下卷 第二分册），上海人民出版社1977年版，第163页。

俄国在华之领事裁判权之所以能够废除，系多出于其本国革命的原因。[1]因此，北洋时期，仅仅收回三国之领事裁判权，多数列强仍然凌驾于中国法律之上，干涉中国司法。清末帝国主义列强在中国建立的领事裁判权，北洋政府虽然做了大量努力废除，仍然不免归于失败。当然，废除领事裁判权的斗争是一个漫长的过程，北洋政府统治时期的法制建设对于领事裁判权的废除仍然发挥了不可替代的作用。

二、转型时期民事司法的发展特征

本书前四个章节对清末以及北洋时期民事司法制度的文本及其实践进行了梳理。自清末修律开始到北洋政府统治中国结束，中国实现了由封建社会向近现代社会的转型，中国的民事司法也经历了由封建司法制度向近现代司法制度的根本性转变。中国民事司法的根本性转型，可以通过以下三个方面表现出来。

第一，体制转型。所谓体制转型，即打破中国数千年来行政与司法合二为一的传统，将司法权从行政权力中分离出来。在法律制度层面，司法权与行政权已经完全分离，《大理院审判编制法》第6条规定："自大理院以下及本院直辖各审判厅、局，关于司法裁判全不受行政衙门干涉，以重国家司法独立大权而保人民身体财产。"当然，由于司法经费、军阀专制

---

[1] 俄国于十月革命后，为达到巩固政权等需要，分别于1917年7月25日、1920年9月27日发表外交声明："凡居住在中国的俄国公民当一概服从中华民国境内有效的一切法律和规定，不得享有任何治外法权。"参见《中国近代对外关系史资料选辑》（1840—1949）（下卷 第一分册），上海人民出版社1977年版，第19页。1924年中苏双方签订《中苏解决悬案大纲协定》，将领事裁判权彻底废除。——编者注

以及封建制度惯性等原因,这一进程受到相当大的阻力。

第二,机构转型。体制转型必然会带来司法机构的转变。这一时期的司法机构由封建社会中的行政衙门转变为按照四级三审制建立起来的新式法院体系,并且司法最终权力归属于大理院,这打破了封建社会司法、行政合二为一,司法权力最终归属于皇权的传统。虽然袁世凯政府时期开始推行行政兼理司法制度,将四级三审制异化为"虚四级制"或"三级三审制",但是由新式法院受理诉讼案件的观念逐步深入人心。

第三,审判机制的转型。所谓审判机制的转型,系指在该时期的民事诉讼中,西方近代的审判制度和原则被引入并逐步推行,摒弃了中国传统行政衙门审理诉讼案件所衍生出来的各种制度。例如,从清末修律开始,民事案件和刑事案件分开审理已经成为定式:"凡审判案件分刑事民事二项,其区别为凡因诉讼而审定罪之有无者属刑事案件,凡因诉讼而审定理智曲直者为民事案件。"[1]除此之外,公开审判、合议制度、回避制度等近代司法的原则、制度也在该时期的民事诉讼案件中被固定下来。即便是在实行行政兼理司法制度的基层社会,也有"县知事公署内设法庭,审判时公开之"[2]的规定。

比较清末以及整个北洋时期的民事司法制度,我们可以发现:近现代民事司法制度与原则多在清末修律时已经有法律上之规定,然而在清王朝覆灭前,多数规定未及实施。其真正应用于司法实践中应是在北洋政府统治时期。公丕祥教授在《近代中国的司法发展》中将中国近代以来的司法发展划分为发轫期(晚清修律与司法改革运动)、革命期(1911年辛亥革

---

[1] 参见《各级审判厅试办章程》第1条。
[2] 参见《县知事审理诉讼暂行章程》第26条。

命开始）、衰变期（1912年北洋军阀政府建立开始）和改良期（从1927—1929年）四个时期。其中，清末修律属于发轫期，北洋时期属于衰变期。[1]而实际上，就上述分期来说，清末修律时清王朝已趋覆灭，诸多法律虽已拟定草案但未及颁布，或虽有草案颁布但不及实施；南京临时政府统治时期之短暂，对于司法进步之作用实在有限，几可忽略；只有北洋政府统治时期，才可以真正称得上是中国近现代司法制度由法律规定到实践运行的落地与发展时期，甚至可以在一定程度上称其是清末修律司法改革的延续。正因为中国近代司法改革很大程度上是将近现代司法制度移植于中国传统延续几千年封建司法制度的土壤中，所以不可避免地出现"水土不服"的现象，加上北洋政府历任统治者"假共和，真专制"的政治野心，导致这个从传统封建司法向近代民主司法艰难转型的时期，一方面显示出冲破封建枷锁的进步性，另一方面又因为专制势力等重重阻力，表现出相当强烈的妥协性，也因此给人留下了"反复无常"与"杂乱无章"的印象。

具体来说，在北洋政府统治时期，民事司法的特征有以下几个方面。

(一) 进步性

本书认为，北洋政府统治时期，民事司法的进步性主要表现为其在社会猛烈变化的转型时期，将近现代的进步法治原则、规则以法律形式固定下来，并渗透进中国传统的封建法律文化体系之中，使近现代的民主法治理念为民众所接受并逐步得到尊重。当然，由于这一时期的政治、经济、文化及社会等

---

[1] 参见公丕祥主编：《近代中国的司法发展》，法律出版社2014年版，第7—11页。

原因，上述进步性的法律原则与规则更多地表现在法律文本中，在司法实践中并未完全被贯彻。具体来说，北洋时期民事司法的进步性主要表现在以下几个原则或规则在中国的确立与发展中。

1. 司法独立

自清末修律开始，有关司法独立的规定已经开始出现在各种新制定的法律中。光绪三十二年（1906年）颁布的《大理院审判编制法》第6条规定："自大理院以下及本院直辖各审判厅、局，关于司法裁判全不受行政衙门干涉，以重国家司法独立大权而保人民身体财产。"及至北洋时期，司法独立的观念早已为法律精英阶层所普遍接受，并为立法所体现。这一时期的司法独立应当包含两个方面的内容：一为司法权独立，一为司法体系内部之审判独立。

（1）司法权独立

司法权独立，即司法权之外部边界应当分明，司法权应当独立于行政、立法等国家权力，不受其干涉与控制。由于中国有着司法与行政不分的深厚封建传统，在近代化进程中，司法权之行使尤其要注意不能受行政权干涉。《中华民国临时约法》参照西方三权分立的政治体制，把国家统治权分为立法权（参议院）、行政权（临时大总统、国务员）、司法权（法院），以根本大法的形式确立了司法权的独立地位。北洋政府成立后，袁世凯积极复辟，意图将国家权力专于其一人。1914年5月，袁世凯操纵制定的《中华民国约法》颁布，将《中华民国临时约法》第51条规定的"法官独立审判，不受上级官厅之干涉"修改为"法院依法律独立审判民事诉讼"。虽然此举使司法独立之规定成为一纸空文，但仍可以看出，袁世凯不敢冒天下之大不韪,将法院之独立审判权完全剥夺,从侧面反映出此时司法独立之观念已经为国民所接受。

(2) 司法体系内部之审判独立

北洋政府统治时期,民事司法独立还表现为在司法体系内部之审判独立。该时期司法体系内部之审判独立,可以从三个方面来解读。

第一,法官之独立审判地位。《中华民国临时约法》第51条规定:"法官独立审判,不受上级官厅之干涉。"1923年颁布的《中华民国宪法》第101条更是规定:"法官独立审判,无论何人不得干涉之。"除上述两部宪法对法官审判案件的独立地位进行保障外,其他诉讼法律文件也进行了相应规定,《法院编制法》第163条规定:"本章所载各条,不得限制审判上所执事务及审判官之审判权。"〔1〕

为了保障法官能够依法行使审判权,下述三部宪法均有法官职务终身制的规定。《中华民国临时约法》第52条规定:"法官在任中,不得减俸或转职,非依法律受刑罚宣告,或应免职之惩戒处分,不得解职。惩戒条规以法律定之。"1914年袁世凯操纵制定的《中华民国约法》第48条以及1923年曹锟操纵制定的《中华民国约法》第102条均有相同的规定。

此外,对于法官的职业操守,《法院编制法》于第121条规定:"推事及检察官在职中不得为下列事宜:(一)于职务外干预政事;(二)为政党员、政社员及中央议会或地方议会之议员;(三)为报馆主笔及律师;(四)兼任非本法所许之公职;(五)经营商业及官吏不应为之业务。"上述规定将法

―――――――
〔1〕 本法律条文中所谓"本章",系指《法院编制法》第十六章:"司法行政之职务及监督权"。——编者注

官与政党、报刊、行政、商业及律师之关系完全割裂，有利于法官依法独立审判案件。司法部也颁行一系列法令，如《法官不得牵入政潮贻误职务令》《法官不得与律师往来或同居一所令》《司法官吏不得沾染嗜好令》《告诫法官令》等，对于生活中破坏法官独立人格、影响司法公正之虞者，设立了种种纪律限制。[1]

第二，上下级审判机关彼此独立。不同级别的审判机关虽然有事物管辖之区别，但是上级法院只能依据审级制度启动监督程序，而不能干预下级法院的独立审判权。《法院编制法》第35条规定："大理院长有统一解释法令必应处置之权，但不得指挥审判官所掌理各类案件之审判。"《中华民国临时约法》第51条也规定："法官独立审判，不受上级官厅之干涉。"

第三，审判机关不受检察部门干涉。《法院编制法》第95条规定："检察官不问情形如何，不得干涉推事之审判或掌理审判事务。"该条严格禁止了检察机关对于法官审判案件的干涉，在法律层面上保障了法官审理案件的独立地位。

作为资产阶级法治的基本原则之一，审判独立在北洋时期绝大多数立法中得到了普遍的尊重。但尊重不等于历届政府会完全贯彻，由于政治、经济、文化及社会等方面的原因，司法独立的路程也颇具坎坷，该原则更多地体现在宪法及诉讼法律文本中，而在司法实践中仅仅是在一定程度、一定范围内有所实行，北洋政府统治时期并未完全实现司法独立。

2. 当事人平等原则

关于当事人平等原则，时于北京大学法律科任教的左德敏

---

[1] 参见张生：《民初大理院审判独立的制度与实践》，载《政法论坛》2002年第4期。

教授指出："当事人同等主义者，诉讼程序自开始以至终结，当事人之地位平等，当事人之权利义务亦不设等差之主义也。"[1]而传统封建中国提倡宗法等级特权制度，这就决定了传统的中国司法不会容忍当事人平等原则的存在。例如，清末修律中拟定的《大清刑事民事诉讼法草案》规定，该草案对普通民众适用，而对皇族血统的宗室并不适用。在此背景下，宪政编查馆编制的《宗室觉罗诉讼章程》规定，对于涉及宗室、觉罗的民事刑事案件施行特别管辖。这也说明清末修律并未触动封建统治的根基，其结果注定是要失败的。

根据现代诉讼法理论，民事诉讼平等原则是指当事人在民事诉讼中平等地享有和行使诉讼权利，包括当事人在诉讼中享有平等的诉讼权利，以及法院保障当事人平等地行使诉讼权利两个方面。[2]中华民国成立后，《中华民国临时约法》第5条规定："中华民国人民一律平等，无种族、阶级、宗教之区别。"第9条规定："人民有诉讼于法院受其审判之权。"1914年袁世凯操纵制定的《中华民国约法》第4条、第7条，以及1923年曹锟操纵制定的《中华民国约法》第5条、第15条均以宪法的形式规定了中华民国国民一律平等，人民有诉讼于法院之权，为诉讼法中的当事人平等奠定了宪法基础。此后，1914年12月，袁世凯政府制订"善后办法"七条，对清皇室的诸多行为进行了限制："清皇室应尊重中华民国国家统治权，除优待条件有规定外，凡一切行为与现行法令抵触者，概行废止。"上述规定，至少在法律文本的层面上扫除了妨碍当

---

[1] 参见左德敏：《诉讼法上诸主义》，载《北京大学月刊》1919年第3期。
[2] 参见江伟主编：《民事诉讼法学原理》，中国人民大学出版社1999年版，第309—310页。

事人诉讼地位平等的障碍。[1] 1922 年施行的《民事诉讼条例》对于民事诉讼中当事人平等原则进行了充分的规定，例如，该法第 43 条规定："遇有下列各款情形，当事人得声请推事回避：……"第 52 条规定："有权利能力之人，有当事人能力。"第 82 条规定："当事人或法定代理人得以有诉讼能力之人为诉讼代理人，使为诉讼行为。"第 130 条规定："当事人若因支出诉讼费用致自己或其家族窘于生活者，法院应依声请以裁决准予诉讼救助。"上述法律对于当事人之诉权、声请法官回避、诉讼代理制度、诉讼救助制度等均进行了规定，均是保障当事人诉讼地位平等的重要体现。

3. 公开审判

公开审判制度是相对于秘密审判而言的，是指法院审理民事案件，除法律有特别规定者外，审判过程及结果应当向社会公开。在封建时代的中国，"人民处于受统治地位，一般没有旁听庭审的权利，即使偶尔有之，旁听者也只不过是作为被恫吓的对象。"[2] 民事审判和刑事审判融为一体，已经成为统治者统治人民的手段，当然无审判公开可言。封建时代的司法审判，以秘密为原则，以公开为例外。光绪三十二年（1906 年）十月公布的《大清刑事民事诉讼法草案》第 13 条规定："凡开堂审讯应准案外人之观审，不得秘密进行。但有关风化及有特例者不在此限。"这是第一次在法律上规定民事审判公开原

---

[1] 实际上该办法并没有很好地被落实，清皇室仍然按照原来的方法处理内部发生的各种民事案件，详细参见秦国经：《逊清皇室轶事》，紫禁城出版社 1985 年版，第 84-86 页。

[2] 参见程维荣：《中国审判制度史》，上海教育出版社 2001 年版，第 202 页。

则,但是该草案最终并未实施。

中华民国成立后,《中华民国临时约法》第 50 条规定:"法院之审判,须公开之,但有认为有妨害安宁秩序者,得秘密之。"将公开审判上升为一项宪法原则。1914 年袁世凯操纵制定的《中华民国约法》第 47 条,以及 1923 年曹锟操纵制定的《中华民国约法》第 100 条也有类似的规定。该时期的学者们普遍认为:"在公开主义,审判衙门及诉讼关系人之行为,俱受公众之监督,则审判衙门之审理案件,不至有专横偏颇之虞,诉讼关系人亦不至有寡廉鲜耻之动作,于使裁判公正维持裁判信用之点,极为必要。"[1]"公开足以保裁判之公平、维持公众对于法院之信用,且可防当事人、证人及鉴定人等不实之陈述,故现行法采此主义。"[2]因此,袁世凯政府于 1912 年 6 月颁布《法院旁听暂行规则》,其第 1 条即规定:"凡法庭应设旁听座,除法令特别限定外,不得禁止旁听。"《法院编制法》第 55 条规定:"诉讼之辩论及判断之宣告,均公开法庭行之。"第 59 条规定:"停止公开法庭,审判长得指定尚无妨碍之人特许旁听。"1922 年施行的《民事诉讼条例》对于公开审理并没有直接规定,但由其第 708 条"禁治产之程序不得公行"之规定可以推知,其他民事诉讼案件之审理及宣告当然应当公开为之。

4. 辩论主义

辩论主义,是指作为法院形成裁判的诉讼资料,由作为私人的当事人向法院提供,而且只有如此,才能作为判断资料加

---

[1] 参见左德敏:《诉讼法上诸主义》,载《北京大学月刊》1919 年第 3 期。
[2] 参见石志泉著,解锟、张平、朱怡点校:《民事诉讼条例释义》,中国方正出版社 2006 年版,第 107 页。

以使用。[1]辩论主义的基本含义包括三个方面：其一，直接决定法律效果发生或消灭的事实必须在当事人的辩论中出现，没有在当事人辩论中出现的事实不能作为法院裁判的依据；其二，当事人一方提出的事实，对方当事人无争议的，法院应将其作为裁判的依据，无须调查其真伪；其三，法院对案件中事实及证据的调查只限于双方当事人在辩论中所提出的证据。[2]

辩论主义传入中国之后，在诉讼法典中被普遍以"言词辩论"体现出来，目前我国台湾地区"民事诉讼法"仍有"言词辩论"之规定。1911年颁行的《大清民事诉讼律草案》第三编第一章第六节即以"言词辩论"冠名，这是关于该说法的最早规定。及至北洋时期，1922年施行的《民事诉讼条例》对于辩论主义进行了彻底的贯彻。例如，《民事诉讼条例》第262条第1款规定："判决除本条例有特别规定外，应本于当事人之言词辩论为之。"对此，石志泉先生在《民事诉讼条例释义》中指出："法院之为裁判也，凡当事人所未声明之利益，不得归之于当事人，当事人所未提出之事实及证据方法，不得斟酌之，且当事人间无争之事实，无待得有心证，不可不以为裁判之基础。"[3]

言词辩论作为该时期民事审判的一项基本程序，在司法实

---

[1] 参见[日]伊东干：《辩论主义》，学阳书房1979年版，第30页。转引自田平安主编：《民事诉讼法·原则制度篇》，厦门大学出版社2006年版，第99页。

[2] 参见江伟主编：《民事诉讼法学》（第三版），北京大学出版社2015年版，第52—53页。

[3] 参见石志泉著，解锟、张平、朱怡点校：《民事诉讼条例释义》，中国方正出版社2006年版，第104页。

践中得到了一定程度的遵循。例如，大理院三年上字第 246 号判决例指出："审理案件应传集两造，经言词辩论，于事实有十分说明并有相当之证明后，始能为适法之判决。"大理院三年抗字第 194 号判决要旨指出："判决程序须传唤当事人或代理人到庭辩论，使其攻击防御各尽能事，而后为之判决。"该时期言词主义在民事审判中的普遍适用，也是对于中国封建司法制度的一项重要突破。

5. 直接审理原则

直接审理原则是与言词辩论有紧密联系的一个概念，在现代诉讼法学中两个概念通常被合称为"直接言辞原则"。[1]直接审理原则是指法院审理、裁判民事案件，必须由审判人员亲自听取当事人和其他诉讼参与人的辩论，亲自审查证据及其他有关的诉讼资料，方能作出裁判。石志泉先生在其《民事诉讼条例释义》中指出："推事应以其自行认识所得资料为裁判之基础。"

在传统封建中国，司法与行政合二为一的体制，决定了审理民刑事案件也是地方行政官员的重要职责之一。但是封建法律并未规定行政官员必须直接审理民刑事案件，即使部分官员为了彰显贤能，直接听断案件，由于封建官员系以科举出身，大多不通晓律例，其受理案件后，不得不委任幕僚审理案件、草拟判词，以至于行政官员审理案件的背后往往是幕僚在操纵，"钱谷刑名，一切咨之幕友，主人唯画诺而已。"[2]清末

---

[1] 参见江伟主编：《民事诉讼法学》（第三版），北京大学出版社 2015 年版，第 63—65 页。

[2] 参见《皇朝经世文续编》（卷二三）。——转引自张晋藩主编：《中国司法制度史》，人民法院出版社 2004 年版，第 427 页。

第五章 结　语

修订法律大臣在考察直接审理原则和间接审理原则的利弊之后，于《大清民事诉讼律草案》中将这两项原则同时采用，意图使法官审理案件时掌握的信息来源更加全面。[1]

及至民国时期，人们对于民事诉讼中的直接审理原则有了更为透彻的理解。部分学者指出："若直接审理主义，组织法院之推事，须直接与诉讼材料接触，从而对于当事人、证人、鉴定人等之供述，凡足为判决之事实关系者，概得直接知悉，就其事实关系之真相，可得明确认识，于发现真实上，颇有裨益。然组织法院之推事，有更易时，当事人之辩论，不可不更新审理，自不免有增加法院事务及诉讼费用之弊。反之，间接审理主义者，裁判官不与当事人及其他诉讼关系人直接接触，只依记载于笔录及其诉讼卷宗等书状审理之，非如直接审理，可得察言观色，直可明其事实之真相，故不适于发现真实之用。惟得减轻诉讼费用及法院事务上之负担耳。"[2]因此，1922年施行的《民事诉讼条例》摒弃了间接审理原则，单采直接审理原则。该法第262条第2款规定："推事非与于判决基础之辩论者，不得与于判决。"第325条规定："与于言词辩论之推事判决前有变更者，应更新其辩论，但以前辩论笔录所记之事项仍不失其效力。更新辩论得令庭员或书记官朗读以前笔录。"

对于直接审理原则，大理院判例也给予了确认。大理院三

---

[1] 关于沈家本等人对于直接审理和间接审理原则的论述，见《修订法律大臣沈家本等奏为民事诉讼律草案编纂告竣折》。参见陈刚主编：《中国民事诉讼法制百年进程》（清末时期·第二卷），中国法制出版社2004年版，第100—101页。

[2] 参见邵勋、绍锋著，高珣、刘志欣勘校：《中国民事诉讼法论》，中国方正出版社2005年版，第53页。

年抗字第 44 号判例要旨指出:"审理案件未终结前,编制法庭之推事若有变更,自应践行更新审理之程序。惟更新之范围,应仅以关于系争事实及其有法律上之争论为限。至当事人以前所为之诉讼行为,及审判衙门以前所为之证据决定或其他必要之处置,更新审理之审判官仍应审查及之。盖采用更新审理之用意,非谓未经裁判终结之案件以前所经之程序尽属无效,而在使以后编制法庭之推事就重开言词辩论或其他直接调查之结果,于案情事实更能得真确之心证也。"

以上均是北洋时期之民事诉讼法律较之中国传统司法制度之突破与创新,或承继并发展晚清修律之成果,或因时而动,创立符合现代诉讼原理与中国司法实际之原则、规则。然而,上述原则或规则多数仅见于法律文本,由于该时期之政治、经济、文化与社会等原因,在司法实践中并未实施或彻底贯彻。当然,不能就此否认北洋时期民事司法制度的创新之处对于其后中国民事诉讼制度的重要影响。

(二)保守性与妥协性

夏锦文教授指出,文化现象产生于一定的社会经济基础之上,但是它又可以在一定程度上游离于赖以产生的社会基础。文化观念的连续性常常不会因为社会制度的更新而断裂。因而,在新制度建立后,虽然旧的文化观念已经得到了一定程度的变革,但其基本的价值取向仍以各种不同的形式保留下来并与新观念混杂为一个矛盾的复合体,影响甚至可以支配人们的社会行为。[1]

纵观中国诉讼法制近代化的历史,可以看出:传统法律或

---

[1] 参见夏锦文主编:《冲突与转型:近现代中国的法律变革》,中国人民大学出版社 2012 年版,第 443 页。

第五章 结 语

许可以因为革命或者新型立法的颁行而退出历史舞台，但是法律传统始终与法律变革进程如影随形，传统因素始终在发挥着某种影响力。中国数千年的法律传统"存在于普通民众的法律意识、心理、习惯、行为方式及生活过程之中，因而与一个社会的有机体密不可分。"[1]在中国由传统司法向近现代司法转型的过程中，传统法律文化的因素充斥其中。也正是因为如此，在中国法治现代化的过程中，一方面法律文本中的规定具有相当的创新性与前瞻性，很多方面打破了传统封建司法的束缚，贯彻了现代司法的基本原则；另一方面在这些原则与规则的实际运行过程中，却妥协于重重阻力而进程缓慢，甚至被完全抛弃或扭曲、变形，导致司法改革的目标不但不能达到，反而出现了一定程度上的倒退。例如，在1916年的全国司法会议上，湖南高等审判厅民庭庭长左斌才等16人联名向司法部上书，痛斥兼理司法制度的弊端时曰："初犹以为该制度之不良，其流弊所极，不过如前清州县衙门而止。不谓目前现象乃甚于前清州县之黑暗，人民疾首盛额，冤屈无伸，痛苦有不堪言状者。"[2]除了传统文化因素对于中国司法的影响外，政局动荡、经费拮据等客观原因也导致这一时期不断出台各种变通措施和临时办法，给民国前期中国司法的现代化进程造成了不小的阻碍。具体而言，北洋政府统治时期，民事司法的保守性与妥协性最主要的表现之一便是行政兼理司法制度。关于行政兼理司法制度的成因、运行机制及影响等问题，下文将详细考

---

[1] 参见公丕祥：《法制现代化的理论逻辑》，中国政法大学出版社1999年版，第347—348页。

[2] 朱勇主编：《中国法制通史》（第九卷 清末·中华民国），法律出版社1999年版，第526—527页。

察,此处不再赘述。除行政兼理司法制度外,北洋时期民事司法制度的保守性与妥协性还可以从以下几个方面表现出来。

1. 管辖制度

关于管辖的规定,本书第三章已经进行了详细论述。狭义的管辖,系指确定各级或同级人民法院之间审理第一审民事案件的权限。北洋政府统治时期,民事诉讼之管辖分为事物管辖、土地管辖、指定管辖和合意管辖。这一时期之诉讼法典,尤其是《民事诉讼条例》对管辖有相当详尽的规定,但佑于人才、经费等限制,新式审判机构在北洋政府统治时期始终未能在全国范围内设立起来,甚至在1914年袁世凯政府将初级审判厅及部分地方审判厅大规模裁撤。第一审管辖法院的裁撤,导致政府不得不采取各种变通措施和临时办法,以解决新式审判机构空缺带来的诉讼管辖问题。

综合现有的法律规定,在北洋时期,对第一审民事案件有管辖权的机构有:县知事(1914年4月《县知事审理诉讼暂行章程》第1条规定:"凡未设审检厅各县,第一审应属初级或地方厅管辖之民刑事诉讼,均由县知事审理")、地方厅简易庭(1915年5月《筹设地方厅简易庭通饬》规定:"原属初级管辖之民刑案件应以独任推事为第一审者","酌设简易庭办理")、地方分庭(1917年4月《暂行各县地方分庭组织法》第3条规定:"凡属于初级或地方厅第一审管辖之民刑案件,皆归地方分庭受理")、县司法公署(1917年5月《县司法公署组织章程》第3条规定:"设司法公署地方,所有初审民刑案件,不问事务轻微、重大,概归司法公署管辖")、高等分厅地方庭(1918年1月《分厅内地方庭准兼管所在地第一审电》规定:"分厅内地方庭应准兼管所在地第一审案件")。由此可见，在这一时期的民事诉讼案件中，关于第一审管辖机构的规定相当混乱甚至有相互矛盾之处，这也是县知事兼理司法制度在中国基层社会大行其道的重要原因之一：民众之诉讼不知由何机构管辖，只能依照旧时习惯，向衙门击鼓鸣冤，求行政官员听理词讼。

此外，在中国广大的边远地区还存在名目繁多的、大量的兼理司法机构，如：审判处〔1917年4月《察哈尔各旗群翼等审判处组织章程》第4条："各审判处之管辖诉讼事件列左：（一）初级案件第一审；（二）地方案件第一审，但以与都统署审判处附设地方庭之管辖不冲突者为限"〕、县佐（1915年2月《滇省县佐特于变通兼理诉讼办法呈》："距县在二百里以外确系交通不便者"，得"暂行兼理该管之民刑初审案件"）、屯务委员（1917年2月《四川抚边等屯务委员会请暂行兼理诉讼呈》："该屯务委员对于民刑诉讼管辖权限拟请援案比照《县知事兼理诉讼暂行章程》办理"）、行政委员（1917年6月《云南井桧及河口麻栗坡等处行政委员请暂行兼理诉讼呈》："拟请于行政委员所辖区域内，一切民刑案件均归兼理，一如县制"）、理番委员（1920年12月《甘肃庄浪茶马厅理番委员请暂行兼理司法呈》："拟嗣后关于庄浪茶马厅番民诉讼变通办理，以理番委员为第一审"）、牧场场长（1915年3月《在牧人员等诉讼限于与牧政有关系者归场长审理批》："在牧人员及其家属相互间之诉讼，或在牧人员及其家属与非在牧人员诉讼，拟概限于与牧政有关者，始归场长审理"）。[1]由于上述地方辽阔、地处偏僻、交通不便或审理诉讼积习已久，

---

[1] 参见邓继好主编：《中国民事诉讼法制百年进程》（民国初期·第一卷），中国法制出版社2009年版，第108—109页。

才出现各种变通做法。这些做法本质上仍是兼理司法制度。除此之外，有相当一部分刑事案件亦归上述机构办理，但是因法律知识缺乏等原因，上述机构难免出现回归封建司法制度之对民众不负责任甚至草菅人命之嫌。

2. 上诉制度

自清末修律开始，中国颁布施行的《各级审判厅试办章程》《法院编制法》等法律便确立了四级三审制的审级制度。汪楫宝先生指出："宣统元年，先后颁行各省城商埠各级审判检察厅编制大纲，及法院编制法，专设司法机关，掌理民刑诉讼，定四级三审制度。民国成立，仍沿用之。初级管辖案件，以初级厅为第一审，地方厅为第二审，高等厅为第三审。地方管辖案件，以地方厅为第一审，高等厅为第二审，大理院为第三审。"但实际上，袁世凯政府出于中央集权等考虑，于1914年将初级审判厅悉数裁撤。虽然北洋政府设立多种审判机构来弥补新式审判机构的不足，但是仍然对四级三审制的审级制度造成了一定程度的破坏，有学者将该时期之审级制度称为"三级三审制"或"虚四级制"。[1]一直到1922年《民事诉讼条例》的施行，四级三审制的审级制度才在根本上予以恢复。此时初级审判厅之建制仍未恢复，北洋政府遂公布《民事诉讼施行条例》。其规定："在初级审判厅规复以前，《民事诉讼条例》例中关于初级审判厅之规定，于地方审判厅之简易庭或分庭适用之。"关于民事上诉制度的妥协性与保守性，主要表现为新式审判机构不足等原因所衍生出来的一系列变通做法。

---

[1] 参见耿文田编：《中国之司法》，民智书局1933年版；张生、李麒：《中国近代司法改革：从四级三审制到三级三审》，载《政法论坛》2004年第5期。

第五章　结　语

（1）邻县上诉制度

县知事兼理司法制度施行以后，《县知事审理诉讼暂行章程》第36条规定："不服县知事之审判者，得向下列各机关上诉：（一）原审事件应属地方厅管辖者，在高等审判厅或分厅上诉；（二）原审事件应属初级管辖者，在旧制管辖该县之府厅州内地方审判厅或分厅上诉，若旧制管辖该县之府厅州内无地方审判厅时，在高等审判厅所在地之地方审判厅或由高等审判厅先期指定之地方审判厅上诉……"由上述规定可知，对于县知事之审理不服者，应向地方审判厅或高等审判厅上诉。但是由于许多区域"地厅员少事繁、各县区域辽阔、办理诸多困难"，司法部于1914年电准安徽等省"暂予变通距地厅辽远各县得由高审长指定各该邻县为上诉机关"，邻县上诉制度由此施行。[1]然而，作为一时权宜之计的邻县上诉制度由于新式审判机构的不足而持续被沿用下来，又成为县知事规避上级审判厅监督的途径之一，以至于司法部于1921年5月颁布《邻县上诉制度仅限于实在距离悬远、交通不便者始准暂仍旧制令》，要求"除实在距离悬远、交通不便准仍旧制外，应照章分别指定地方审判厅、高等分厅受理上诉，以期便民而昭慎重。"同年8月，鉴于各县对于邻县上诉办法一时难以废止，司法部制定《邻县上诉暂行简章》5条，此时，作为一时权宜之计的邻县上诉制度却背离其初衷，在官方的默许下成了"基本制度"。

---

[1]　参见司法部民国十年（1921年）五月九日训令直吉闽川陕甘桂滇各高等厅第四百三十一号令；《邻县上诉制度仅限于实在距离悬远交通不便者始准暂仍旧制令》。

(2) 同一审判厅内受理上诉

在初级审判厅被裁撤后,司法部随即发布《初级管辖案件仍以高等厅为终审电》,规定:"在《法院编制法》修正以前,凡属初审管辖案件,应以独任推事为第一审,合议庭为第二审,仍以高等厅为终审。"同一审判厅内受理上诉的做法由此出现。后司法部于次年三月通饬《修正民事初级管辖条示办法》,规定:"嗣后民事初级管辖案件由地方厅受理第一审者,即由该厅另以资深推事三人组织合议庭为第二审;由县知事受理第一审者,归高等分庭或道署承审员为第二审;统以各该省高等本厅为终审。"由同一审判厅管辖两级审理的方式,受到学者普遍诟病,"以同一之法院,强分为二级,同一法院之判决,强名之曰两审,诉讼转滋纠纷,人民实受苦累。"〔1〕"然权限既极混淆,审级尤形紊乱,更不免同一审判厅管辖初审上诉审,而有审判不公之虞之讥也。"〔2〕

由于同一审判厅既受理上诉,又面临推事不足的问题,即"职厅受理民事仅只一庭,如已在民庭控告,至终结后当事人再请上诉,既不能上诉于大理院,职厅又无第二民庭"。司法部不得不在同一审判厅受理上诉的基础上,采取进一步的变通办法,于1915年4月公布《受理民事上告庭以刑庭各员组织批》,对于同一审判厅内民庭推事不足以组成合议庭另行审理本厅一审上诉案件者,得由刑庭各员组成合议庭以审理该民事第二审案件。刑事诉讼制度和民事诉讼制度有着根本性的区

---

〔1〕 参见谢振民编著,张知本校订:《中华民国立法史》(下册),中国政法大学出版社2000年版,第1042页。

〔2〕 参见张秉钺:《改良审级制度意见书》。转引自何勤华、李秀清:《民国法学论文菁萃第五卷·诉讼法律篇》,人民法院出版社2004年版,第172页。

别，而在司法实践中以刑庭推事审理民事上诉案件，其弊端彰显无遗，亦显荒谬。

3. 文书审核制度

在北洋时期之民事审判中，还广泛存在一种与封建司法逐级审核制度有关联的普遍做法——裁判文书审核制度。直接审理原则的基本要求之一，便是判决应由直接审理案件的法官作出。《民事诉讼条例》于第262条第2款明确规定："推事非与于判决基础之辩论者，不得与于判决。"大理院三年上字第五百七十九号判例要旨指出："审理与判决推事异人者，其判决为违法。"然而，在司法实践中，各级审判机构的办事章程、处务规则等管理文件规定了，裁判文书的审核制度限制法官对案件直接审理的原则。

第一，《大理院办事章程》第46条规定："各案件之主任推事应依据评议之议决草拟裁判文，送交该庭庭长核定。该庭庭长于主任推事草拟裁判文后认为有再付评议之必要时，应再付评议。"[1]

第二，《高等审判厅办事章程》第39条规定："拟定判词后应速交付审判长审查核定。主任推事拟判词时另发生与评议决议不符之意见者，得请求审判长再付评议。"第45条规定："判词经庭长核定后应连同卷宗亲送呈厅长阅视。"[2]

第三，《京师地方审判厅暂行处务规则》第31条规定："拟定判决后应速交付庭长审查核定。庭长认为与评议议决不

---

[1] 参见《大理院办事章程》，民国八年（1919年）五月二十九日大理院呈准·六月九日政。

[2] 参见《高等审判厅办事章程》，民国八年（1919年）八月八日呈准·八月三十日政。

符时，应再付评议。"[1]

从上述规定可以看出，上至大理院，下至地方审判厅，各级法院的民庭庭长均有权核定本庭推事或审判长之裁判文书，且庭长有不同意见时，案件必须再付评议。此项规定，实质上是赋予了民庭庭长干涉民事案件法官直接审理本案的权力，是对直接审理原则和司法独立原则的破坏。由此可以看出，司法独立原则虽然在这一时期已经被普遍写进法律文本，但是在司法实践中，司法独立的道路仍然是艰难而漫长的。

(三) 文本与实践背离

前文论述的北洋时期民事司法进程进步性与保守性的矛盾从另一个方面来说，就是该时期民事诉讼法制文本与实践的背离。夏锦文教授对此有精辟论述："中国诉讼法制现代化过程中一大深刻矛盾，即成文的诉讼法与实际运行效果之间的矛盾"。[2]

在清末修律的持续影响下，北洋时期的法制改革也持续推进，现代法制观念也已经逐步深入人心。例如，妄图复辟专制统治的袁世凯虽有复辟野心，然不敢公然冒天下之大不韪宣布复辟，而是选择以《中华民国约法》的形式来规定大总统的权力，从而实现自己的专制野心，一定程度上也说明这一时期法律之于国家政治生活中的地位。因此，在法制现代化起步不久的民国前期，立法工作也或主动或被动地继续推进，西方近现代的司法制度也被吸收而写入新法之中。正如朱勇先生所

---

[1] 参见《京师地方审判厅暂行处务规则》，民国四年（1915年）十月二十日批京师地审厅第一〇九〇八号·四八号法。
[2] 参见夏锦文主编：《冲突与转型：近现代中国的法律变革》，中国人民大学出版社2012年版，第454页。

言:"(中华民国前期)形成了辛亥革命后民国政府第一次大规模的立法高潮。"[1]然而在司法实践中,由于政治、经济、文化及社会等原因,出现了与立法原意格格不入的各种"奇形怪状"的制度,对这一时期新法所确立的近现代法制原则产生了一定程度的破坏,甚至倒退。

正是因为文本与实践的背离,这一时期的司法进步之形式意义远大于实际效果,这也造就了北洋政府统治时期民事诉讼制度的进步性大多体现在:近现代司法原则与规则被写入法律文本中,并逐步为社会大众所接受,而非在司法实践中被普遍遵守。对此,公丕祥先生在评价中国法治百年进程时指出,形式与实体、实证与价值之间的深刻矛盾既反映了近现代中国法律现代化进程的基本特点,又制约着这一进程的基本走向。[2]

三、北洋时期的司法文本与实践冲突研究——以行政兼理司法制度为例

关于行政兼理司法制度,本书第二章已经有所提及。整个北洋政府统治时期,先后出现审检所制度、县知事兼理司法制度和司法公署制度三种形式的行政兼理司法制度。审检所制度实施不到一年,即被县知事兼理司法制度所代替;而《县司法公署组织章程》第7条虽明确规定:"关于审判事务,概由审判官完全负责,县知事不得干涉……"然而由于基层官员的阻挠,至北洋政府末期,在全国2000多个县中,设有司法

---

[1] 朱勇:《中华民国立法史》"序言"部分,参见谢振民编著,张知本校订:《中华民国立法史》(上册),中国政法大学出版社2000年版,第3页。
[2] 参见公丕祥:《法制现代化的理论逻辑》,中国政法大学出版社1999年版,第345—346页。

公署的仅46个。〔1〕而县知事兼理司法制度则基本贯穿于整个北京政府统治时期,黄源盛先生统计1926年的司法情况后指出:设有县司法公署者,仅46县而已,故当时中国1873县之中,除此46县外,其余1827县,仍以县知事兼理司法事务,占全国98%。〔2〕因此,作为北洋时期民事司法文本与实践冲突的最主要表现,县知事兼理司法制度的勃兴原因一定程度上也反映了北洋政府治下民事司法文本与实践产生强烈冲突的原因。本部分将对该制度的运行机制、影响以及成因进行研究,意图揭示北洋时期司法文本与实践冲突的历史成因。

(一) 县知事兼理司法制度的产生

本书第二章提到,1914年的中央政治会议上,各省都督、民政长官,以经费和人才两方面原因主张分别裁留各省司法机关,政治会议最终决议:"各省高等审检两厅,与省城已设之地方厅,照旧设立。商埠地方厅酌量繁简,分别去留。其初级各厅,以经费人才两俱缺乏,拟请概予废除,归并地方。"1914年4月30日,袁世凯颁布命令,裁并原有的地方审判厅,并将初级审判厅悉数裁撤,仅保留高等审判厅和省城及繁荣商埠的地方审判厅。司法部在其总结工作会议上称:"司法制度,关系政体,法院普设,固在必行。然国基初奠,经费、人才既有所限,势不得不权衡缓急,故大总统有县知事兼理司法之令,政治会议复有分别去留之意。故会议议决案,既于四月三十日照办,本部遵即饬令各省一律分别裁并,除京外各高

---

〔1〕 参见《法律评论》1926年12月第182期。转引自朱勇主编:《中国法制通史》(第九卷 清末·中华民国),法律出版社1999年版,第528页。
〔2〕 黄源盛:《民初法律变迁与裁判(1912—1928)》,作者2000年自版,第123页。

审检厅暨省城及重要商埠已设之地方厅照旧设立外,计裁并各省地方审检厅九十所,裁撤京外初级审检厅一百三十五所。"[1]

初级审检厅及部分地方审检厅被裁撤后,北洋政府于1914年4月5日同时公布了《县知事兼理司法事务暂行条例》和《县知事审理诉讼暂行章程》,以应对司法机关缺失的现实。《县知事兼理司法事务暂行条例》第1条规定:"凡未设法院各县之司法事务,委任县知事处理之。"《县知事审理诉讼暂行章程》第1条规定:"凡未设审检厅各县,第一审应属初级或地方厅管辖之民刑事诉讼,均由县知事审理。"因此,县知事兼理司法制度正式实施。

(二) 县知事兼理司法制度的运行机制

1. 县知事之职权

关于县知事之职权,《县知事兼理司法事务暂行条例》第1条规定:"凡未设法院各县之司法事务,委任县知事处理之。"司法事务者,既包括司法行政,也包括司法审判,该等工作均由县知事处理。

第一,县知事之司法行政工作,主要体现在承审员的任命上。县知事统管其行政区域内之全部司法事务,[2]为弥补县知事缺乏法律训练、法律知识的不足,并减轻其负担,《县知事兼理司法事务暂行条例》第2条规定:"县知事审理案件,得设承审员助理之。……"该条例第4条规定:"承审员由县知事于具有前条资格人员内,呈请高等审判厅长审定任用……"

---

[1] 参见《司法公报》第34期。转引自李春雷:《中国近代刑事诉讼制度变革研究(1895—1928)》,北京大学出版社2004年版,第221—222页。

[2] 关于县知事兼理司法之土地管辖,《县知事审理诉讼暂行章程》第2条规定:"县之司法区域与其行政区域同。"

专就司法而言，县知事有呈请任用承审员之职权。

第二，县知事之司法审判工作，为其管辖行政区域内发生之第一审民刑事案件。《县知事审理诉讼暂行章程》第1条规定："凡未设审检厅各县，第一审应属初级或地方厅管辖之民刑事诉讼，均由县知事审理。"因此，县知事管辖行政区域内第一审民刑事案件的侦查、检察、审判及执行等工作，均由县知事兼理。

2. 县知事兼理司法之机构及人员设置

司法部于民国五年（1916年）六月二十七日颁布《设置县知事公署法庭通饬（附说明并图）》，对县知事公署法庭的设置进行了细致的规定："查法庭之设置于审判之公平威严关系綦切，必有一定之准程乃能起人民之信仰。现在大理院及各级审判厅之法庭早经按照各国惯例布置如式。惟各省兼理司法县知事公署之法庭仍复昔日旧习，错综参差任意，殊非国家重视审判之至意。兹特由本部参酌现在县公署情形制定县知事公署法庭设置图一纸附以说明，意在就原有之堂治设合宜之法庭。事为人民观瞻所系，期在必行。除通咨京外行政长官备案外，为此饬仰该厅转饬所属兼理司法县知事一体遵照，迅速设置，毋得延缓，并将各县新法庭布置完备日期汇报本部，以备稽核。"

关于县知事公署法庭的样式，包括法庭应设置于县公署之大堂或二堂、法庭之匾额、审判官及书记员之位次、诉讼人之位置、旁听席之设置，以及法庭之出入口等均在上述饬令中详细规定。同时，县知事公署法庭称为县知事于内部兼理司法事务之官方机构。

由于旧有之县知事基本未受过系统的法律教育与审判训

练，《县知事兼理司法事务暂行条例》第 2 条准予县知事设置承审员以辅助其司法工作。在承审员之任用资格上，该条例第 3 条规定："承审员以左列人员充任之：一、在高等审判厅所管区域内之候补或学习司法官；二、在民政长所管辖区域内之候补县知事；三、曾充推事或检察官半年以上者；四、经承审员考试合格者。"1921 年 7 月 19 日，北京政府颁布《修正县知事兼理司法事务暂行条例第三条》，对承审员资格进行了修正："一、在高等审判厅所管区域内之候补或学习司法官；二、经高等文官或县知事考试及格在各省所管区域内候补，或在国内外法政学校一年半以上毕业得有文凭者；三、曾充任推事或检察官半年以上者；四、经承审员考试及格或在举行承审员考试省份具有承审员考试免试资格者；五、曾充各县帮审员或承审员，经呈报司法部核准有案者。"由此可以看出，国家对于承审员的专业化要求越来越高。但即便如此，仍然改变不了承审员一职，实质上系仿照清朝幕僚辅助县令处理案件而设置之辅助人员。[1] 在承审员之任用程序上，该条例第 4 条规定："承审员由县知事于具有前条资格人员内，呈请高等审判厅长审定任用之。……高等审判厅长委任承审员后，应即报告于司法部、民政长。"

县知事兼理司法制度除设置承审员予以辅助外，《县知事审理诉讼暂行章程》第 46 条规定：《法院编制法》《各级审判厅试办章程》《修正承发吏章程》及《调度司法警察章程》内关于检察官、承发吏及司法警察之规定，除与本章程抵触者外，县知事准用之。

---

[1] 参见朱勇主编：《中国法制通史》（第九卷 清末·中华民国），法律出版社 1999 年版，第 526 页。

3. 县知事对于案件之审理与判决

县知事在案件审判中有发民事传票之权。审判方法由县知事或承审员相机为之,但不得非法凌辱。县知事或承审员负责指挥诉讼及维持法庭秩序,有权以命妨害法庭秩序者退出法庭、命看管至闭庭时以及处 10 日以下之拘留或 10 元以下罚金之权。[1]

县知事对于案件的处理方式有三种:批、谕和判决。《县知事审理诉讼暂行章程》第 29 条规定:"县知事审判上文书分下列三种:(一)对诉讼人呈请有所准驳者,以批行之;(二)于诉讼之进行有所指挥者,以谕行之;(三)就该案为第一审之终结者,以判决行之。"民国三年(1914 年),司法部为县知事审理诉讼之便利考虑,发布《县知事简易案件准以堂谕代判决呈》,规定"苟能言之成理自不必强拘形式",准以堂谕代替判决。同时,县知事有为缺席判决之权。[2]

4. 上诉程序

县知事兼理司法之事物管辖为原属于初级审判厅或地方审判厅管辖之第一审民刑事案件,当事人对其裁决不服者,可上诉于上一级审判衙门。上诉机关分为两种:其一,原审事件应属地方审判厅管辖者,在高等审判厅或分厅上诉;其二,原审事件应属初级管辖者,在旧制管辖该县之府厅州内地方审判厅或分厅上诉,若旧制管辖该县之府厅州内无地方审判厅时,在高等审判厅所在地之地方审判厅或由高等审判厅先期指定之地

---

[1] 关于县知事审理诉讼之程序,参见《县知事审理诉讼暂行章程》第 16 条、第 26 条至第 28 条之规定。

[2] 关于县知事审理诉讼之缺席判决程序,参见《县知事审理诉讼暂行章程》第 32 条至第 34 条。

方审判厅上诉。

不服县知事之审判而上诉者,分为两种:对其批和谕不服而上诉者,为抗告;对其判决不服而上诉者,为控诉。上诉者,须以书状形式,于上诉期间内向第二审审判衙门为之,亦得向原县知事呈请转送上诉状于第二审审判衙门。民事控诉者,应自送达或牌示之翌日起 20 日以内为之;民事抗告者,应自送达或牌示之翌日起 7 日以内为之。上诉期间之计算,均应除去在途期间。凡逾上述期间而不上诉者,原判决即为确定。

在司法实践中,由于许多区域辽阔等客观条件所限,司法部于 1914 年电准安徽等省"暂予变通距地厅辽远各县得由高审长指定各该邻县为上诉机关",开始实行邻县上诉制度。1921 年 8 月,司法部制定《邻县上诉暂行简章》5 条,邻县上诉制度成为官方默许的上诉制度之一。在邻县上诉制度中,当事人对于县知事之一审判决不服者,如果其所在地距离地方审判厅或高等审判厅实在悬远且交通不便,可以选择向管区高等审判厅厅长指定的邻县县知事上诉。

(三) 县知事兼理司法制度评述

制度的现代化往往具有两种特性:一是时间上的延续性,二是空间上的关联性。新式司法审判制度作为一种制度性文化传入中国以后,其发展方向大体上没有摆脱上述两种属性对其的制约。作为一种制度性的新产品,在时空的交互影响之下,难免一方面带有若干近代化的进步倾向,而另一方面却摆脱不了传统的束缚。[1]在司法制度的运行中,中国的封建传统同

---

[1] 参见韩秀桃:《民国时期兼理司法制度的内涵及其价值分析》,载《安徽大学学报》2003 年第 5 期。

现代司法制度之间的矛盾冲突，衍生出了以县知事兼理为主的行政兼理司法这一独特制度。行政兼理司法制度，虽然体现出了其存在价值与若干进步倾向，但更多的是摆脱不了的封建传统因素。

1. 行政兼理司法制度之存在价值

（1）基层诉讼之妥协

行政兼理司法制度，产生于初级审判厅和地方审判厅大裁并之时。彼时北京政府由于财政匮乏等诸多原因，将基层社会刚刚建立的新式法院悉数撤并，仅保留高等审判厅和省城及繁荣商埠的地方审判厅。新式法院之撤并，导致基层社会出现了暂时的"诉讼无门"现象，因此，以县知事兼理司法为核心的行政兼理司法制度正式进入历史舞台。行政兼理司法制度，本质上是在司法独立与司法行政合一体制之间选择了一个中间办法，既从行政官员的权力中剥离出一些司法权，又维持了行政官员对于司法审判的直接监督和有限参与。[1]

北洋政府针对行政兼理司法制度，先后颁布了《审检厅处理简易案件暂行细则》《县知事兼理司法事务暂行条例》《县知事审理诉讼暂行章程》《县司法公署组织章程》等规范，对兼理司法之审判原则、人事选任、司法程序、审判监督等主要问题进行了规定，意图为行政司法合一的司法传统套上制度枷锁，在便于诉讼的基础上，最大限度地保障司法公正。虽然行政兼理司法制度实际的实施效果相当差，但在当时政局动荡、财政匮乏而改革艰难的前提下，仍属不得已而为之。以至于"县知事衙门之设，由来已久，垂数百年。新式法院未设以

---

〔1〕 朱勇主编：《中国法制通史》（第九卷 清末·中华民国），法律出版社1999年版，第527页。

前，实为中国之唯一法院。"[1]

(2) 顺应了基层诉讼习惯

中国经历了几千年的封建社会，从鸦片战争开始，才逐步沦为半殖民地半封建社会。在中国的政治传统中，基层司法与行政一直是合二为一的状态，司法权一直处于附属地位，基层百姓去行政衙门击鼓鸣冤，县官亲理词讼由来已久。这一习惯的存在和发展是基于中国数千年的封建传统，尤其是在基层社会，这一习惯更为坚固。中国最后一个封建王朝的覆灭，也没能将这一习惯彻底改变。以县知事兼理司法为主体的行政兼理司法制度，也顺应了中国基层社会的这一诉讼习惯，并为其套上了制度枷锁，其存在价值是不容忽视的。

此外，中国自古以来均崇尚无讼、息讼的理念，传统的行政长官在处理民事案件时也多秉持调处息讼的原则，将调解与教化结合。相较于法院之裁判，若兼理司法长官之裁判能称为公正，则其更能适应基层社会的实际，易于收到良好的社会效果。

2. 行政兼理司法制度之弊端

关于行政兼理司法制度之弊端，1926年法权调查委员会考察县知事兼理司法制度后，于《调查法权委员会报告书》中予以了概括："盖县知事以行政长官兼为检察官，复为推事。乃行使行政官不应掌管之司法职权。而该署所置之承审员，复无新式法院推事之训练及地位；且考试及格后，仍须由县知事遴选充任……彼等口头判决之办法，为其他司法官署所无。虽

---

[1] 参见《调查法权委员会报告书》，载《东方杂志》1926年第16卷，第5号。

刑事案件判决后，得准上诉及覆判，而此种救济办法，实不足以防判断不公之弊……故此种现状，急应改良。"[1]上述论述，比较准确地指出了行政兼理司法制度之弊端——审判质量低下、司法腐败现象突出。

(1) 司法独立之破坏

民国时期，始终未能形成司法权与行政权相互制衡的合理关系，而行政权对于司法权的不合理牵制却是一个普遍存在的现象。[2]前文提到，行政兼理司法制度实质上是在司法独立与司法行政合一体制之间选择了一个中间办法，既从行政官员的权力中剥离出一些司法权，又维持了行政官员对于司法审判的直接监督和有限参与。行政兼理司法制度最大的危害是使中华民国成立后刚刚在形式上获得独立地位的司法权重新受制于行政权。"兼理司法之办法则冶行政、追溯、审判及执行于一炉，县知事身兼行政、审判及检察三种机能……在司法独立之原则下容许兼理司法办法存在，抽象观察已不免有二世同堂之感。"[3]

而且，行政官员对于司法审判的直接监督和有限参与在实际运行过程中已经演变成了行政官员对于司法的肆意妄为："凡行政长官所不喜之人，且夕得羁押之，检察官不敢不服从也。凡行政长官袒护之人，不得逮捕之，检察官又不得不服从

---

[1] 参见《调查法权委员会报告书》，载《法律评论》1926年12月26日，第112页。
[2] 参见夏锦文、秦策：《民国时期司法独立的矛盾分析》，载《南京社会科学》1999年第5期。
[3] 参见蔡枢衡：《中国法理自觉的发展》，清华大学出版社2005年版，第150页。

也。是所谓人权保障,悉凭有力者之喜怒。"[1]兼理司法之行政官员,兼有侦查、检察与审判职能,其身份为何难以界定,则其干涉司法之行为当然亦属常态。

(2) 行政官员能力之不及,导致审判质量低下

在兼理司法制度下,基层行政长官在其行政区域内独揽大权,既有行政权能,亦要承担司法任务。在基层行政官员之选任上,更多考虑的是其行政管理能力,而非司法能力,这就不可避免地导致兼理司法之行政官员司法能力不足,其审判质量便可想而知了。对此,沈家本描述曰:"政刑丛于一人之身,虽兼人之资,常有不及之势,况乎人各有能,有不能长于政教者,未必能深通法律;长于治狱者,未必为政事之才。一心兼营,转至两无成就。"[2]

虽然《县知事兼理司法事务暂行条例》第 2 条规定之"县知事审理案件,得设承审员助理之"可以稍加弥补行政长官法律知识及推事训练之不足。然而,承审员之任免、监督均由县知事呈请高等审判厅厅长为之,县知事握有承审员之任免权,承审员虽有法律及推事之训练,但是也不敢违背县知事之意志而自为判决。

(3) 司法腐败丛生

行政兼理司法制度强化了行政机关对于司法权的控制,成为这一时期司法黑暗的制度根源。"初犹以为该制度之不良,其流弊所极,不过如前清州县衙门而止。不谓目前现象乃甚于前清州县之黑暗,人民疾首盛额,冤屈无伸,痛苦有不堪言

---

[1] 参见罗文干:《狱中人语》,转引自余明侠主编:《中华民国法制史》,中国矿业大学出版社 1994 年版,第 194 页。

[2] (清) 沈家本:《历代刑法考》(四),中华书局 1985 年版,第 1953 页。

状者。"

权力的行使需要监督。然而行政兼理司法制度对于行政官员缺乏有效的监督与制约。除了上诉制度之外,该时期对于县知事兼理司法事务之法律监督仅限于部分刑事案件的覆判制度。而上级法院对于县知事之审级监督,也因为司法部"暂予变通距地厅辽远各县得由高审长指定各该邻县为上诉机关"之命令而在一定程度上被架空。"行政长官虽有监督司法之权,并无考核司法之成绩。司法长官虽按期考核司法之成绩,亦知识施之于司法长官委任之人,并未施之于兼理司法之县知事。是以在各县知事之承审案件,是也非也直似无人过问者。"[1]在行政兼理司法制度中,案件之审判,全凭行政官员之个人意志决断,因此沦落为行政官员的敛财工具:"知事及幕僚要发财,全靠经手钱粮捐派,办兵差和在民刑诉讼上颠倒敲诈这几件事,尤以后一件为经常可靠的财源。"[2]以至于北京政府于1919年专门下"令禁兼理司法县知事籍案勒索"之命令,实为对行政兼理司法制度之莫大讽刺。

(四)行政兼理司法制度成因探析

前文提到,作为北洋时期民事司法文本与实践冲突的最主要表现,县知事兼理司法制度的勃兴原因一定程度上也反映出北洋政府统治下民事司法文本与实践产生强烈冲突的原因。行政兼理司法制度能够形成并成为该时期中国基层司法的主要形式,笔者分析有以下几个原因。

〔1〕参见《荐任职任用李维垣对县知事兼理司法应考核成绩以清弊窦等情意见书》,1925年2月,中国第二历史档案馆藏,北洋政府档案,全宗号1001,卷号133。

〔2〕参见毛泽东:《毛泽东选集》(第一卷),人民出版社1991年版,第30页。

1. 直接原因之一——财力不足与人才匮乏

行政兼理司法制度得以在北洋政府统治时期产生并迅速成为当时中国基层社会最主要的司法制度之一，最直接的原因在于该时期司法财政经费不足，导致新式法院被迫裁撤以及司法人才紧缺，进而使行政兼理司法制度成为弥补这一缺陷的主要形式。

北洋时期司法财政经费不足的原因有两个：

第一，国力贫弱，中央政府财政入不敷出。根据当时的粗略统计，民国前期中央政府直接收入"全年不过300余万两"，而支出"每月至少必需之经费及协助边省之饷需，月以400余万两计"，收入"不足供一月之支出"。[1]在财政部编制的1913年度国家预算总册中，岁出经常门和临时门中都有拨给司法部的经费，而1914年的预算中就只在岁出经常门中有拨给司法部的经费，总额也比前一年大为减少。[2]

司法经费初由地方自行筹措，由于各省贫富不一，导致司法经费也因省而异。以江苏省为例，依据1913年江苏省之财政预算，岁入银元6 684 494元，而岁出为7 164 383元，而且该预算还不包含军政、司法两项费用，其财政之入不敷出可见一斑。[3]而1913年，《申报》经常刊登江苏各县司法机构经费恐慌的消息："本月司法经费，除少数有司县借领外，多半分文无着，若再不发给，旦夕生变，非速予维持，各厅人员也

---

[1] 参见《财政部整理财政总计划书》，载中国第二历史档案馆编：《中华民国史档案资料汇编》（第三辑）［财政（一）］，江苏古籍出版社1991年版。

[2] 参见吴燕：《论民初"兼理司法"制度的社会背景》，载《求索》2004年第9期。

[3] 参见《江苏省二年度之预算》，载《申报》1913年5月6日。

将解散。"[1]司法经费由地方开支,必然导致司法受地方行政之掣肘,因此,《国务会议关于审议司法部官制修正草案理由》提出"全国司法经费,应由司法部统筹,方足以资规划。"[2]然而中央统筹司法经费也成空谈,因为据司法总长梁启超之估计,1914年"司法经费,须在四五千万元以上"[3]。而在1914年北京政府的财政计划里,预计全年财政收入共为382 501 188元[4],将全年财政收入之1/9投入司法方能足够,这一设想显然不能实现。

第二,司法事务相对于行政权或军权,并未得到当局应有的重视。中国延续数千年的封建司法制度,大多数原则与规则同现代司法制度是相悖的。即使北洋政府成立之后,大总统袁世凯虽然摄于法律在民众心目中的地位而不敢公然冒犯,但是也并未引起其重视:在袁世凯眼里,司法部门只属"闲差",这由袁世凯对1913年"人才内阁"的人员安排可知。当时,袁世凯为拉拢自居中间派的进步党作为政治工具,挑选熊希龄组阁。当熊希龄准备组织全国第一流的"人才内阁"时,袁世凯直接交给他一张阁员名单,其中陆军、海军、内务、财政、外交、交通等要害部门总长悉数由袁世凯钦定,只留教育、司法、农商三部门由熊希龄支配。这三个部门自然也是当

---

[1] 参见《司法经费之竭蹶》,载《申报》1913年9月23日。
[2] 参见《国务会议关于审议司法部官制修正草案理由》,载中国第二历史档案馆编:《中华民国史档案资料汇编》(第三辑)[政治(一)],江苏古籍出版社1991年版。
[3] 参见《司法总长梁启超呈大总统敬陈司法计划书十端》,载《东方杂志》1914年第10卷,第12号。
[4] 参见《财政部整理财政总计划书》,载中国第二历史档案馆编:《中华民国史档案资料汇编》(第三辑)[财政(一)],江苏古籍出版社1991年版。

第五章 结 语

时统治者手中的冷衙门。[1]由此可见,司法事务尚不受重视,而代表现代司法之新式法院又有妨碍袁世凯复辟之根本矛盾,自然得不到足以维持其运作之经费。

司法经费不足,加上袁氏集权于中央的考虑,导致1914年中央政治会议决议裁撤新式法院。1914年4月30日,袁世凯颁布裁撤命令,决定裁并原有的地方审判厅,裁撤初级审判厅,仅保留高等审判厅和省城及繁荣商埠的地方审判厅。本书第一章曾提到,截至1911年,业已成立高等审判厅25个(含2个高等分庭),地方审判厅62个(含5个地方分庭),初级审判厅93个,加上大理院,共计有新式审判机关181个。而1926年调查法权委员会之调查各省新式法院结果如下表(见表5-2)。[2]

表5-2 1926年各省新式法院一览表

省别	大理院	高等审判厅	高等分庭	地方审判厅	地方分庭	合计
中央	1					1
京师		1		1	4	6
直隶		1	1	3	1	6
奉天		1		11	4	16
吉林		1	2	3	2	8
黑龙江		1	1	2		4

[1] 参见陶菊隐:《北洋军阀统治时期史话》(上册),生活·读书·新知三联书店1983年版,第244—245页。
[2] 资料来源:根据法律评论社:《调查法权委员会报告书》,法律评论社1926年版,第二编:附录一"中国新式法院地点及法官员缺一览表"相关内容统计。

续表

省别	大理院	高等审判厅	高等分庭	地方审判厅	地方分庭	合计
河南		1	1	2		4
山东		1		3	1	5
山西		1	2	1		4
江苏		1	1	4		6
安徽		1	1	2		4
江西		1	1	2		4
浙江		1	2	4	7	14
福建		1	1	5	2	9
湖北		1	2	2		5
湖南		1	1	2		4
陕西		1	1	2		4
甘肃		1	3	1		5
四川		1	4	4		9
广东		1	1	2		4
广西		1	1	3		5
云南		1		1		2
贵州		1		3		4
东省特区法院		1	1	3		5
总计	1	23	27	66	21	138

由表 5-2 可以看出，初级审判厅已不复存在。而历经北洋政府十几年的统治，新式审判机关的数量不增反降，基层民事纠纷不得不回归古老的衙门断案制度，这给行政兼理司法制

度提供了最直接的生存空间。

除司法经费之短缺,造成审判厅被迫裁并外,法律人才的缺乏也是造成行政兼理司法制度不得不在基层社会普遍推行的直接原因之一。前文提到,在北洋政府统治时期,国家一共进行了六次独立或非独立的全国性司法官甄拔考试。其中,1914年录取171人,1916年录取38人,1918年录取143人,1919年录取189人,1921年录取113人,1926年录取135人,六次考试总共甄拔司法官789人。而根据清王朝覆灭前制定的预备立宪计划,截至1911年,应筹建325所初级及地方审判厅、1484所地方分厅及初级厅与22所高级审判厅,这些司法机构共需推事、检察官、书记官约37 477员。[1] 上述司法官考试甄选人数远不能达到基层司法之需要,使基层司法面临"有法院而无法官"的境地。虽然司法界意识到这一问题,但是无可奈何。例如,在1916年的司法会议上,周诒柯虽提出"各省知事多为前清官僚,对于法律茫然无知",然而"至于遍设地方厅,实为至要,而在座各位,谁不知现在中国人材、财力实办不到,若责成各省自筹经费,是一难事。"[2]

2. 直接原因之二——司法的混乱与无力

北洋时期,正是中国社会的转型时期,司法制度也由传统向近现代法治艰难推进。在这个过程中,作为西方舶来品的近现代司法制度,由于尚不能与强大的中国传统文化抗衡,导致其根基不稳固,表现在外部就是,国家层面司法秩序的混乱与

---

[1] 参见唐仕春:《北洋时期的基层司法》,社会科学文献出版社2013年版,第274页。
[2] 参见1916年《司法会议议决案附司法会议纪实》,第110—122页、第191—193页。

在国家层面，司法秩序的乱象可以从大理院院长和司法总长人事的更迭上窥得一二。自1911年北洋政府成立始，至1927年大理院闭院时止，大理院共有12任院长，见表2-1。相比较于大理院院长的更迭，北洋政府统治下司法总长的流动比大理院院长更甚（见表5-3）。[1]

表5-3 北洋政府时期历任大理院院长

任次	姓名	籍贯	就任时间	卸任时间	备注
1	王宠惠	广东东莞	1912年3月	1912年7月	
2	许世英	安徽秋浦（今东至县）	1912年7月	1913年9月	
3	梁启超	广东新会	1913年9月	1914年2月	
4	章宗祥	浙江吴兴	1914年2月	1916年6月	
5	张耀曾	云南大理	1916年6月	1917年6月	从1916年8月开始，由次长江庸代理部务
6	江庸	四川璧山（今重庆市璧山区）	1917年6月	1918年3月	期间，1917年7月至1917年11月，由林长民担任司法总长职务
7	朱深	河北霸县（今河北霸州市）	1918年3月	1920年7月	

---

[1] 资料来源：根据黄源盛：《中国法史导论》广西师范大学出版社2014年版，第465—474页。

续表

任次	姓名	籍贯	就任时间	卸任时间	备注
8	董康	江苏武进（今江苏常州市）	1920年7月	1921年12月	
9	王宠惠	广东东莞	1921年12月	1922年8月	未就职，由次长罗文干代理部务
10	张耀曾	云南大理	1922年8月	1922年9月	
11	徐谦	浙江温州	1922年9月	1922年11月	
12	许世英	安徽秋浦（今安徽东至县）	1922年11月	1923年1月	
13	王正廷	浙江奉化	同月辞职		
14	程克	不详	1923年1月	1924年1月	
15	王宠惠	广东东莞	1924年1月	1924年9月	未就职，由次长薛笃弼代理部务
16	张国淦	湖北蒲圻（今湖北赤壁市）	1924年9月	1924年10月	
17	张耀曾	云南大理	1924年10月	1924年11月	
18	章士钊	湖南善化	1924年11月	1925年7月	
19	杨庶堪	四川巴县（今重庆市巴南区）	1925年7月	1925年12月	
20	马君武	湖北蒲圻	1925年12月	1926年3月	
21	卢信	广东顺德	1926年3月	1926年4月	
代	王文豹	江苏嘉定（今上海市嘉定区）	1926年4月	1926年7月	

续表

任次	姓名	籍贯	就任时间	卸任时间	备注
22	罗文干	广东番禺	1926年7月	1927年6月	
23	姚震	安徽贵池	1927年6月		1927年6月,国民政府奠都南京,设司法部,王宠惠任部长

在基层社会,司法权的运行也无力抗衡行政权、军权等的干涉。《法政杂志》记载,江苏上元县(1912年并入江宁县,现属南京市)成立审判厅后,某乡镇发生一起刑事案件,初级审判厅派承发吏协同司法警察前去提人,警察竟然不去,审判厅无奈,只得请县签派,县上把人提来之后,自然归县衙讯问,审判厅反倒退听不问。江宁监狱中一犯人毙命,检察厅依法检验,但"所需各物无人预备,呼应不灵,……甚至差夫无县署差条,不肯抬送善堂,善堂无县署戳记,不肯付给收据。"[1]由上述案例可以看出,司法权之行使,对行政有强烈的依赖性,审判厅处理诉讼越依赖县衙,司法权就越孱弱,进而形成恶性循环。行政权力对于司法权的干涉,致使本来就根基不稳固的新式司法制度更加孱弱,在面对行政权时的无力,也使新式法院在基层民众中不能树立司法权威,自然会受到民众的质疑。

3. 深层原因之一——制度惯性与民众对新式法院认同性低

制度与人文之间存在着切割不断的联系,一项新制度能否

---

[1] 参见《江宁上元两县仍收词讼》,载《法政杂志》1911年第3期,第20—21页,1911年版。转引自吴燕:《论民初"兼理司法"制度的社会背景》,载《求索》2004年第9期。

有效实施,一个重要方面是视其能否获得社会大众的价值认同与观念支持。法律不仅是社会生活的构成要素,同时也是人类文化的一部分,法律与文化具有密切的关系,而且这种关系是互动的:一方面,文化传统以其定性的品格决定着法律的内容和精神,法律不能脱离文化传统而成自足的体系文化;另一方面,法律的内容和精神对文化传统的延续又起着能动的反作用。[1]就法律与社会文化的关系来看,社会文化明显处于主动地位。中国传统的小农经济,具有分散性、自足性和封闭性的特点,这也使得民众在面对强大的国家权力时,产生了敬畏的心理,进而形成权力崇拜的传统。在国家伦理中,君权至上、君为臣纲的观念和制度形成并愈加强化。在这种社会文化中,基层司法也当然表现出了专制性,即行政司法合二为一。司法权和司法组织都从属于行政权,在基层则表现为行政长官集政务、司法于一身,行政长官承担了侦查、检察、审判及执行等所有的司法职能,由于基层官员的行政与司法权力并没有明确的界限,基层官员以行政手段来处理司法事务也就成为正常。因此,民众心目中只有州县衙门为定纷止争的官方场所,而对纠纷由法院裁断则意识淡薄。正如费孝通先生所言:"中国正处于从乡土社会蜕变的过程中,原有对诉讼的观念还是很坚固地存留在广大的民间,也因之使现代的司法不能彻底推行"。[2]"河南审判厅设立以来,愚民无知,多仍往县署控案。县署循理不收,执拗之徒,有隐忍息讼坚不往审判

---

[1] 参见赵晓耕主编:《观念与制度——中国传统文化下的法律变迁》,湘潭大学出版社2012年版,第1页。
[2] 参见费孝通:《乡土中国:生育制度》,北京大学出版社1998年版,第57页。

厅呈控者。"[1]

4. 深层原因之二——专制势力对于法治进步的阻挠

根据马克思主义理论关于发展的观点，新事物代替旧事物是客观规律，是不可逆转的历史发展潮流。然而新事物的发展过程并不是一帆风顺的，必然会受到旧事物的阻挠。清王朝覆灭后，民国时期一直处于权力秩序重构的过程中，军阀政府为了实施专制统治，自然强烈抵制新式法院。

虽然北洋时期的各部宪法中均规定实行民主共和政体，但其政权在性质上仍是典型的军阀专制，民主共和只是军阀统治者用以确立其统治的合法地位的一块招牌，其想方设法地变换制度形式，以达到操纵司法、集权专制的目的。[2]在这一方面，表现最为明显的是袁世凯："始欲锄异己，法界必当为我所用，于是大理院为下手处所，自院长以下，皆饵以好爵，加以殊遇。"[3]行政兼理司法制度正好契合了军阀施行专制的野心，甚至在袁世凯死后，其他军阀也大力推行行政兼理司法制度，如《县司法公署组织章程》的颁布，即基本上是县知事兼理司法制度的翻版。

四、民国前期民事诉讼法制现代化的启示

自1912年袁世凯当选中华民国临时大总统，到1928年南京国民党政府成立，北洋政府统治中国的十几年可以大体归为民国前期。晚清政府于内忧外患之中宣布"预备立宪"，在匆

---

[1] 参见"记事"，《法政杂志》1911年第3期，第19—20页。
[2] 参见公丕祥主编：《近代中国的司法发展》，法律出版社2014年版，第259页。
[3] 参见《中华新报》，1916年6月16日。

第五章 结 语

匆移植西方近现代司法制度后，多数法律未及真正实施，清王朝即告灭亡。即便如此，清末修律中仍因其引进西方近现代司法原则与制度，从而拉开了中国法制现代化进程的序幕。在北洋政府统治时期，司法制度的现代化才真正落地，现代司法制度逐步由文本转入实践，并与中国传统的司法制度碰撞与融合。中国民事诉讼法制的现代化可以看作是中国法制现代化的缩影，在这个进程中，有进步性的一面，如当事人两造平等、审判公开等现代司法原则的普遍实施；当然也不乏趋向于传统封建司法制度的保守性与妥协性的一面，如在基层社会中广泛实施的行政兼理司法制度。审视中国民事诉讼法制现代化进程中的文本与实践、亮点与不足，我们既可以明了某些现代诉讼制度的重要价值，也可以发现在中国法制现代化进程中的阻滞因素，结合目前民事诉讼制度中存在的突出问题，从而为我们今天的司法改革提供启示和借鉴。因此，笔者将综合前文的研究内容，从过程价值与宏观启示两个方面提出对于民国前期民事诉讼法制现代化的理解。

（一）民国前期民事诉讼法制现代化的过程价值

1. 机构自治

行政权与司法权集中于行政长官一人，是传统中国基层法制的最主要特征，即使是在法制已经向现代化迈进的民国前期，行政兼理司法仍然是中国广大基层地区最主要的司法形式。在这种体制下，司法权依附于行政权而存在，并且受到行政权力的强力干涉，司法的权威性被严重破坏。按照现代诉讼法理论，法制并不是一种抽象的理想，而应该被理解为一种独特的机构体系："这种体系的主要特征就是形成了专门的、相对自治的法律机构；这些机构在各个规定的权能范围内要求一种有限的至上性。"[1]

法律机构的专门化与相对自治是一个相当复杂的工程，包括司法机构的设立，司法机构与其他组织和个人的关系，各司法机构之间的关系，不同级别的司法机构之间的关系，司法机关内部关系，司法人员的选任和素质保障、职权和责任等内容。

司法体系内部的审判独立具有重要价值。审判独立是指审判人员在具体案件的审理过程中，依据法律和理性独立自主地作出裁判，不受任何外部因素的干涉。真正要做到审判独立，应从主观和客观两个方面来进行保障：主观方面，审判独立要求在审判活动中无论是实体性事项还是程序性事项，都应当交由法定的审判主体来独立地作出裁判，只要其在职权范围之内，且不违背法律的规定，这种判断的自由应当受到国家权力的保障；客观方面，审判独立意味着一种不受外来因素干涉的自由，即法官行使审判权时，不应受到任何上级司法机关或个人、政党、行政、商业及律师等的影响，使审判活动不会被"任何直接或间接不当影响、怂恿、压力、威胁或干涉所左右"[2]，从而保证司法的客观和公正。

2. 程序公正

传统中国，作为中央集权的封建社会，对于程序正义普遍不重视，没有认识到程序法相对于实体法的独立价值，也没有形成单独的诉讼法典。在人们心目中，程序法相对于实体法仍然处于附属地位，程序正义的观念更无从提起。正因为如此，

---

[1] 参见［美］诺内特、塞尔兹尼克：《转变中的法律与社会》，张志铭译，中国政法大学出版社1994年版，第53页。

[2] 参见联合国《关于司法机关独立的基本原则》第2条。

在民国前期的民事诉讼制度中，程序正义在很大程度上要让位于审判机关的诉讼便利。例如，《县知事审理诉讼暂行章程》第 27 条规定："审判方法由县知事或承审员相机为之，但不得非法凌辱。"此处之"审判方法"即"审判程序"之意，案件的审理程序由审判官任意为之，只要"不得非法凌辱"即可，可见国家对于司法程序何等轻视。又如，司法部于民国三年（1914 年）发布《县知事简易案件准以堂谕代判决呈》，在该命令中指出："窃自县知事审理兼理诉讼以来积案未理，多托词于制作判词之繁累，迭经广东等省巡按使咨请酌予通融，拟以堂谕代判决等因到部。查判决为诉讼终结之宣言，必以定式相纠绳，无非保护当事人之权利。而揆其实际，除抄录诉状各节外，不过述证明判断之理由，本为断狱者应有之事，初非繁重难行之举。惟既据该巡按使等咨称县知事以是为苦，本部所期于兼理司法衙门者不过判断之得当，苟能言之成理自不必强拘形式。"[1]该令完全将县知事审理案件的诉讼便利放在第一位，堂而皇之地抹杀程序正义，使县知事兼理司法事务与封建体制下的县令审判并无差别。在该命令中，司法部对于程序正义的轻视程序可见一斑。一国之中央司法机关尚且有如此认识，则基层司法之效果可想而知。

美国著名政治哲学家罗尔斯认为："公正的法治秩序是正义的基本要求，而法治取决于一定形式的正当过程，正当过程又主要通过程序来实现。"[2]程序公正有其自身的独立价值存

---

[1] 参见《县知事简易案件准以堂谕代判决呈》，民国三年（1914 年）十一月二十一日呈准·十一月二十四日政。

[2] 转引自姜素红：《程序正义及其价值分析》，载《湘潭大学学报（哲学社会科学版）》2005 年第 1 期。

在，程序是否公正体现着一个国家司法制度的公正与否。不公正的程序一般来说是难以实现实体公正的。[1]一般来说，在民事诉讼程序中要实现程序公正，应做到以下几点，或曰程序公正的标准有以下几点：其一，裁判独立，即法官之裁判应专于法律和理性，而不应受到任何非法律或非理性因素的影响；其二，裁判者应处于与程序参与各方之间保持等距离关系的中立地位，处于一种超然的和无偏袒的第三者立场；其三，当事人处于平等地位，即当事人双方享有平等的诉讼权利，并且法院应当平等地保护当事人诉讼的权利；其四，诉讼公开，诉讼的每一个阶段和步骤都应当向当事人和社会公开（案件之评议除外）；其五，程序科学，包括程序设置应当有利于当事人行使诉权，科学的证据规则以及实现程序公正和效益之间的合理平衡；其六，程序文明，诉讼程序中应摒弃专制、野蛮的行为，即《县知事审理诉讼暂行章程》规定的"不得非法凌辱"，在民事诉讼中的程序文明尤其要注重不得以刑事的方法来解决民事纠纷。

（二）民国前期民事诉讼法制现代化的宏观启示

1. 政治制度的民主与稳定是司法建设的重要前提

司法制度是一个国家政治制度的重要组成部分，司法变革的稳定推进依赖于国家政治制度的稳定与支持。没有稳定的政治依托，司法制度的变革只能是改革家的理想而已，甚至有沦为政治工具的可能。从清末修律开始，中国开始进入法制现代化的进程，然而清末修律并未真正触及皇权的专制统治，以至于其成果尚未落地就随清王朝的覆亡而归于沉寂；北洋政府成

---

[1] 参见江伟：《市场经济与民事诉讼法学的使命》，载《现代法学》1996年第3期。

立，为袁世凯量身定做的《中华民国约法》规定了大总统的至高权力，实质上撼动了三权分立的政治基础，由是，司法改革近乎呈现倒退趋势，行政兼理司法的传统重新统治中国基层社会；袁世凯死后的中国，更是因军阀派系纷争而陷于分裂，此时，"只有当法律有利于其独裁统治或需要利用法律镇压人民时，他们才唱一唱时髦的法治高调……一旦法律妨碍了其独裁统治或有利于人民行使民主权利时，他们便肆无忌惮地把法律践踏在脚下，靠强权来维护其私利了。"[1]由此可见，从清末修律到民国前期的法制改革历史，一定程度上也是同时期政治历史的反映。

根据马克思主义的观点，"社会不是以法律为基础，那是法学家们的幻想。相反地，法律应该以社会为基础。"[2]因此，推进法治改革，必须要有稳定的政治基础；真正实现法治的现代化，需要有民主政治为依托。所谓政治稳定，是指一定社会的政治系统保持动态的有序性和连续性。具体来说，它是指没有全局性的政治动荡和社会骚乱，政权不发生突发性质地变化，公民不是用非法手段来参与政治或夺取权力，政府也不采用暴力或强制手段压制公民政治行为，以此维护社会秩序。中国法制近代化的进程中，一个重要特点就是近代中国社会的不稳定性，导致法制进程举步维艰。而近代中国社会不稳定性的直接原因，就是缺乏一个强有力的国家政府。司法制度的改革是一项"牵一发而动全身"的系统工程，这一过程势必会

---

[1] 参见侯宜杰：《二十世纪初中国政治改革风潮：清末立宪运动史》，中国人民大学出版社2011年版，第396页。
[2] 马克思、恩格斯：《马克思恩格斯全集》（第6卷），人民出版社1961年版，第291—292页。

因打破原有的利益藩篱而引起既得利益者的强烈反对,此时,有一个强有力的国家政府来解决遇到的阻力与矛盾则是相当必要的。当然,国家政府的行为,也必须在宪法和法律的框架内活动,而不能因其力量之强大而干预司法,使政府本身沦为司法改革的障碍。而关于法治与政治民主的关系,张晋藩教授指出:"法治的前提是制度的民主化,只有建立了完善的民主制度,才能保证法律的实施,而制度的民主化来自于政治体制的民主化,正因为如此,法制的变革与政治体制的民主化,成为近代中国政治法律问题的焦点。"[1]因此,在当前的法治改革过程中,必须保持社会政治系统的民主性、有序性和连续性,为法制改革营造民主、稳定的政治环境。

2. 法制建设必须与社会经济基础相适应

法的产生是人类历史上的重大事件之一。随着社会的发展,由于新的经济关系的出现和私有制的产生,原始氏族习惯已经不能充分执行其作为社会调整手段的职能,而法律作为新的调整手段就应运而生。法是以社会为基础,并且存在于社会当中,充当着非常重要的角色。同时,根据马克思主义关于经济基础与上层建筑关系的观点,作为上层建筑的司法制度,应当与其经济基础相适应,司法制度如果不能和当时的经济基础相适应,即使司法制度设计再精致,司法改革也难以取得成功。

例如,清末修律的开展,直接原因是列强政府对清政府"一俟查悉中国律例情形及其审断办法及一切相关事宜臻妥善,即允弃治外法权"的承诺,根本原因是清政府意欲通过一系列体现现代司法制度的原则与规则的确立,以退为进,来

---

[1] 参见张晋藩:《依法治国是历史发展的必然——二十世纪中国法治回眸》,载《中国法学》1998年第4期。

维护其已近日暮的统治。等到民国前期，北京政府标榜宪政，也不过是借法统宣传政统，意在维护政府统治的合法性。可以说，不是经济社会发展的自决要求，而是政治上的压力推动了这一时期司法审判制度的变革与发展，这使得这种变革与发展因缺乏社会经济基础的支持而徒有虚名。[1]清末修律没有阻挡住清王朝走向灭亡的步伐，民国前期的法制现代化也演变成文本与实践背离的结果，很大程度上即是法制建设并没有与社会经济基础相适应，改革者们往往倾向于关注法律本体内容的变革，而轻视了法律制度生存发展的社会环境的转变。因此，在当今的司法改革过程中，改革措施必须要适应中国社会经济发展的实际，切忌盲目冒进或照抄照搬。

3. 正确发挥法律传统的作用，批判性移植外国司法制度

现代化与传统化是人类社会发展进程中无法回避的一对矛盾，它们的对峙同样贯穿于各国社会法制现代化的进程中。法律传统与法制现代化也同样处于矛盾与对峙之中。法律传统，即法律的连续性，意味着即使跨越时间的长河，这些法律要素仍然能够得到人们的认同。尤其是中国社会，数千年的封建专制传统促使其形成了独特的法律文化，其中某些要素一直延续并不断发挥着影响。中国传统的司法制度，虽生长于封建专制的土壤之中，但并不总是保守、落后的，它也有值得借鉴的一面。例如，调解是中国传统司法制度中具有重要价值的司法文化之一。审判并不总是解决社会争议的良方妙计，实际上来源于权利至上、个人本位等西方观念建立起来的对抗式的现代司法审判制度正面临着"诉讼爆炸"的尴尬局面。而且，法院

---

[1] 参见桂万先：《北洋政府时期审判制度研究》，中国政法大学出版社2010年版，第283页。

裁判结果如果不能令双方当事人同时满意，容易使当事人陷入无休止的上诉与申诉之中。而中国传统司法制度中的调解制度，在充分满足当事人明辨是非的需求的同时，又能够在很大程度上防止当事人撕破脸面甚至反目成仇，从而不但达到了定纷止争的目的，而且起到了维护社会稳定、促进社会和谐的效果。实际上，传统就是一种约定俗成，是人们对于某种身份的确认与认可，常年形成的习惯与生活方式，使人们产生了归属感和安全感，这也是传统得以保留和传承的动力。传统法律文化中有精华，也有糟粕，所以我们不能一刀切地认为传统法律文化就是落后、专制、野蛮的，而应当正确地看待，合理地区别其中的精华与糟粕，从而摒弃糟粕，吸收其中有益的部分。

同样，由于传统是人们常年形成的习惯与行为方式，也能够影响到大部分人对于新事物的态度，人们总会自觉或不自觉地用传统思维或习惯来对新事物进行理解、批判、分析和甄别。例如，在民国前期的中国基层社会，民众每遇纷争，仍然习惯性地呈送被视为"父母官"的地方行政官员，对于新式审判机构缺乏了解与信任。司法总长许世英曾感叹："吾国司法，方在萌芽，基址未臻巩固，非常之原，又为黎民所惧闻，人且侈为平议，矧在庸流，通都尚胥动浮言，矧为僻壤。况法律知识谓尽灌输，骤语以宪法之条文，共和之真理，鲜不色然骇者。至于法院则更多不识其名。"[1] 这也是行政兼理司法制度能够在短时间内回归中国基层社会并成为审判主流形式的原因。基于此，现代化的司法审判制度能否在中国成活，并在中

---

[1] 参见《司法总长改进司法革新狱制计划书》，载湖北省司法行政史编纂委员会：《清末民国司法行政史料辑要》，湖北省司法厅司法志编辑室1988年版，第56页。

第五章 结 语

国现有的文化、制度下发挥其原有功能,很大程度上在于其能否与中国传统的制度、文化相匹配,为民众认同并接受。因此,对于外国先进的现代司法制度,我们固然要学习,但是要注重与中国自身的文化和制度传统相结合,或者说利用传统文化的土壤来推进司法制度的现代化,不失为法制进步的好办法。

日本学者福泽谕吉曾经指出:"衣服饮食器械居室以至政令法律,都是耳目可以闻见的东西。然而,政令法律若与衣食居室想必,情况便有所不同,政令法律虽然可以耳闻目见,但终究不是可以用手来着墨或者用金钱以买卖的东西,所以汲取的方法也比较困难,不同于衣食房屋等物。所以,仿效西洋建筑铁桥洋房容易,而改革政治法律却难。"[1]法制的现代化在一定程度上要受到社会政治、经济、文化及社会等因素的影响,不可能完全超越其所存在的社会基础条件。同时,法制的现代化也是一项"牵一发而动全身"的系统工程,不可能是一蹴而就的。因此,一方面,我们应当以开阔的胸襟、开放的视野,吸收世界先进法律文化成果,与中国传统法律文化中的精华部分相结合,推进中国法制现代化的进程;另一方面,在法制现代化的过程中,我们也应当保持理性的期待,避免盲目推进法制现代化,使其成为与国情完全脱节的一纸空文。

---

[1] 参见 [日] 福泽谕吉:《文明论概略》,北京编译社译,商务印书馆1959年版,第13页。